中共广西区委党校（广西行政学院）出版资助项目

协同治理视域下
城市保障性住房政策研究

陆昱 著

中国社会科学出版社

图书在版编目（CIP）数据

协同治理视域下城市保障性住房政策研究/陆昱著.—北京：中国社会科学出版社，2023.11

ISBN 978-7-5227-2604-5

Ⅰ.①协⋯　Ⅱ.①陆⋯　Ⅲ.①城市—保障性住房—住房政策—研究—中国　Ⅳ.①F299.233.1

中国国家版本馆 CIP 数据核字（2023）第 178346 号

出 版 人	赵剑英
责任编辑	孔继萍
责任校对	王佳玉
责任印制	郝美娜

出　　版	中国社会科学出版社
社　　址	北京鼓楼西大街甲 158 号
邮　　编	100720
网　　址	http://www.csspw.cn
发 行 部	010-84083685
门 市 部	010-84029450
经　　销	新华书店及其他书店

印刷装订	北京市十月印刷有限公司
版　　次	2023 年 11 月第 1 版
印　　次	2023 年 11 月第 1 次印刷

开　　本	710×1000　1/16
印　　张	20.25
字　　数	310 千字
定　　价	118.00 元

凡购买中国社会科学出版社图书,如有质量问题请与本社营销中心联系调换
电话:010-84083683
版权所有　侵权必究

前　言

《协同治理视域下城市保障性住房政策研究》是作者国家治理研究计划的第三部著作。近年来，作者主要以国家治理及其具体领域治理为研究对象，深入探寻治理典型案例、治理理论逻辑和治理实践机制。2019年由中国社会科学出版社出版的《国家治理的政治与经济关系逻辑》和2021年由吉林人民出版社出版的《大数据赋能城市治理现代化研究》分别属于治理的学科专业领域研究和治理的行政空间领域研究。

随着城市化率的不断提高，我国正在实现由"乡土中国"向"城市中国"的历史性转变。城市作为各类人才资源最为聚集的行政场域、各种生产要素最为集中的地理空间，在中国式现代化过程中的作用越来越大、贡献越来越多、地位越来越高。城市治理是促进城市经济发展、解决城市社会矛盾、创造城市美好生活的实践过程，是国家治理的重要组成部分。随着以人为核心的新型城镇化加速推进，城市治理效能在整个国家治理效能中的权重会越来越高、影响会越来越大。可以说，没有城市治理体系现代化就没有国家治理体系现代化，没有城市治理能力现代化就没有国家治理能力现代化。

协同治理理论是国家治理的重要理论之一，协同治理方式是国家治理的重要方式之一。协同治理有利于发挥各个治理主体参与治理过程的主动性、积极性和创造性，在凝聚治理智慧、增强治理合力、提高治理效能等方面有着重要意义。协同治理在推进国家治理体系和治理能力现代化、建设社会主义现代化强国中发挥着重要作用，近年来已经日益受到政策决策部门、政策执行部门和政策研究人员的重视。在诸如城市治理、乡村治理、社区治理、经济治理、社会治理、文化治理、生态治理，以及其他具体领域治理的理论研究和具体实践中得到广泛应用。

城市住房是城市居民实现安居乐业的基本前提，是城市居民享受美好生活的重要物质基础。政府与市场是和城市保障性住房关系最为紧密的两大主体，将城市保障性住房纳入国家治理视域之内，有利于推进城市保障性住房问题得到妥善解决。城市保障性住房政策是解决城市居民住房困难、维护城市居民居住权益的公共政策，是推进城市保障性住房治理的行政依据、行为指导和价值指引。

本著作提出的核心问题是：在城市保障性住房政策过程中，政府与市场各个主体之间的相互关系和作用机制是什么？这一核心问题包括以下几个方面：一是选择什么理论作为研究的理论基础；二是构建什么样的理论框架对上述核心问题进行深入分析。

针对上述研究问题，本著作以协同治理理论为研究的基础，构建了"主体—维度"协同的理论框架，通过具体的政策案例，从"政府—市场"主体协同和"过程—利益"维度协同两个层面对城市保障性住房治理这一政策过程进行分析，为认识和分析类似公共政策问题提供了新的理论思路。在此基础上，本著作提出了若干政策建议。

目 录

第一章 绪论 ……………………………………………………… (1)
 第一节 研究背景与问题的提出 ………………………………… (1)
  一 研究背景 ………………………………………………… (1)
  二 问题的提出 ……………………………………………… (14)
 第二节 基本概念界定 …………………………………………… (16)
  一 治理 ……………………………………………………… (16)
  二 保障性住房 ……………………………………………… (21)
  三 政府和市场 ……………………………………………… (27)
  四 过程和利益 ……………………………………………… (32)
  五 政策和制度 ……………………………………………… (35)
 第三节 研究内容与研究意义 …………………………………… (37)
  一 研究内容 ………………………………………………… (37)
  二 研究意义 ………………………………………………… (38)
 第四节 研究方法与研究思路 …………………………………… (41)
  一 研究方法 ………………………………………………… (41)
  二 研究思路 ………………………………………………… (43)

第二章 理论基础与研究述评 …………………………………… (45)
 第一节 研究的理论基础 ………………………………………… (45)
  一 治理的理论内涵 ………………………………………… (45)
  二 协同的理论内涵 ………………………………………… (50)
  三 协同治理的理论内涵与特征 …………………………… (55)
  四 城市治理与城市住房治理 ……………………………… (60)

第二节　相关研究述评……………………………………（64）
　　一　相关研究综述………………………………………（64）
　　二　相关研究评议………………………………………（76）

第三章　理论框架与行为分析……………………………（78）
　第一节　"主体—维度"协同理论框架的构建……………（78）
　　一　"主体—维度"协同理论框架的构建依据…………（78）
　　二　"主体—维度"协同理论框架的主要内容…………（81）
　　三　"主体—维度"协同理论框架的适用条件…………（83）
　第二节　政府与市场的行为分析…………………………（85）
　　一　政府的行为分析……………………………………（85）
　　二　市场的行为分析……………………………………（91）

第四章　城市保障性住房政策演进与现实挑战…………（102）
　第一节　城市保障性住房政策演进与特征………………（102）
　　一　城市保障性住房政策演进历程……………………（102）
　　二　城市保障性住房政策演进特征……………………（116）
　第二节　城市保障性住房发展成就与现实挑战…………（120）
　　一　城市保障性住房发展成就…………………………（120）
　　二　城市保障性住房面临的现实挑战…………………（123）

第五章　城市保障性住房治理的主体协同………………（132）
　第一节　政府与市场关系视角下城市保障性住房治理…（132）
　　一　城市保障性住房治理困境与原因…………………（132）
　　二　城市保障性住房治理关系的重建…………………（135）
　第二节　城市保障性住房治理的政府与市场主体协同…（137）
　　一　政府主体的协同……………………………………（138）
　　二　市场主体的协同……………………………………（146）
　　三　政府与市场主体的协同……………………………（150）

目 录

第六章　城市保障性住房治理的维度协同 ……………………（165）
 第一节　过程维度的城市保障性住房治理 ………………（165）
  一　城市保障性住房治理的基本过程 …………………（165）
  二　城市保障性住房治理的过程协同 …………………（167）
 第二节　利益维度的城市保障性住房治理 ………………（190）
  一　城市保障性住房治理的主要利益 …………………（190）
  二　城市保障性住房治理的利益协同 …………………（192）

第七章　城市保障性住房治理的国外经验与借鉴 ……………（210）
 第一节　亚洲国家城市保障性住房治理经验 ……………（210）
  一　城市保障性住房治理的新加坡经验 ………………（210）
  二　城市保障性住房治理的韩国经验 …………………（217）
  三　城市保障性住房治理的日本经验 …………………（222）
 第二节　欧洲国家城市保障性住房治理经验 ……………（228）
  一　城市保障性住房治理的德国经验 …………………（228）
  二　城市保障性住房治理的英国经验 …………………（240）
 第三节　美洲国家城市保障性住房治理经验 ……………（246）
  一　城市保障性住房治理的美国经验 …………………（246）
  二　城市保障性住房治理的加拿大经验 ………………（252）
 第四节　借鉴与启示 ………………………………………（256）
  一　正确处理城市住房保障中政府与市场的关系 ……（256）
  二　建立健全城市住房保障相关法律法规 ……………（257）
  三　设立城市住房保障管理机构 ………………………（258）
  四　完善城市住房多层次保障体系 ……………………（259）
  五　鼓励社会组织参与城市住房保障工作 ……………（259）

第八章　研究结论、政策建议与研究展望 ……………………（261）
 第一节　研究结论 …………………………………………（261）
  一　协同治理是公共政策过程的理性选择 ……………（261）
  二　法律法规是公共政策过程的有效保障 ……………（262）
  三　政府与市场是公共政策过程的关键主体 …………（262）

四　社会组织是公共政策过程的积极因素 …………………（263）
第二节　政策建议 ……………………………………………………（264）
　　一　促进政策主体协作：优化城市住房保障合作机制 ………（264）
　　二　转变政策规划思维：更新城市住房保障治理理念 ………（265）
　　三　奠定政策制定依据：健全城市住房保障法律法规 ………（266）
　　四　提升政策执行效能：设立城市住房保障管理机构 ………（267）
　　五　加强政策过程督查：提升城市住房保障监评效果 ………（268）
第三节　研究创新与研究展望 ………………………………………（269）
　　一　研究创新 ………………………………………………………（269）
　　二　研究展望 ………………………………………………………（269）

参考文献 ……………………………………………………………（271）

索　引 ………………………………………………………………（303）

后　记 ………………………………………………………………（312）

图表目录

表1—1 省级行政区加快发展保障性租赁住房的政策文件 ………… （6）
表1—2 直辖市加快发展保障性租赁住房的政策文件 ………… （8）
表1—3 副省级市加快发展保障性租赁住房的政策文件 ………… （9）
表1—4 地级市加快发展保障性租赁住房的政策文件 ………… （11）
表5—1 2002—2021年中央及地方财政收支情况 ………… （140）
表7—1 新加坡住房保障的相关法律法规 ………… （212）
表7—2 韩国住房保障的相关法律法规 ………… （219）
表7—3 日本住房保障的相关法律法规 ………… （224）
表7—4 德国住房保障的相关法律法规 ………… （233）
表7—5 英国住房保障的相关法律法规 ………… （241）
表7—6 美国住房保障的相关法律法规 ………… （248）

图1—1 研究思路 ………… （44）
图3—1 "主体—维度"协同理论框架 ………… （83）
图4—1 2012—2020年地方财政住房保障支出情况 ………… （125）
图4—2 2012—2020年地方财政收支情况 ………… （126）
图5—1 城市保障性住房治理的政府与市场主体协同关系 ……… （138）
图6—1 城市保障性住房协同治理中政府与市场各主体利益关系 ………… （191）

第一章

绪　　论

第一节　研究背景与问题的提出

一　研究背景

2021年3月,第十三届全国人民代表大会第四次会议表决通过的《中华人民共和国国民经济和社会发展第十四个五年规划和二〇三五年远景目标纲要》提出,"完善住房市场体系和住房保障体系"[①],"有效增加保障性住房供给,完善住房保障基础性制度和支持政策"[②],"扩大保障性租赁住房供给,着力解决困难群体和新市民住房问题"[③],"支持将非住宅房屋改建为保障性租赁住房"[④],"完善住房保障方式,健全保障对象、准入门槛、退出管理等政策"[⑤],"建立同吸纳农业转移人口落户数量和提供保障性住房规模挂钩机制"[⑥]。

2022年10月,党的二十大报告指出:"群众在就业、教育、医疗、

[①] 《中华人民共和国国民经济和社会发展第十四个五年规划和二〇三五年远景目标纲要》,人民出版社2021年版,第84页。

[②] 《中华人民共和国国民经济和社会发展第十四个五年规划和二〇三五年远景目标纲要》,人民出版社2021年版,第85页。

[③] 《中华人民共和国国民经济和社会发展第十四个五年规划和二〇三五年远景目标纲要》,人民出版社2021年版,第85页。

[④] 《中华人民共和国国民经济和社会发展第十四个五年规划和二〇三五年远景目标纲要》,人民出版社2021年版,第85页。

[⑤] 《中华人民共和国国民经济和社会发展第十四个五年规划和二〇三五年远景目标纲要》,人民出版社2021年版,第85页。

[⑥] 《中华人民共和国国民经济和社会发展第十四个五年规划和二〇三五年远景目标纲要》,人民出版社2021年版,第78页。

托育、养老、住房等方面面临不少难题"①,并再次强调要"坚持房子是用来住的、不是用来炒的定位,加快建立多主体供给、多渠道保障、租购并举的住房制度"②。贯彻落实党的二十大精神,就要把解决群众在住房方面面临的困难作为各级政府工作的重点。一方面要增加保障性住房的供给数量,另一方面要确保保障性住房得到科学、公正的分配,尽最大努力缓解住房保障对象的住房困难问题,提升他们的居住质量和生活质量。

在全面建成小康社会、迈上全面建设社会主义现代化国家新征程的背景下,城市住房困难群体的居住难题特别是新市民、青年人的住房难题,是党和政府十分关心的民生问题。对城市保障性住房政策过程进行研究,有助于进一步完善城市住房保障方式,构建多主体供给、多渠道保障、租购并举的城市住房制度,推动实现以人为核心的新型城镇化,实现全体城市居民住有所居的美好生活目标。

(一)城市住房的历史回顾

住房是人类生活栖息、社会交往的基本场所,是人类生存和发展的最基本物质条件。人类在起源之初就与住房密不可分,《黄帝宅经》记载:"宅者人之本。人因宅而立,宅因人得存。人宅相扶,感通天地。"③几千年来,"从天然的森林、山洞到人工建造的房屋,人类的居住方式始终处在不断演化和发展的过程中"④。在公元前2000年前后,居住在底格里斯河与幼发拉底河之间的美索不达米亚平原的人类已经掌握了烧砖技术,两河流域的居住建筑快速发展。对出土的泥板契约进行考察发现,古代巴比伦已经存在类似今天的房屋租赁活动,例如,泥板契约记载了房屋面积、租金、租赁双方身份、租期、证人、交易时间等房屋租赁信息。⑤随着世界人口中城市人口所占比重越来越大,城市成为政治、经

---

① 习近平:《高举中国特色社会主义伟大旗帜　为全面建设社会主义现代化国家而团结奋斗——在中国共产党第二十次全国代表大会上的报告》,人民出版社2022年版,第14页。
② 习近平:《高举中国特色社会主义伟大旗帜　为全面建设社会主义现代化国家而团结奋斗——在中国共产党第二十次全国代表大会上的报告》,人民出版社2022年版,第48页。
③ 张茵、蓝江平:《住宅建筑设计》,华中科技大学出版社2013年版,第1页。
④ 樊明等:《房地产买卖行为与房地产政策》,社会科学文献出版社2012年版,第19页。
⑤ 樊明等:《房地产买卖行为与房地产政策》,社会科学文献出版社2012年版,第28页。

济、文化、社会变革的前沿,① 城市住房也成为城市发展的重要体现。例如,在2000年前汉朝的长安城内,由于城内居民的政治、经济、文化水平和社会地位的差异,他们的居住场所也存在官邸、甲第和闾里等区别。②

中华人民共和国成立以来,我国城乡住房呈现不同的发展模式。农村住房一直采用私人自行搭建模式。相对而言,城市住房供给模式经历了巨大的变革。在计划经济时期,为城市居民提供住房是政府和单位的责任。改革开放尤其是住房商品化改革以来,城市居民主要依靠市场来解决自身的住房需求。随着经济的快速发展和城市化的快速推进,我国城市居民的住房情况有了明显改善。对此,国外一些学者也给出高度评价:"中国至少努力提供着住房。与之相反,大多数发展中国家都无力提供住房,也无法保障住房的质量;另一些国家则事倍功半,难以解决住房短缺问题。"③

住房问题是工业化、城市化与现代化的必然产物,大量产业工人、科技人才、管理人员在城市安居落户,他们的城市住房需求急剧上升。而城市土地资源的稀缺性与城市住房设计施工的滞后性决定了城市住房存量难以满足城市居民对住房的需求。一些城市政府把由市场供给商品性住房作为城市住房的主要供应方式,甚至把房地产作为支柱产业,以房地产开发投资作为推动城市经济发展的主要动力。住房市场化倾向导致城市尤其是大中城市房价较高,城市住房尤其是保障性住房相对短缺导致城市住房困难群体难以承受较高的城市房价,特别是城市青年、低收入群体的住房需求难以被满足。

城市住房问题尤其是城市保障性住房问题不能得到妥善解决,将会引发一些经济与社会问题。一是不利于城市经济的发展。如果城市新落户群体在城市辛勤工作,但几年之后仍然无法拥有属于自己的住房,将会影响他们对所在城市的归属感与认同感,不利于吸引和留住人才。二是不利于城市社会的稳定。城市居民在没有能力购买商品性住房的情况

---

① [美] 杰里米·布莱克:《大都会:手绘地图中的城市记忆与梦想》,曹申堃译,山西人民出版社2016年版,第205页。
② 肖爱玲:《西汉长安:丝绸之路起点》,三秦出版社2015年版,第98页。
③ [美] 杰里米·布莱克:《大都会:手绘地图中的城市记忆与梦想》,曹申堃译,山西人民出版社2016年版,第205页。

下只能选择长期租房，但由于租房环境与人员的复杂，租房集中区容易成为犯罪问题集中的区域，将会给城市治安管理带来一定的压力。三是不利于城市社会的和谐。城市高房价将城市居民居住地区分为富人区、廉价房区、租房区，在地域上更加凸显了城市阶层的界限，使得城市居民对所居住的城市缺乏归属感，在城市居民之间形成心理隔阂，容易激化城市不同群体之间的矛盾。

（二）我国城市保障性住房政策

为了保障城市中低收入家庭住有所居，国家实施城市保障性住房政策。城市保障性住房是指限定房价或房租、限定购买或租住标准的住房，主要包括政策性租赁住房、经济适用住房、廉租住房、定向安置房等类型，与由市场形成价格、由市场进行供给的商品性住房有着明显区别。

1994年7月，国务院颁发的《关于深化城镇住房制度改革的决定》（国发〔1994〕43号）正式启动了我国住房市场化改革，明确提出建立以高收入家庭为对象的商品性住房供应体系和以中低收入家庭为对象、有着保障性质的经济适用住房供应体系。[1]

1998年7月，国务院颁发的《国务院关于进一步深化城镇住房制度改革加快住房建设的通知》（国发〔1998〕23号）提出，住房供应政策因家庭收入不同而不同，政府或单位向最低收入家庭提供廉租住房，经济适用住房由中低收入家庭购买，市场价商品性住房由其他收入高的家庭购买或租赁。为加快解决困难居民的住房问题，政府对住房投资结构进行调整，把经济适用住房作为住房建设的重点。政府按保本微利原则对新建的经济适用住房出售实行指导价，经济适用房利润要严格控制在3%以下。[2]

为建立和完善多层次的住房供应体系，解决城镇最低收入家庭的住房问题，1999年4月，建设部颁发的《城镇廉租住房管理办法》（建设部令第70号），对城镇廉租住房的管理主体、住房来源、面积标准、租金定价方法、审批程序、问责机制等都作了明确规定，标志着我国已初

---

[1] 《国务院关于深化城镇住房制度改革的决定》，《广西政报》1994年第9期。
[2] 《国务院关于进一步深化城镇住房制度改革加快住房建设的通知》，《中华人民共和国国务院公报》1998年第17期。

步建立了城市住房保障制度。[①]

经过近三十年的改革与探索，我国已建立了较为完整的城市住房保障制度，制定了相对完善的城市保障性住房政策体系，改善了城市条件困难居民的居住条件，推动了城市化的快速发展。但随着我国经济社会的进一步发展和城市居民住房需求的不断提高，我国城市保障性住房政策面临着一些问题。

随着我国城市化进程的加快发展，新就业大学生等城市新居民、青年人以及进城务工人员的住房困难问题日益凸显，城市需要加快完善以保障性租赁住房、公租房和共有产权住房为主体的住房保障体系。为了尽力帮助城市新市民和城市青年群体等缓解住房困难，2021年6月，《国务院办公厅关于加快发展保障性租赁住房的意见》（国办发〔2021〕22号）要求，要突出住房的民生属性，坚持房子是用来住的政策定位，扩大保障性租赁住房供给。保障性租赁住房要以小户型（建筑面积不超过70平方米）为主，租金要比同地段同品质市场租赁住房低。城市政府要切实担负起解决城市新市民和城市青年群体住房困难的主体责任，因城施策，通过采取改造、改建、新建以及将政府闲置住房改作保障性租赁住房等方式，切实提高城市保障性住房供给能力。[②]

随后，全国大多数省（自治区）、新疆生产建设兵团等省级行政区相继出台了加快发展保障性租赁住房的政策文件（见表1—1）。北京、上海、天津、重庆4个直辖市也出台了加快发展保障性租赁住房的政策文件（见表1—2）。一些副省级市和地级市[③]根据国务院《关于加快发展保障性租赁住房的意见》和所在省（自治区）加快发展保障性租赁住房的

[①] 《城镇廉租住房管理办法》，《中华人民共和国国务院公报》1999年第20期。
[②] 《国务院办公厅关于加快发展保障性租赁住房的意见》，《中华人民共和国国务院公报》2021年第20期。
[③] 按照行政等级来划分，我国城市主要有直辖市、副省级市、地级市和县级市等类型。直辖市包括北京、上海、天津、重庆。副省级市包括广州、深圳、南京、武汉、沈阳、西安、成都、济南、杭州、哈尔滨、长春、大连、青岛、厦门、宁波。地级市是行政等级与地区、自治州、盟相同的市，由省、自治区管辖，截至2018年12月31日，我国共有293个地级市。县级市是行政等级与市辖区、县（自治县）、旗（自治旗）相同的市，由地级市、地区、自治州、盟管辖或由省、自治区直接管辖，截至2018年12月31日，中国共有375个县级市。参见中华人民共和国民政部官方网站，http://xzqh.mca.gov.cn/statistics/2018.html。

政策文件，制定了本市的发展保障性租赁住房具体实施计划（见表1—3、表1—4）①。

表1—1　省级行政区加快发展保障性租赁住房的政策文件

发布时间	政策文件发布单位	政策文件名称	政策文件公文编号
2021.11	河北省人民政府办公厅	关于加快发展保障性租赁住房的实施意见	冀政办发〔2021〕8号
2022.1	河北省保障性安居工程领导小组办公室	2022年河北省加快发展保障性租赁住房工作方案	冀建安居办〔2022〕1号
2021.9	内蒙古自治区人民政府办公厅	关于加快发展保障性租赁住房工作有关事宜的通知	内政办发〔2021〕53号
2021.12	吉林省人民政府办公厅	关于加快发展保障性租赁住房的实施意见	吉政办发〔2021〕65号
2021.12	江苏省人民政府办公厅	关于加快发展保障性租赁住房的实施意见	苏政办发〔2021〕101号
2021.10	浙江省人民政府办公厅	关于加快发展保障性租赁住房的指导意见	浙政办发〔2021〕59号
2021.12	安徽省人民政府办公厅	关于加快发展保障性租赁住房的实施方案	皖政办秘〔2021〕117号
2022.2	福建省住房和城乡建设厅	关于加快发展保障性租赁住房的实施意见	闽建住〔2022〕2号
2021.12	江西省人民政府办公厅	关于加快发展保障性租赁住房的实施意见	赣府厅发〔2021〕46号
2021.11	山东省人民政府办公厅	关于加快发展保障性租赁住房的实施意见	鲁政办发〔2021〕17号
2022.1	河南省人民政府办公厅	关于加快发展保障性租赁住房的实施意见	豫政办〔2022〕6号
2021.11	湖北省住房和城乡建设厅	关于加快发展保障性租赁住房的通知	鄂建文〔2021〕45号
2022.1	湖南省住房和城乡建设厅	关于加快发展保障性租赁住房的通知	湘建保〔2022〕2号

① 县级市加快发展保障性租赁住房的政策文件相关资料暂缺。

第一章 绪论

续表

发布时间	政策文件发布单位	政策文件名称	政策文件公文编号
2021.11	广东省人民政府办公厅	关于加快发展保障性租赁住房的实施意见	粤府办〔2021〕39号
2021.12	广西壮族自治区人民政府办公厅	关于进一步加强公租房和保障性租赁住房工作完善住房保障体系的实施意见	桂政办发〔2021〕127号
2022.5	海南省人民政府办公厅	关于完善海南自由贸易港住房保障体系的指导意见	琼府办〔2022〕25号
2021.12	四川省住房和城乡建设厅等	关于加快发展保障性租赁住房的实施意见	川建保发〔2021〕338号
2022.1	贵州省人民政府办公厅	关于加快发展保障性租赁住房的实施意见	黔府办发〔2022〕1号
2022.5	贵州省银保监局、贵州省住房城乡建设厅	关于银行保险机构支持保障性租赁住房发展的实施意见	贵银保监规〔2022〕1号
2022.3	云南省人民政府办公厅	关于加快发展保障性租赁住房的实施意见	云政办发〔2022〕11号
2021.9	云南省财政厅、国家税务总局云南省税务局、云南省住房和城乡建设厅	关于实施住房租赁税收优惠政策有关事项的通知	云财税〔2021〕43号
2022.2	西藏自治区住房和城乡建设厅等	关于加快发展保障性租赁住房的通知	藏建办〔2022〕68号
2021.12	陕西省人民政府办公厅	关于加快发展保障性租赁住房的实施意见	陕政办发〔2021〕40号
2021.11	甘肃省人民政府办公厅	关于印发加快发展保障性租赁住房实施意见的通知	甘政办发〔2021〕106号
2021.12	青海省人民政府办公厅	青海省加快发展保障性租赁住房实施方案	青政办〔2021〕113号
2022.4	宁夏回族自治区人民政府办公厅	关于加快发展保障性租赁住房的实施意见	宁政办发〔2022〕28号
2021.9	新疆维吾尔自治区人民政府办公厅	关于加快发展保障性租赁住房的实施意见	新政办发〔2021〕89号

续表

发布时间	政策文件发布单位	政策文件名称	政策文件公文编号
2021.11	新疆生产建设兵团	关于贯彻落实《国务院办公厅关于加快发展保障性租赁住房的意见》的实施意见	新兵办发〔2021〕105号

资料来源：作者根据住房和城乡建设部、各省（自治区）和新疆生产建设兵团住房和城乡建设部门的相关资料整理。

表1—2　直辖市加快发展保障性租赁住房的政策文件

发布时间	政策文件发布单位	政策文件名称	政策文件公文编号
2022.3	北京市人民政府办公厅	关于加快发展保障性租赁住房的实施方案	京政办发〔2022〕9号
2021.11	上海市人民政府办公厅	关于加快发展本市保障性租赁住房的实施意见	沪府办规〔2021〕12号
2022.1	上海市规划和自然资源局	关于本市保障性租赁住房规划土地管理细则	沪规划资源用〔2022〕20号
2022.1	上海市住房和城乡建设管理委员会等	上海市保障性租赁住房租赁管理办法（试行）	沪住建规范联〔2022〕3号
2022.1	上海市住房和城乡建设管理委员会等	上海市保障性租赁住房项目认定办法（试行）	沪住建规范联〔2022〕2号
2022.1	上海市经济和信息化委员会等	产业园区产业类项目配套建设保障性租赁住房建设指引（试行）	沪经信产〔2022〕40号
2022.3	上海市房屋管理局办公室	关于保障性租赁住房免缴城市基础设施配套费的通知	沪房规范〔2022〕2号
2021.10	天津市住房和城乡建设委员会等	关于用好中央试点政策支持我市保障性租赁住房建设有关工作的通知	津住建房市〔2021〕50号
2021.11	天津市住房城乡建设委等	天津市非居住存量房屋改建为保障性租赁住房的指导意见（试行）	津住建发〔2021〕17号
2022.1	重庆市人民政府办公厅	关于加快发展保障性租赁住房的实施意见	渝府办发〔2022〕21号

资料来源：作者根据住房和城乡建设部、各直辖市住房和城乡建设部门的相关资料整理。

表 1—3　　副省级市加快发展保障性租赁住房的政策文件

发布时间	政策文件发布单位	政策文件名称	政策文件公文编号
2021.12	大连市保持房地产市场平稳健康发展工作领导小组	大连市加快发展保障性租赁住房工作实施方案	大房稳〔2021〕2号
2022.2	沈阳市人民政府办公室	关于加快发展保障性租赁住房的实施意见	沈政办发〔2022〕2号
2022.3	长春市人民政府办公厅	关于发展保障性租赁住房的实施意见	长府办发〔2022〕6号
2022.1	南京市人民政府	南京市发展保障性租赁住房实施办法	宁政规字〔2022〕1号
2022.4	南京市住房保障和房产局等	南京市保障性租赁住房项目认定细则（试行）	宁房居字〔2022〕102号
2021.10	杭州市人民政府办公厅	杭州市加快发展保障性租赁住房实施方案	杭政办函〔2021〕54号
2021.6	宁波市住房和城乡建设局等	宁波市关于非住宅改建租赁住房的指导意见（试行）	甬建发〔2021〕53号
2021.12	宁波市人民政府办公厅	关于加快发展保障性租赁住房的实施意见	甬政办发〔2021〕83号
2021.7	厦门市人民政府办公厅	关于加快发展保障性租赁住房的意见	厦府办规〔2021〕6号
2021.7	厦门市住房保障和房屋管理局等	存量非住宅类房屋临时改建为保障性租赁住房实施方案	厦房租赁〔2021〕9号
2021.10	厦门市住房保障和房屋管理局等	关于落实住房租赁有关税收政策的通知	厦房租赁〔2021〕15号
2021.11	厦门市自然资源和规划局等	厦门市产业园区利用自有用地建设宿舍型保障性租赁住房实施办法	厦资源规划规〔2021〕13号
2022.2	厦门市住房保障和房屋管理局等	厦门市国有企事业单位利用自有用地建设保障性租赁住房试点实施方案	厦房租赁〔2022〕5号

续表

发布时间	政策文件发布单位	政策文件名称	政策文件公文编号
2022.7	厦门市人民政府办公室	厦门市加大新就业大学生等青年群体租赁住房保障工作的若干意见	厦府办规〔2021〕7号
2021.11	济南市住房和城乡建设局	关于新就业高校毕业生申请办理泉城安居卡有关事项的通知	济建住字〔2021〕4号
2022.1	济南市住房保障工作领导小组	关于对中央财政支持住房租赁市场试点项目开展保障性租赁住房项目认定工作的通知	济住保发〔2022〕1号
2022.2	济南市人民政府办公厅	关于加快发展保障性租赁住房的实施意见	济政办发〔2022〕1号
2022.2	济南市住房和城乡建设局	济南市"十四五"保障性租赁住房发展规划	济建发〔2022〕16号
2021.11	青岛市住房制度改革和住房保障工作领导小组	保障性租赁住房项目认定书核发管理规则	青住房组发〔2021〕6号
2022.4	青岛市住房和城乡建设局	保障性租赁住房免收城市基础设施配套费实施细则	青建房字〔2022〕22号
2022.6	青岛市人民政府办公厅	关于加快发展保障性租赁住房的实施意见	青政办发〔2022〕3号
2021.10	武汉市人民政府办公厅	关于加快发展保障性租赁住房的意见	武政办〔2021〕116号
2021.12	武汉市住房保障和房屋管理局等	关于规范保障性租赁住房项目计划及认定管理工作的通知	武房发〔2021〕23号
2021.8	成都市人民政府办公厅	关于加快发展保障性租赁住房的实施意见	成办发〔2021〕80号
2021.8	成都市住房和城乡建设局	关于鼓励国有企业加快发展保障性租赁住房的实施方案	成住建规〔2021〕4号
2022.2	西安市住房和城乡建设局等	西安市"十四五"保障性租赁住房发展规划	市建发〔2022〕11号

资料来源:作者根据住房和城乡建设部、相关省住房和城乡建设部门的相关资料整理。

表1—4 　　　地级市加快发展保障性租赁住房的政策文件

发布时间	政策文件发布单位	政策文件名称	政策文件公文编号
2021.11	石家庄市人民政府办公室	关于加快发展保障性租赁住房的实施办法	石政办发〔2021〕6号
2021.12	邯郸市人民政府办公室	关于加快发展保障性租赁住房的实施办法	邯政办规〔2021〕11号
2022.1	唐山市人民政府办公室	关于加快发展保障性租赁住房的实施意见	唐政办字〔2022〕6号
2022.2	张家口市人民政府办公室	关于加快发展保障性租赁住房的实施方案	张政办发〔2022〕1号
2022.1	太原市人民政府办公室	关于加快发展保障性租赁住房的实施意见	并政办发〔2022〕6号
2021.12	呼和浩特市人民政府办公室	关于加快发展保障性租赁住房的实施意见	呼政办发〔2021〕26号
2021.12	无锡市人民政府办公室	关于加快发展保障性租赁住房的实施意见	锡政办发〔2021〕91号
2022.1	常州市人民政府办公室	关于加快发展保障性租赁住房的实施方案	常政办发〔2022〕7号
2022.3	南通市人民政府办公室	关于支持发展保障性租赁住房的实施意见	通政办发〔2022〕28号
2021.11	温州市人民政府办公室	关于加快发展保障性租赁住房的实施意见	温政办〔2021〕75号
2021.11	衢州市人民政府办公室	关于加快发展市区保障性租赁住房的通知	衢政办通〔2021〕
2021.12	湖州市人民政府办公室	关于加快发展保障性租赁住房的实施意见	湖政办发〔2021〕38号
2021.12	嘉兴市人民政府办公室	关于加快发展保障性租赁住房的实施意见	嘉政办发〔2021〕57号
2021.12	金华市人民政府办公室	金华市加快发展保障性租赁住房实施意见	金政办发〔2021〕89号
2021.12	舟山市人民政府办公室	舟山市加快发展保障性租赁住房实施方案	舟政办发〔2021〕139号

续表

发布时间	政策文件发布单位	政策文件名称	政策文件公文编号
2021.12	台州市人民政府办公室	关于加快发展保障性租赁住房的实施意见	台政办发〔2021〕60号
2021.12	丽水市人民政府办公室	丽水市区加快发展保障性租赁住房实施意见	丽政办发〔2021〕69号
2022.2	绍兴市人民政府办公室	关于加快发展保障性租赁住房的实施意见	绍政办发〔2022〕4号
2021.12	合肥市人民政府办公室	关于加快发展保障性租赁住房的实施意见	合政办〔2021〕16号
2022.2	蚌埠市人民政府办公室	关于加快发展保障性租赁住房的实施办法	蚌政办秘〔2022〕7号
2021.12	福州市人民政府办公厅	关于加快发展保障性租赁住房的实施意见	榕政办〔2021〕124号
2021.10	赣州市人民政府办公室	赣州市加快发展保障性租赁住房实施方案	赣市府办字〔2021〕61号
2022.2	南昌市人民政府办公室	南昌市保障性租赁住房建设和管理实施办法	洪府办发〔2022〕10号
2022.2	赣州市保障性租赁住房工作领导小组	赣州市中心城区保障性租赁住房管理实施细则	赣市保租字〔2022〕2号
2022.3	吉安市人民政府办公室	吉安市加快发展保障性租赁住房实施方案	吉府办字〔2022〕11号
2022.3	新余市人民政府	新余市加快发展保障性租赁住房的实施意见	余府发〔2022〕12号
2022.4	抚州市人民政府办公室	抚州市保障性租赁住房建设和管理实施办法	抚府办发〔2022〕19号
2022.5	景德镇市人民政府办公室	景德镇市中心城区保障性租赁住房建设和管理实施办法	景府办发〔2022〕3号
2022.5	宜春市人民政府办公室	加快发展宜春市保障性租赁住房的实施意见	宜府办发〔2022〕16号
2022.5	上饶市人民政府办公室	上饶市中心城区保障性租赁住房建设和管理实施办法	饶府办发〔2022〕5号

第一章 绪论

续表

发布时间	政策文件发布单位	政策文件名称	政策文件公文编号
2022.2	郑州市人民政府办公厅	关于加快发展保障性租赁住房的实施意见	郑政办〔2022〕15号
2022.2	郑州市人民政府办公厅	郑州市保障性租赁住房项目认定及管理办法	郑政办〔2022〕16号
2022.3	洛阳市人民政府办公室	关于加快发展保障性租赁住房的实施意见	洛政办〔2022〕24号
2021.10	宜昌市人民政府办公室	宜昌城区保障性租赁住房建设管理办法	宜府办发〔2021〕51号
2021.11	鄂州市人民政府办公室	鄂州市加快发展保障性租赁住房实施方案	鄂政办发〔2021〕30号
2022.1	襄阳市住房和城乡建设局	襄阳市区保障性租赁住房项目管理办法	襄住建〔2022〕2号
2022.1	十堰市人民政府办公室	关于加快发展保障性租赁住房的通知	十政办函〔2022〕8号
2022.2	襄阳市人民政府办公室	关于加快发展保障性租赁住房的实施意见	襄政发〔2022〕3号
2021.7	长沙市人民政府办公厅	关于加强我市住房租赁市场管理的意见	长政办发〔2021〕39号
2021.12	长沙市人民政府办公厅	关于加快发展保障性租赁住房的实施意见	长政办发〔2021〕75号
2021.12	江门市人民政府办公室	关于印发江门市加快发展保障性租赁住房实施方案的通知	江府办函〔2021〕162号
2022.1	汕头市人民政府办公室	加快发展保障性租赁住房的实施意见	汕府办〔2022〕5号
2022.5	东莞市人民政府办公室	东莞市发展保障性租赁住房实施意见	东府办〔2022〕30号
2021.11	百色市人民政府办公室	百色市加快发展保障性租赁住房实施方案	百政办发〔2021〕60号
2022.4	贵港市人民政府办公室	贵港市加快发展保障性租赁住房实施方案	贵政办通〔2022〕23号

续表

发布时间	政策文件发布单位	政策文件名称	政策文件公文编号
2022.1	贵阳市人民政府办公厅	关于加快发展保障性租赁住房的实施意见	筑府办发〔2022〕1号
2022.6	贵阳市人民政府办公厅	贵阳贵安加快发展保障性租赁住房建设三年行动计划	筑府办函〔2022〕68号
2022.5	昆明市人民政府办公室	昆明市保障性租赁住房建设实施方案	昆政办〔2022〕21号
2022.1	兰州市人民政府	兰州市保障性租赁住房管理暂行办法	兰政发〔2022〕5号
2022.1	定西市人民政府办公室	定西市发展保障性租赁住房实施意见	定政办发〔2022〕10号
2022.1	西宁市人民政府办公室	西宁市保障性租赁住房建设管理实施方案	宁政办〔2022〕4号
2021.12	西宁市保障性租赁住房工作领导小组办公室	西宁市落实保障性租赁住房税费优惠和金融支持政策联动机制	宁保租办〔2021〕2号
2022.6	银川市人民政府办公室	银川市关于发展保障性租赁住房实施方案	银政办发〔2022〕66号
2022.6	固原市人民政府办公室	固原市加快发展保障性租赁住房实施细则、固原市保障性租赁住房项目认定办法	固政办规发〔2022〕6号

资料来源：作者根据住房和城乡建设部、各省的住房和城乡建设部门的相关资料整理。

二 问题的提出

进行城市住房制度改革，建立多主体供给、多渠道保障、租购并举的住房制度，尤其是构建以保障性租赁住房、公租房、共有产权住房等为主体的城市住房保障体系，极大地改善了城市居民的住房条件，为不断满足广大市民对美好城市生活的需要提供了有力的支撑。

然而，大中专毕业生、新就业人群、青年等城市住房困难群体难以承担城市特别是大城市、特大城市、超大城市①的高昂房价，他们不得不在所工作的城市租住房屋，由此导致他们在结婚成家、生儿育女方面面临一系列压力。

住房是人类生存与生活的基本条件，是城市居民安心工作与实现美好生活的必备条件。城市住房是城市居民生活水平的重要标志，是全面建成小康社会的重要指标，不可能仅仅依靠市场解决城市住房问题。即使是在西方发达国家，政府依然采取税收优惠、财政补贴等方式为城市中低收入群体提供住房保障。同时，也不能完全依靠政府提供保障性住房，这样会扭曲城市住房资源配置机制。

我国城市保障性住房出现供给总量不足、供给结构失衡等问题的主要原因在于政府与市场在保障性住房资源配置中的作用出现了失衡。长期以来，在城市住房领域，由于没有建立政府与市场协同治理机制，我国城市住房相关利益主体对住房性质、作用的认识存在一定的差异。政府要求房地产企业在追求经济利益的同时也要注重维护社会公平正义；房地产企业认为拿好地、多盖楼盘、多赚利润才是企业生存发展壮大之道；城市居民认为有房才有家，砸锅卖铁都要买房。由此导致整个城市住房市场弥漫着一股非理性情绪。

国内外住房发展历史表明，城市住房问题既是市场问题和经济问题，也是涉及政府责任和影响人民生活的民生问题和政治问题。只从房价角度谈城市住房问题，或只从政府责任角度谈住房治理，将住房问题由政府完全交给市场，或者由市场完全交给政府，这些都不能有效解决城市住房问题尤其是住房困难群体的住房保障问题。政府与市场可以说是与城市住房关系最为紧密的两大主体，将城市住房特别是保障性住房纳入国家治理现代化视域之内，推进城市保障性住房问题得到妥善解决，是最为现实也是最好的出路。

上述思考引发了本著作的核心问题：在城市保障性住房政策过程中，

---

① 2014年11月20日，国务院发布《关于调整城市规模划分标准的通知》（国发〔2014〕51号），新标准按城区常住人口数量将城市划分为以下五类：城区常住人口1000万以上的为超大城市，城区常住人口500万—1000万的为特大城市，城区常住人口100万—500万的为大城市，城区常住人口50万—100万的为中等城市，城区常住人口50万以下的为小城市。

政府与市场各个主体之间的相互关系和作用机制是什么？这一核心问题包括以下两个方面：一是选择什么理论作为研究的理论基础；二是构建什么样的理论框架对上述核心问题进行深入分析。

针对上述研究问题，本著作以协同治理理论为研究的基础，构建了"主体—维度"协同的理论框架，通过具体的政策案例，从"政府—市场"主体协同和"过程—利益"维度协同两个层面对城市保障性住房政策过程进行深入分析。在此基础上，本著作提出了若干政策建议。

第二节　基本概念界定

一　治理

治理有狭义和广义之分。所谓狭义的治理，是指政府等治理主体通过运用治理工具，对治理客体进行管理、改造、优化，以实现治理目标的过程。所谓广义的治理，并不局限于政府系统，可以延伸至非营利机构等公共组织；并不局限于公共领域，可以延伸至竞争性企业、谋利性机构等私营部门；并不局限于政治领域，可以延伸至经济、社会、文化、生态等领域。治理作为一个学术话语，目前已成为公共管理学、政治学、社会学、经济学等学科研究与关注的热点。全球治理、国家治理、经济治理、生态治理、社区治理等具体领域治理已经成为政策关注与学术研究的重点。

（一）治理与统治的区别

与治理（governance）相对应的是统治（government），现代意义的治理与传统意义的统治虽然都以权力为行为工具，都以管理为行为方式，但二者还是有着明显的区别。统治一般意味着政府作为单一的权力主体，通过自上而下的权力体系来解决社会问题和提供公共产品。治理则意味着政府、市场与社会等多元主体，通过互动沟通与协商合作来解决社会问题和提供公共产品。[1] 具体来看，统治与治理的区别包括以下

---

[1] 蔡禾：《从统治到治理：中国城市化过程中的大城市社会管理》，《公共行政评论》2012年第6期。

几个方面。①

第一，二者的行为主体不同。统治的行为主体是单一的，主要是政府、议会、法院等国家机构；治理的行为主体是多元的，除了政府、议会、法院，还包括市场经营主体、社会组织（非营利性组织）以及公民个人等。

第二，二者的行为依据不同。统治的行为来源于国家法律法规的授权；治理的行为除了来源于国家法律法规的授权，还来源于约定俗成的规则与谈判商定的契约。

第三，二者的行为向度不同。统治的行为方向是由上而下；治理的行为方向既可以是由上而下，也可以是由下而上，但更多的是平等协商。

第四，二者的行为方式不同。统治往往采取强制性的行为方式，要求被统治对象的绝对服从；与统治方式相比，治理强调分配权力和行使权力②，可以采取强制的行为方式，但主要是通过协商的方式达成一致。

第五，二者的行为边界不同。统治的行为边界为国家权力规定范围，统治强调由正式官僚机构生产和供应公共物品；治理的行为边界主要由治理的行为主体、治理对象、治理任务决定，这比统治的行为边界要宽广很多，政府、非营利性组织等都可以依据达成的协议生产和提供公共物品。③

第六，二者的行为价值不同，统治的行为价值主要是为了实现与维护统治阶级的利益；治理的行为价值主要是为了实现与发展公共利益。

总之，相对于统治而言，治理以多元性治理主体代替单一性治理主体，以协商与合作的治理方式代替强迫与控制的治理方式。治理理论主张政府、市场与社会的互动、互补与互鉴，以合作治理的方式充分有效地配置资源，以满足人民对公平正义的社会秩序与共同富裕的美好生活的期待。可以说，从统治方式转向治理方式，既是西方国家公共管理转

---

① 俞可平：《中国的治理改革（1978—2018）》，《武汉大学学报》（哲学社会科学版）2018年第3期。

② 史晨、蔡仲：《从统治到治理——智能社会新型技治主义的问题与出路》，《自然辩证法研究》2022年第2期。

③ 黄徐强：《从统治城市到治理城市：城市政治学研究综述》，《华中科技大学学报》（社会科学版）2015年第1期。

型的主要趋势,也是我国实现国家治理体系与治理能力现代化的重要途径。[1]

(二) 治理的内在矛盾

治理并非完美的权力运行方式,它本身有着相互矛盾的特点。

第一,治理权力的多中心既激发了治理活力,也必然导致治理责任的模糊不清。治理理论认为,政府不是治理权力的唯一来源,政府、市场和社会的相关部门与机构只要获得权威机构的评估与民众的认可,都可以成为治理的权力中心。[2]但治理权力的多中心也让各个治理中心之间的治理责任难以界定。

第二,治理主体的多样性既增加了治理合力,也容易产生治理资源的相互寻租。多样化的治理主体必然大大增加治理的合力,但在实际过程中,各个治理主体本身是独立的行为体,为了实现自身利益最大化,彼此之间有进行交换治理规则与治理资源的"合谋"的可能。

第三,治理范围的无边界既扩大了治理效果,也可能导致治理行动的肆意妄为。治理权力的多中心必然让治理范围远远大于单一治理权力产生的影响,导致治理范围的适应性延伸和无边界的"失焦"风险。[3] 如果治理主体相互之间进行治理资源的寻租,就会进一步导致治理边界的模糊甚至丧失,治理行为就会产生比"统治""管理"行为更坏的结果。

第四,治理价值的普惠性既增强了治理德性,也可能导致治理正义的无法实现。治理强调利益的普惠,这是治理理论被各方接受与称赞的重要原因。但利益普惠对应的却是有善恶、有美丑、有差别的治理现状。在对等性是正义的主要原则的情况下,不对等的治理现状享受着普惠的治理利益,无疑违背了治理内在的根本价值追求。

因此,在治理实践中,各个治理主体应发挥治理的积极作用,克服治理的消极作用。

---

[1] 吴丹:《从"统治"到"治理":城市规划管理的深度转型》,《云南民族大学学报》(哲学社会科学版) 2017 年第 4 期。

[2] 俞可平:《中国城市治理创新的若干重要问题——基于特大型城市的思考》,《武汉大学学报》(哲学社会科学版) 2021 年第 3 期。

[3] 谢新洲、石林:《基于互联网技术的网络内容治理发展逻辑探究》,《北京大学学报》(哲学社会科学版) 2020 年第 4 期。

(三) 治理的基本类型

1. 整合治理

整合治理依托公共部门与公共组织，主要通过资格认定、精英吸纳、资源支持、项目化运作等方式，对社会主体和市场主体进行跨界整合，从而构建隐性控制机制。整合治理不同于改革开放之前的全能治理模式，也不同于西方国家政府与社会之间的分立合作模式。整合治理是由于单一主体完成不了某一公共目标，通过对政治体制内部结构职能的整合与对政治精英的吸纳，组成临时性的组织机构，以改善治理工作环境，提升治理绩效。整合治理折射出现有治理体制中各政府部门之间长期存在的关系不清、职能重叠、多头管理等治理痼疾。整合治理一般是整合横向政府机构及其组成人员，但也会根据治理目标的特点接纳社会组织（非营利性组织）等主体的加入。在整合治理中，政府与社会组织（非营利性组织）等治理主体不是平等的，政府始终占据主导与支配地位。整合治理将公共资源、市场资源和社会资源结合起来，发挥了多元行为主体和多元行动机制的作用，有利于完成政府无法独自完成的任务。[①]

2. 复合治理

复合治理是指政府与社会组织（非营利性组织）、个人等形成多元复合主体，通过交流融合、合作共商的方式共同治理公共事务。复合治理强调政治国家、市场经济和市民社会之间形成相互制衡的关系[②]，主张各治理主体融入新的治理机制，以便于对公共问题实现及时、高效的治理。在社会利益日益分化、网络信息纷繁芜杂、民众观念多元变化的背景下，复合治理能够实现治理机制与地方实际情形相匹配，进而形成共时和叠加的功效，这有助于消除社会分歧、凝聚治理合力。[③] 但复合治理主张各治理主体在相对独立的基础上实现"你中有我"式的融合，在治理体制上具有多层级与多中心复合的特征，由此导致各主体之间界限不清、责

[①] 杨宏山：《整合治理：中国地方治理的一种理论模型》，《新视野》2015 年第 3 期。

[②] 张昕：《复合治理视角下的行政体制改革：理论与实践》，《甘肃行政学院学报》2020 年第 3 期。

[③] 周阳、陈华森：《复合治理："双循环"新发展格局下地方营商环境优化路径——以"川渝陕黔云桂"为例》，《经济体制改革》2022 年第 3 期。

任混乱、效率低下。①

3. 统合治理

统合治理是指通过制度化协商，消除传统行政体制下琐碎程序的制约，凝聚各个相关治理主体的政策共识，从而构建协作机制以完成治理任务。②统合治理实现了让多元治理主体在各自原初属性和职能的基础上进行功能再组合的目标。具体来说，统合治理对政府行政职能、市场效率职能和社会公益职能之间的协作关系进行探索，本质上是运用统合的手段，既保证了各个治理主体的合作度，又集中了治理权力。③特别是统合治理将社会组织（非营利性组织）纳入了整个治理体系，这有利于促进社会整体秩序的稳定，提高社会的创新活力。④统合治理以政府与企业等主体越过各自治理边界为代价，从而实现治理绩效的提升。针对城市治理的复杂性和面临的新挑战，统合治理虽然取得了比较好的治理成效，但也存在诸如运动式治理倾向明显、有效制约缺失、政绩导向突出以及忽略民意等一些问题。传统的以官僚组织为中心的自上而下的治理痕迹与治理特征在统合治理中依然存在。虽然社会力量获准参与城市治理，但自下而上的互动式、参与式治理模式并没有形成。⑤

4. 合作治理

合作治理是指基于多重互嵌的治理情景，在政府、市场和社会之间产生的竞争性合作与互动式协调的制度安排。在合作治理过程中，政府已经不是以压力型政府形象出现，而是合作治理的积极引导者和推动者，政府、企业、民众成为合作网络的关键行动者。⑥合作治理强调政府、社

---

① 张昕：《复合治理视角下的行政体制改革：理论与实践》，《甘肃行政学院学报》2020年第3期。

② 何艳玲、王铮：《统合治理：党建引领社会治理及其对网络治理的再定义》，《管理世界》2022年第5期。

③ 卢飞、陆汉文：《统合治理：县域脱贫攻坚的机制创新——基于贵州T县的经验研究》，《南京农业大学学报》（社会科学版）2022年第2期。

④ 何艳玲、王铮：《统合治理：党建引领社会治理及其对网络治理的再定义》，《管理世界》2022年第5期。

⑤ 卢飞、陆汉文：《统合治理：县域脱贫攻坚的机制创新——基于贵州T县的经验研究》，《南京农业大学学报》（社会科学版）2022年第2期。

⑥ 吕志奎、侯晓菁：《超越政策动员："合作治理"何以有效回应竞争性制度逻辑——基于X县流域治理的案例研究》，《江苏行政学院学报》2021年第3期。

会组织（非营利性组织）、个人基于身份平等、责任明确的原则，通过对话建立合作关系，实现治理目标。针对后工业化社会呈现出的高度复杂性与不确定性，合作治理主张要发挥多元治理主体的积极性，强调治理过程中合作与信任、开放与包容、多元与平等的重要性。① 国内外学者都认为，政府在合作治理中居于领导地位，但对于政府的职能定位、治理的组织形式以及合作的运行机制，国内外还有着一定的区别。相对来说，西方国家的合作治理更倾向于多元主体参与治理实践，而我国的合作治理则主张党政机构（特别是党组织）在治理过程中发挥主导作用，并且注重促进正式制度与非正式制度的融合。② 总的来说，合作治理的核心在于构建更为紧密、平等且具有引领价值的治理模式，从组织机制、价值机制等方面着手，将政府、市场、社会有效结合起来，激发多元治理主体的活力。③

二 保障性住房

保障性住房是人类进入现代社会以来，在政府责任意识、服务意识不断提高，民众公平意识、权利意识不断增强的背景下，政府为住房困难群体提供的基本居住场所，要了解保障性住房，应先了解住房、住房权、城市住房等相关概念。

（一）住房

住房与人类生活密切相关，随着人类进入商品经济时代，住房不仅表现为生活居住的场所，也是人类建筑艺术的结晶、投资谋利的商品。

第一，作为居住场所的住房。人类为了生活，必须解决衣食住行等基本需求。住房是人类必需的生活资料，是人类实现再生产的必要条件。它既是人们栖身歇息的场地，又是结婚成家、抚育后代的生活场所。从远古社会的洞穴到古代的木屋，从近代的低矮平房到现代的高层住宅楼，人类住房条件随着生产力的发展不断得以改善。宜居的住房反

---

① 张康之：《通过合作和信任把握历史的脉动》，《齐鲁学刊》2005年第2期。
② 杨露、周建国、周雅颂：《科层动员、利益聚合与基层合作治理——以贵州易地扶贫搬迁政策过程为例》，《宁夏社会科学》2022年第5期。
③ 贺小林、赵德余、卫笑啸：《地方国企参与乡村振兴合作治理机制解析——以上海市F区"百村"模式为例》，《复旦学报》（社会科学版）2022年第3期。

过来又为人类创造更加先进的物质文明与精神文明，进而提供更适宜的居住环境。可以说，住房状况是衡量人们生活质量与社会发展水平的重要标志。

第二，作为建筑艺术的住房。在远古时代，人类为了防止风霜、雨雪和猛兽的侵袭而居住在洞穴里，为了祈求上苍的保佑，他们把美好的愿望刻在墙壁上，成为艺术最初的起源。在法国多尔多涅的拉斯科山坡发现的拉斯科洞窟有着大量壁画。由此可见，人类祖先从一开始就将居住与建筑艺术结合在了一起。经过从以土木砖石为主要建材的传统住房到以钢筋混凝土为主要建材的现代住房的发展，特别是大量新型建筑材料的广泛运用，住房已经不再只是满足居住的物质结构，更是人类建筑艺术的结晶。

第三，作为投资商品的住房。住房作为社会劳动时间的凝结，有着自身的价值与使用价值。在市场经济条件下，人们可以对作为家庭财产的住房进行投资。与其他投资品相比，住房商品有着两个方面的优势：一是持有风险小，住房如果不出售，还可以自住或出租；二是盈利空间大，住房产权有效期长达几十年，不断增加的居住需求与有限的土地资源的矛盾决定了住房升值的空间较大。

（二）住房权

住房权又称住宅权、居住权、房屋权、房权，是指人们应该获得满足基本居住需求、拥有相应配套设施、人身安全得到保障、人格尊严得到尊重的房屋的权益。"住房权是人权的基本构成部分，也是公民享有的一项基本社会权利。"[1] "起码两千年来，居住权是法律保护的对象。"[2] 如果公民的住房权受到剥夺，就必然导致社会公平正义的丧失。住房权是维持人类生活、促进人类发展的最基本的权利，是生存权、发展权的重要基础与前提。"作为人生的基本需要，住房是人类生存和发展必不可少的物质条件。这使得住房权天然具有生存权的意义。"[3]

---

[1] 朱亚鹏：《实现住房权利：中国的实践与挑战》，《公共行政评论》2010年第3期。
[2] 蒋爱群：《法制经济学：经济转型和法制改革》，中央编译出版社2012年版，第499页。
[3] 张群：《居有其屋：中国住房权历史研究》，社会科学文献出版社2009年版，第3页。

1948年,《世界人权宣言》规定:"人人有权为维护他本人和家属的健康和福利所需的生活水平,包括食物、衣着、住房、医疗和必要的社会服务。"[①] 1966年的《经济、社会及文化权利国际公约》也规定:"本公约缔约各国承认人人有权为他自己和家庭获得相当的生活水准,包括足够的食物、衣着和住房,并能不断改进生活条件。"[②] 1981年,联合国《住房人权宣言》指出:"我们确认居住在良好的适宜人居住的住处,是所有人民的基本权利。"[③] 1996年,联合国《人居议程》和《伊斯坦布尔人居宣言》明确提出,要实现"人人享有适当住房"和"城市化进程中人类住区可持续发展"。[④]

当前世界上绝大多数国家从法律上都明确了公民拥有住房权,一些国家甚至把住房权作为一项重要的宪法权利写入宪法。需要注意的是,住房权并非等同于住房所有权,世界上绝大多数国家都无法做到让每个公民都依法拥有一套产权属于自己的住房。因此,有必要界定下广义住房权与狭义住房权概念。广义的住房权是指公民及其家庭应获得的,满足正常生活、生产与发展需求的住房权利,主要包括两个方面:一是住房所有权,也就是对房屋的占有、使用、处置的权利;二是住房居住权,也就是只对房屋有居住权,但没有对房屋的占有、使用、处置的权利。狭义的住房权不包括住房所有权,仅指每个公民拥有符合居住功能的房屋,就是住房居住权。

本著作采用狭义的住房权概念,具体来说,住房权包含以下几个方面的内容。一是居住权。住房居住权是指人们对适合自己的住房及其附属设施进行占有、使用的权利,居住权是为了保障居住者免受风吹日晒雨淋、免遭寒冷炎热潮湿气候侵袭,以保持最基本的尊严和维持最基本的生活。二是隐私权。住房隐私权是指人们在自己及其家属居住的住房内的所有行为、言语都不受窥探的权利。一切未经法律许可,擅自利用

[①] 参见陈安国《城镇住房保障科学发展研究》,中国言实出版社2013年版,第29页。
[②] 参见李军鹏《公共服务体系国际比较与建设》,国家行政学院出版社2015年版,第191页。
[③] 参见杜芳《我国公民住房权的司法保障研究》,世界图书出版公司2013年版,第10页。
[④] 参见《中国城市发展报告》编委会《中国城市发展报告》,中国城市出版社2010年版,第175页。

包括现代科技设备等方式对他人住房内情况进行窃听、监控等行为均为侵犯他人隐私权的违法行为。三是不受侵犯权。住房不受侵犯权是指人们依法享有在住房内不被强行驱逐、恶意骚扰、肆意威胁的权利。四是自由处置权。住房自由处置权是指人们可以依据个人意愿对住房进行装饰、出租、出卖、抵押的权利。

住房权有着以下特征。一是公平性。不分性别、种族、贫富、健康或疾病，人们公平享受在居住区内购房、租房的权利。当然，这并不意味着每个人都住着面积相同、设施相近的住房。对于无力承担租购住房费用的困难群体，政府应保障他们的基本居住权利。所以，住房权的公平性是指享受最基本住房资格上的公平，而不是绝对的平等。二是宜居性。住房需要具备基本的通风、采光、防火条件，有供水、供电、供气与电视、电话、网络等基本设施，住房周边有学校、医院、银行、商场等公共服务机构，有公园、公共交通等公共设施。三是人文性。住房不能对居住者的文化习惯、政治信念、宗教信仰产生冲击。四是可负担性。住房支出不能对居住者的工作与生活产生严重影响。

和公民的其他各项权益一样，住房权也是有自身界限的。一是地域限制。公民一般只能在工作所在地、户籍所在地或长期居住地享有住房权。二是法律限制。依法受到国家法律处分被剥夺政治权利的服刑人员不享有住房权。三是能力限制。公民能力的大小决定了公民合法收入的高低，而每个公民的收入状况则决定了可以享有住房的标准。总之，住房权是指公民享有符合基本居住条件的住房的权利，但并非每个人都应享有完全同等居住条件的住房。住房权作为公民的基本权益，与选举权、人身自由权、宗教信仰自由权、继承权不一样，后者不需要国家等外力的作用，可以自然的实现，但住房权需要国家的积极推动才能实现。

(三) 城市住房

城市住房是指在城市的城区[①]内满足城市居民居住生活需要的房屋，

[①] 城区是相对于郊区而言的，是指城市中人口密集、工商业、服务业、交通运输业、文教卫生业比较发达的地区，是城市的主要组成部分和核心区域，包括市中心和周围连片的城市区域。市区有广义与狭义之分，广义的市区即市法定边界内直接管辖的地域，一般由城区和郊区组成，不包括市所辖的县、自治县、旗等，狭义的市区即城区。

包含以下三个方面的内涵。一是所在位置，城市住房在城市城区之内，不包括郊区与县、镇的住房；二是居住对象，城市住房是供具有城区户籍人口的城市居民居住；三是房屋性质，城市住房是供城市居民生活居住，而不是用于商业用途。城市住房的特征主要有以下几个方面。

第一，空间的聚集性。与农村住房分散在各村镇的情况不同，由于城市土地的昂贵与工作区的相对集中，城市住房越来越聚集在一起，表现在楼层越建越高，小区越来越集中，往往1个小区能居住上万人。

第二，建材的耐用性。相比较传统砖木结构的住房以及农村简易的砖瓦房，现代城市住房普遍使用钢材、混凝土等建筑材料，一般情况下自然寿命都很长。加上城市市区发展规划的相对稳定，城市住房使用寿命都在30年以上。

第三，位置的价值性。房地产界有句著名的谚语：决定房地产价值的因素，第一是地段，第二是地段，第三还是地段。城市住房环境包括地理环境、人文环境与服务环境，地理环境是指山水景观、公园景点、道路交通等，人文环境是指学校、体育馆、图书馆、博物馆等，服务环境包括医院、商场、酒店、宾馆等。

第四，价格的昂贵性。对于任何一个家庭来说，购买住房应该是最昂贵的家庭支出，一般情况下，1套住房基本上相当于家庭年收入的5—10倍。如果城市住房价格虚高，很多城市居民为了拥有自己的住房，往往因贷款买房而承受巨大的还贷压力。

第五，性质的双重性。城市住房既是生活必需品，给人提供居住的环境，又是投资性商品，具有投资增值的特点。房主可以根据情况决定自住、出租或者出售。随着我国城市化的发展，城市土地资源相对有限，住房几乎不可能降价，城市住房相对短缺决定了住房有升值空间。

第六，功能的多样性。一方面，居住权是人的基本权利，安居才能乐业。城市住房为城市居民提供了生活和工作的场所。另一方面，城市住房是城市发展的重要产业，能带动钢铁、建材、化工、机械、金融、有色金属、工程承包等上游产业与家居、营销、装修、家电等下游产业的发展。

（四）城市保障性住房

在我国现有的城乡住房体系中，城市住房主要包括商品性住房和保障性住房两大类。商品性住房是指购房者以支付货币的方式购买房地产企业建造的房子，获得不动产权证。保障性住房是由政府政策引导和推动的特殊住房类型，[1] 由政府建设和分配，居住者对住房没有所有权。保障性住房包括公共租赁住房、经济适用房、棚户区改造房，也包括部分地区推出的定向安置房、限价商品性住房、人才引进住房等其他类型的保障性住房。在我国住房制度改革过程中，保障性住房经历了制度逐渐完善、类型不断丰富的发展过程。

在1994年住房改革之前，我国城市实行福利分房制度，广大干部职工居住在由单位提供和分配的住房中，住房产权属于国家，不能作为商品进行交易。1994年7月，国务院颁发的《关于深化城镇住房制度改革的决定》（国发〔1994〕43号）正式启动了我国住房市场化改革，通过对传统的福利分房制度进行改革，在实现住房分配货币化、发展商品性住房市场的同时，建立具有社会保障性质的住房体系。[2]

1998年7月，《国务院关于进一步深化城镇住房制度改革加快住房建设的通知》（国发〔1998〕23号）提出，城镇住房制度改革的目标是停止过去的住房实物分配方式，逐步推进住房分配的货币化，同时建立和完善以经济适用住房为主的多层次住房供应体系。[3] 1998年的住房制度改革标志着我国福利分房制度正式结束，我国住房体系由以福利性住房为主转为由商品性住房和保障性住房共同构成。1999年4月，建设部颁发的《城镇廉租住房管理办法》（建设部令第70号）对城市廉租住房的申请条件、审批程序、实物配租、租金核减、租赁补贴等内容作出了具体规定，标志着我国保障性住房制度体系初步建立。[4]

进入21世纪，随着我国经济的快速发展和人民收入的显著提高，购买商品性住房成为大部分城市居民解决居住问题的主要方式，保障性住房的建设和管理面临着一系列问题和困境。对于城市低收入群体来

---

[1] 游娟、黄春晓：《新时期保障性住房演化的进程与对策研究——以南京市为例》，《现代城市研究》2020年第4期。
[2] 《国务院关于深化城镇住房制度改革的决定》，《广西政报》1994年第9期。
[3] 《国务院关于进一步深化城镇住房制度改革加快住房建设的通知》，《中华人民共和国国务院公报》1998年第17期。
[4] 《城镇廉租住房管理办法》，《中华人民共和国国务院公报》1999年第20期。

说，由于经济适用房的价格偏高而买不起。对于城市中高收入群体来说，通过关系运作或开具相关证明就能购买比商品性住房价格便宜不少的经济适用房。对于城市政府来说，建设和运营经济适用房有着一些微薄利润，最起码还能够保本建设运营，但廉租房建设需要政府补贴大量财政资金。因此，以发展经济为中心任务的城市政府缺乏支持廉租房建设的动力。[①]

在经济适用房分配过程中，存在透明性与公正性缺乏、社会保障效果差等问题，导致经济适用房备受社会争议，一些城市政府逐渐取消并停止了经济适用房的建设和供应，并将公租房与廉租房合并为公共租赁住房，住房保障方式由只售不租改为只租不售。[②]

在城市商品性住房价格持续居高不下的情况下，城市普通工薪阶层、收入有限的大中专毕业生以及城市低收入群体的居住困难已经成为城市政府需要面对和努力解决的公共问题。2018年5月，《住房城乡建设部关于进一步做好房地产市场调控工作有关问题的通知》（建房〔2018〕49号）提出，争取用3—5年的时间，使我国城市公共租赁住房、共有产权住房的用地在全部新增住房用地供应中的比例达到50%以上。[③]

经过几十年的改革和发展，我国城市保障性住房制度不断完善，保障性住房体系现包括经济适用房、公共租赁住房、共有产权住房、棚户区改造房以及部分地区的定向安置房、限价商品性住房、人才引进住房等多种类型。保障性住房在让广大城市居民实现"住有所居"美好生活中发挥着重要作用。

三 政府和市场

（一）政府

政府是国家维护政治安全、推动经济发展、促进社会和谐、最终实

[①] 谭锐：《中国保障性住房体系的演进、特点与方向》，《深圳大学学报》（人文社会科学版）2017年第2期。

[②] 赵万民、王智、王华：《我国保障性住房政策的演进趋势、动因及协调机制》，《规划师》2020年第11期。

[③] 《住房城乡建设部关于进一步做好房地产市场调控工作有关问题的通知》，http://www.gov.cn/zhengce/zhengceku/2018-12/31/content_5433378.htm.

现国家富强、人民幸福的机构,是实施国家治理的重要主体。政府代表的是国家的意志,行使国家公共权力,政府发布的公共决策、行政法规、行政命令、行政处罚决定和审计监察结果,对政府管辖范围的所有对象都有效力,是以国家执法和武装力量作为强制执行的后盾,从而保证政府的权威和政令的下达、实施。政府的良好运行,需要一系列的制度予以保障,"政府更普遍地被理解为在国家层面上运行的用来维持秩序和促进集体行动的正式制度过程"①。

政府有广义和狭义之分,广义的政府包括制定法律、执行法律、监察违法事项、解释法律的国家公共权力机构,即立法机构、行政机构、监察机构和司法机构,广义的政府其实就是国家的另一种表达方式。狭义的政府是指国家权力的执行机构,包括中央和地方各级行政机关,本著作中的政府是狭义的政府,是指我国中央人民政府(国务院)和地方各级人民政府。《中华人民共和国宪法》规定:"中华人民共和国国务院,即中央人民政府,是最高国家权力机关的执行机关,是最高国家行政机关。"②"地方各级人民政府是地方各级国家权力机关的执行机关,是地方各级国家行政机关。"③"全国地方各级人民政府都是国务院统一领导下的国家行政机关,都服从国务院。"④ 我国宪法和相关法律对政府的职能、从属关系作了明确的界定,提出了明确的要求。

从公共政策视域来看,政府是最重要的政策主体,政府具有以下特征。

第一,公共性。在国家治理中,政府在资源配置上有着重要地位,发挥着关键作用。"一个国家首先是一个为其成员——公民——提供公共物品的组织。"⑤ 由于资源的短缺,市场难以解决"赢者通吃"与"滚雪球式的不平等"现象,人们期望作为公共利益代表的政府,在资源配置

---

① [英]安德鲁·海伍德:《政治学核心概念》,吴勇译,天津人民出版社2008年版,第2页。
② 《中华人民共和国宪法》,人民出版社2018年版,第41页。
③ 《中华人民共和国宪法》,人民出版社2018年版,第50页。
④ 《中华人民共和国宪法》,人民出版社2018年版,第52页。
⑤ [美]曼瑟尔·奥尔森:《集体行动的逻辑》,陈郁、郭宇峰、李崇新译,格致出版社、上海人民出版社2014年版,第12页。

和利益分配中兼顾效率和公平。公共性是现代政府的本质属性,政府的产生、运行都是为了服务人民群众、创造公共利益、促进社会公平,政府是公共利益的代表者、实现者和维护者。政府公共性是政府合法性的必要前提和重要基础,但是,在国家治理的具体过程中,政府公共性经常遭到挑战,运用国家阶级性来抹杀政府公共性的现象屡见不鲜,而摒弃"公共责任"的"行为主义革命"将只注重经验性的事实,忽视导向性的价值,将政府公共性引向效率至上的管理主义方向。

第二,合法性。政府作为公共治理机构,必须具备合法性,这是推进国家治理的先决条件,也是政府权威性的重要基础。政府合法性主要包括以下几个方面。一是权力来源的合法性。政府应是通过获得国家绝大多数人民公认的立法机关依据国家宪法和法律选举授权成立。二是行政职能的合法性。现代政府是摒弃人治思维的法治政府,政府行使行政权力时,应严格遵守宪法和相关法律法规,确保实现政务公开与社会公平、程序正义与结果正义的统一。

第三,强制性。政府区别于市场的重要特征是具有强制性,这种强制性来源于政府作为公共利益的代表这一身份特征。首先,政府制定的公共政策是为了绝大多数人的福祉与利益,但不可能让所有人满意,甚至有时还会损害部分人的利益,结果必然遭到这些人的反对。为了保证公共政策的推进和社会绝大部分人的利益,政府必须依照法律规定采取强制措施。其次,当少数人作奸犯科、违法犯罪时,国家安全、市场繁荣和社会稳定受到威胁,政府必须采取强制甚至暴力措施予以惩戒。当然,倘若政府没有代表绝大多数人的利益,只是为了部分阶层或少数集团的利益,而对提出异议和抗争的民众采取强制措施,政府就会失去其公共性与合法性。

第四,权威性。政府的合法性与强制性必然赋予了政府在行使行政权力时所具有的权威。政府作为国家宪法和法律授权的治理机构,是以暴力手段和专政工具为后盾,具有强迫社会成员接受行政决定的强制力,这种强制力在社会成员心里转化为必须予以服从的权威。政府权威性是获取社会成员认可、支持的有效道德魅力,政府应重视维护自身权威性,让政府与社会成员之间的命令——服从关系获得社会成员发自内心的遵从。

第五，组织性。政府是按照一定的原则和程序，由具备不同职能、行使不同权力、承担不同职责的多部门组成的国家行政机构，政府包括中央政府和地方各级政府，政府各部门和各级政府各司其职、各负其责，同时又共同运行、相互协调，保证国家治理工作得以顺利开展。

第六，有限性。与古代国家政府的全能型角色相比，现代政府是有限政府，而不是全能政府，政府权力行使范围是有限的，政府的责任相应也是有限的。政府在国家治理中应坚持有所为、有所不为的原则。一方面，政府应维护好社会秩序和公共利益，为市场竞争创造公平良好的制度环境，为市场主体提供法律保障；另一方面，政府要管住自己"看得见的手"，不要肆意介入微观市场领域，干扰市场内在规律，影响市场在资源配置中的决定性作用。

第七，公益性。政府的公益性是指政府作为公共权力机构，代表的是全体公民的利益，政府的一切行为都是满足公共利益需求，而不是为了政府自身或少数阶层、集团的利益。政府在履行职责的过程中，需要办公经费、公务人员工资福利支出费用、基础设施建设费用、社会基本保障费用等，这些费用都是通过依法向广大市场主体征税等方式取得。因此，除向少数人员和群体收取特定服务费用外，政府没有理由在履行公共职责、提供公共服务时再收取其他费用。

政府与国家是经常交替使用甚至混淆使用的概念，但二者之间有着明显的区别。"国家和政府之间应该进行区分，尽管二者常常被交替使用。国家比政府更为广泛，是一个包括所有公共领域机构和共同体成员（具有公民资格的成员）的包容性很强的联合体，这意味着政府仅仅是国家的一部分。从这种意义上讲，政府就是国家权威付诸实施的手段，是国家的'大脑'。但国家是一个持续的，甚至永久的共同体，而政府则是暂时的。在持久性的国家体系中，政府会不断更替，政府系统或许也会进行改革和重组。"[①] 具体来说，国家与政府之间的区别包括以下几个方面。

第一，"国家可以最简单地界定为，在确定的领土范围内建立主权管

[①] ［英］安德鲁·海伍德：《政治学核心概念》，吴勇译，天津人民出版社2008年版，第48页。

辖并通过一套永久性制度实施权威的政治联合体"①。国家包含政治、市场、社会组织（非营利性组织）和公民，"政府仅仅是国家的一部分"②。

第二，"国家从它的诞生日起就担负起了社会公共事务的管理职能"③。"政府就是国家权威付诸实施的手段"④"政府的职能就是治理国家"⑤。

第三，国家是相对持久、稳定的联合体，历史上较大的民族国家都有成百上千年的发展史。但"在持久性的国家体系中，政府会不断更替，政府系统或许也会进行改革和重组"⑥。

（二）市场

市场自古有之，是社会分工与商品生产的必然产物。随着社会生产力的发展，人们发现，每个人专门从事一样商品的生产会明显提高劳动效率。但人们需要不同的商品满足生活的需要，以物易物这一市场最初形式就此出现了。所谓"市"是指买卖的行为，所谓"场"是指交易的场所，市场就是拥有不同商品的人交换彼此商品的场所。《周易·系辞下》有言："神农日中为市，致天下之民，聚天下之货，交易而退，各得其所。"⑦ 这揭示了原始市场的起源。古代社会由于生产力不发达，需要在约定的时间与固定的地点进行交换。市场在其自身的发展和壮大过程中，也推动着社会分工、商品经济和整个社会的发展。

现代意义的市场是相对于商品经济而言的，主要包含两个层面。从广义角度来看，市场包括社会所有交易行为，是社会全部交换关系的总和。市场作为社会经济现象，不仅指流通领域还包括生产与消费领域，不仅体现商品与商品、商品与货币之间的关系，还体现了隐蔽在商品与

---

① ［英］安德鲁·海伍德：《政治学核心概念》，吴勇译，天津人民出版社2008年版，第47页。
② ［英］安德鲁·海伍德：《政治学核心概念》，吴勇译，天津人民出版社2008年版，第48页。
③ 张铭、陆道平：《西方行政管理思想史》，南开大学出版社2008年版，第21页。
④ ［英］安德鲁·海伍德：《政治学核心概念》，吴勇译，天津人民出版社2008年版，第48页。
⑤ ［美］塞缪尔·亨廷顿：《变革社会中的政治秩序》，李盛平、杨玉生等译，华夏出版社1988年版，第28页。
⑥ ［英］安德鲁·海伍德：《政治学核心概念》，吴勇译，天津人民出版社2008年版，第48页。
⑦ 参见段汉明《城市学基础》，陕西科学技术出版社2000年版，第12页。

货币背后的人与人之间的关系。从狭义角度来看，市场是指有着具体的商品交换内容、交换时间、交换方式、交换规则的地理场所或虚拟场所，如城市住房市场、菜市场、电子产品市场等。

市场有着以下几方面的特点。

第一，竞争性。竞争性是市场经济的基本特征，为了获得更多的资源与利润，市场经济主体从各自的利益出发，通过各种价格竞争与非价格竞争形式，实现优胜劣汰，进而促进全社会生产要素的优化配置。市场竞争的内因在于各个市场主体自身的物质利益驱动，但最终有助于推动社会生产力的发展与全社会的进步。竞争虽然是优化市场资源配置的重要机制，但不当竞争也会造成社会贫富悬殊的扩大与相关利益群体情绪的对立。

第二，逐利性。任何一个企业、组织或个人进入市场，都是出于追逐更多的利益。"市场是一个人们彼此相互作用、不管他们是谁都一样追逐自己目标的制度过程。"[①] 市场的逐利性就是指市场主体追逐自身利润的最大化。逐利性使得市场主体容易忽视整体利益、长远利益与社会利益，只追求局部利益、当前利益与自身利益。有些市场主体不是通过技术进步、改善服务的方式增强市场竞争力、提高市场利润，而是采用诋毁竞争对手等恶性竞争的方法扰乱市场秩序。少数市场主体甚至违背法律，通过制造假冒伪劣产品赚取黑心钱。

第三，自发性。在市场经济中，价值规律的重要作用在于能自发调节生产资料与社会劳动在各生产部门的分配，决定着商品生产、交换与消费整个过程。商品生产者、经营者与消费者在价值规律的自发调节下追求自身的利益，具体表现就是根据商品价格的变动决定自己的生产、经营与消费。市场自发性能有效优化资源配置，但也会让市场主体出于追求不当利益的意图而实施不正当的市场行为。

四　过程和利益

（一）过程

过程是指生物个体演变或社会有机体发展所经过的历程。可以说，

---

① [美] 詹姆斯·M. 布坎南：《自由、市场与国家——80年代的政治经济学》，平新乔等译，上海三联书店、上海人民出版社1989年版，第126页。

"一切事物都是作为过程而存在的,观察和研究事物不能无视它的过去、现在和未来"①。自20世纪50年代以来,人类社会发生的巨大变化体现在各个领域都开启了大规模现代化建设。虽然不同国家、不同领域现代化的速度和规模存在差异,但现代化包括治理现代化的步伐正在稳步发展。从过程角度来看,"现代化不仅仅是一个经济增长或者政治进步的过程,更重要的是一个经济和政治协调发展的过程"②。

从过程角度进行研究,研究者不仅要对具体事件、行为的发展变化进行描述,还要对事件的实质和行为的动机、变化的原因等作出解释,帮助人们识别导致某一结果的各要素的组合关系。③

过程顺利的前提是有相对稳定与合适的制度,过程发展的结果是最大多数人的共同利益。以公共行政过程为例,"那些决定行政管理组织的特性的制度选择,影响着在政治过程中'谁将得到什么'"④。换言之,"公共行政过程中的公平只有通过公民的参与才能确定,公共管理者也需要努力使社会弱势群体参与有关公共行政的对话"⑤。在公共行政、公共经济等行动中,作为过程的积极参与者,"他通过可以得到的工具表达自己的利益,他接受从过程中产生的结果"⑥。

(二)利益

利益是指用来满足人类自身需求或欲望的产品。利益可以是物质的,如金钱、房产、领土,也可以是精神的,如荣誉、权力、主权。在人类社会发展过程中,利益是重要的推动力量,人们利用组织这一高度抽象、极为复杂、充满冲突的形式,通过相互协商与沟通,确立了具有不同利

---

① 王凤彬、张雪:《用纵向案例研究讲好中国故事:过程研究范式、过程理论化与中西对话前景》,《管理世界》2022年第6期。
② 何建华:《政治—经济关系论》,浙江人民出版社2003年版,第20页。
③ 王凤彬、张雪:《用纵向案例研究讲好中国故事:过程研究范式、过程理论化与中西对话前景》,《管理世界》2022年第6期。
④ [新西兰]穆雷·霍恩:《公共管理的政治经济学:公共部门的制度选择》,汤大华、颜君烈等译,中国青年出版社2004年版,第3—4页。
⑤ 毛寿龙:《西方公共行政学名著提要》,江西人民出版社2006年版,第27页。
⑥ [美]布坎南:《自由市场和国家》,吴良健、桑伍、曾获译,北京经济学院出版社1988年版,第52页。

益需求的行动者之间的合作关系与交换关系。① 正所谓"人们为之奋斗的一切,都同他们的利益有关"②,但这一利益并非"只有'细小的'利益"③,并非"只有不变的利己的利益"。④

从公共行政或公共管理视角来看,利益是指公共利益或个人正当合理利益。公共行政活动的最终落脚点必须是公共利益或个人正当合理利益,如果仅考虑部门利益或个人私利而忽视公共利益,最终会导致公共行为出现偏离、公共政策产生偏差。⑤ 如果社会公众由于自身正当合理利益受到侵害从而产生不公正感,他们有可能会采取一些言行以维护自身利益,⑥ 这将对社会稳定与人际和谐产生一定的负面影响。因此,公共行政部门工作人员在处理利益分歧和冲突时,要注意吸纳来自不同阶层、不同领域民众的意见,不能屈从市场的压力而由市场的力量决定利益的分配。⑦ 在利益产生、实现和分配的具体过程中,绝大多数情况下利益涉及的并不是单一主体,而是包含一系列的利益相关者。利益相关者最早来自企业管理理论,是指与企业有利益关系或对企业发展有潜在影响的机构或个人,如政府、顾客、雇员、供应商等。⑧ 在公共行政过程中,各个利益相关者的利益诉求对公共政策发挥着重要作用。主要利益相关者行为的偏离会导致非预期的政策结果。因此,要建立利益平衡机制,协调各利益相关者的行为,以集体理性推进公共行政过程。⑨

---

① 马正立:《行动者、组织与环境:管理理论演进图谱》,《重庆社会科学》2021年第4期。
② 《马克思恩格斯全集》第1卷,人民出版社1995年版,第187页。
③ 《马克思恩格斯全集》第1卷,人民出版社1995年版,第187页。
④ 《马克思恩格斯全集》第1卷,人民出版社1995年版,第187页。
⑤ 张继平、王恒、赵玲:《我国涉海工程环评审批政策执行偏差:象征性执行研究》,《中国行政管理》2018年第3期。
⑥ 周云、刘建平、王鑫强、许秀芬:《政策执行偏差情境下公众不公正感对集群行为的影响机制研究》,《心理科学》2020年第5期。
⑦ 毛寿龙:《西方公共行政学名著提要》,江西人民出版社2006年版,第401页。
⑧ 周爱民:《利益相关者视域下城市基层社会治理研究》,《城市发展研究》2021年第9期。
⑨ 谢莉琴、胡红濮:《异地就医直接结算政策执行的利益相关者分析》,《社会保障研究》2021年第3期。

五　政策和制度

（一）政策

在日常工作和生活中，人们经常通过网络、报纸、刊物、会议等途径认识、了解各类公共政策，如教育政策、住房政策、医疗政策、环保政策、人口政策、国防政策、外交政策等。可以说，公共政策已成为影响和决定人们公共行为模式与私人生活质量的重要因素。在我国古代汉语语境中，"政策"并不是一个完整词汇，"政"与"策"有着各自独立的含义。所谓"政"，是指"政务""政事""政权""政治"等；所谓"策"，是指"策划""计略""方针"等。在古代欧洲，类似"政策"的相应词汇并没有出现。

在18世纪60年代工业革命爆发之后，欧洲工业的发展和社会事务的增多促使政府将更多精力放在经济增长和社会发展领域，"policy"（政策）一词逐渐从"politics"（政治）派生出来。英语语境中的"policy"是指政府指导、管理公共事务的具体计划、措施和行动。日本明治维新时期，"policy"一词被引入日本并将其翻译为"政策"。随后，"政策"一词从日本传入我国，并在我国政治、经济、社会、文化和日常生活中逐渐流传和使用。

1951年，哈罗德·D. 拉斯韦尔（Harold D. Lasswell）等主编的《政策科学：范围和方法的新近发展》出版，标志着现代意义的政策科学正式形成。该书对政策科学的研究对象、基本性质和发展方向等问题进行了论述，奠定了政策科学的发展基础。[1] 作为政策科学的创始人，哈罗德·D. 拉斯韦尔等[2]认为，政策"是为某项目标、价值与实践而设计的计划"，这一"计划"实质上是对有限的社会资源进行分配或再分配。换言之，政策是指国家的立法机构或行政管理机构制定的各类规则体系。[3]这些"规则体系"如同一道藩篱，允许一部分人进入该体系之内从而享

---

[1] 张康之：《公共管理导论》，经济科学出版社2003年版，第197页。

[2] ［美］哈罗德·D. 拉斯韦尔、亚伯拉罕·卡普兰：《权力与社会：一项政治研究的框架》，王菲易译，上海人民出版社2012年版，第78页。

[3] ［美］乔治·M. 格斯、保罗·G. 法纳姆：《公共政策分析案例》，王军霞、贾洪波译，中国人民大学出版社2017年版，第5页。

受政策带来的各项利益,但同时也将一部分人拒之门外,从而导致他们无法享有相应的一些权益。

由此可见,政策的本质就是运用政治权力或政府权威对社会资源或公共利益进行分配,① 运用政治权力或政府权威的主体可以是政府、政党和社会组织(非营利性组织),社会资源或公共利益分配的受益者可以是个人、社会团体和私营企业。

政策有广义与狭义两种内涵。所谓广义的政策,一般泛指人们为了实现既定目标而采取的计划和方略,政策主体可以是国家和政府,也可以是社会团体和个人。即广义的政策既包括国家和政府制定的政策,又包括团体或私人制定的政策。所谓狭义的政策一般是指政府等公共组织为了实现公共利益,在既定政治、经济、文化、社会以及自然资源等条件下制订的实施计划和行动方案,狭义的政策实质上就是公共政策。

(二) 制度

制度实质上是社会的博弈规则,是人为设计、用来形塑人们之间互动和交往关系的所有约束。在政治、经济、社会等领域,制度构成了人们彼此进行资源、信息等交换的激励。② 制度包括正式的约束(例如,人为设计的规则、规定等,即正式制度)和非正式的约束(例如,惯例、风俗等,即非正式制度)。③ 正式的约束一般称为正式制度,非正式的约束一般称为非正式制度。人们在对政治或政府、经济或市场中的一些现象产生疑问时,需要进一步思考相关主体行为背后隐匿的制度因素。④

在人类社会发展过程中,制度起着重要的作用。"制度提供界定个人追求的目的和为实现目的而采取手段的框架"⑤,"制度好可以使坏人无法

---

① 温美荣:《论公共政策失范问题的发生机理与治理之道》,《中国行政管理》2014年第12期。

② [美] 道格拉斯·C. 诺思:《制度、制度变迁与经济绩效》,杭行译,韦森译审,格致出版社、上海人民出版社2016年版,第3页。

③ [美] 道格拉斯·C. 诺思:《制度、制度变迁与经济绩效》,杭行译,韦森译审,格致出版社、上海人民出版社2016年版,第4页。

④ 杨宇、陈丽君:《理性制度为何无法取得理性结果?——产业扶贫政策执行偏差研究的三种视角及其启示》,《西北农林科技大学学报》(社会科学版)2021年第1期。

⑤ [韩] 河连燮:《制度分析:理论与争议》,李秀峰、柴宝勇译,中国人民大学出版社2014年版。

任意横行，制度不好可以使好人无法充分做好事，甚至会走向反面"①。好的制度为人们提供了稳定的互动结构或行为框架以减少不确定性。② 人们处于集体选择和价值抉择时，制度发挥着关键作用。③ 在经济或市场领域，制度是通过控制交换与生产成本来对经济绩效产生影响。④

无论是正式制度还是非正式制度，它们都不是一成不变的。制度的制定和完善也不是一劳永逸的，例如，"在一个经济体制内部各式各样的制度也相互作用着，从未停止过变化"⑤。成熟完善的制度具有相对稳定性，但"制度的稳定性丝毫不否定它们处于变迁之中这一事实"⑥。制度变迁对人类社会演化起着决定性作用，是理解和认识历史变迁的关键。⑦

第三节　研究内容与研究意义

一　研究内容

（一）研究问题与研究意义

阐述本著作的研究背景，提出研究问题，对保障性住房、政府、市场、过程、利益、政策、制度等相关概念进行界定，阐析本著作的研究意义，介绍研究过程中运用的方法，提出本著作的研究思路。

（二）理论基础与理论框架

确定协同治理理论为本著作的理论基础，并对其涉及的相关理论、

---

① 《邓小平文选》第2卷，人民出版社1994年版，第333页。
② [美] 道格拉斯·C. 诺思：《制度、制度变迁与经济绩效》，杭行译，韦森译审，格致出版社、上海人民出版社2016年版，第6页。
③ [美] B. 盖伊·彼得斯：《政治科学中的制度理论新制度主义》，王向民、段红伟译，上海人民出版社2016年版，第25页。
④ [美] 道格拉斯·C. 诺思：《制度、制度变迁与经济绩效》，杭行译，韦森译审，格致出版社、上海人民出版社2016年版，第6页。
⑤ [日] 青木昌彦、奥野正宽：《经济体制的比较制度分析》，中国发展出版社1999年版，第303页。
⑥ [美] 道格拉斯·C. 诺思：《制度、制度变迁与经济绩效》，杭行译，韦森译审，格致出版社、上海人民出版社2016年版，第6页。
⑦ [美] 道格拉斯·C. 诺思：《制度、制度变迁与经济绩效》，杭行译，韦森译审，格致出版社、上海人民出版社2016年版，第6页。

基本内涵与特征进行阐述，对相关研究概况进行综述和简评，构建"主体—维度"协同的理论框架，分析该理论框架的构建依据、主要内容和适用条件。对政府和市场各个主体的行为进行分析。

（三）政策历程与现实挑战

梳理城市保障性住房政策演进历程，分析城市保障性住房政策演进特征，阐述城市保障性住房发展成就和面临的现实挑战。

（四）治理不足与治理路径

对政府与市场关系视角下城市保障性住房治理及不足进行分析，提出城市保障性住房治理关系的重建途径，从"政府—市场"主体协同和"过程—利益"维度协同两个层面详细分析城市保障性住房协同治理路径。

（五）国外经验与研究展望

介绍国外城市保障性住房治理经验和对我国做好城市保障性住房工作的政策启示，概括本著作的研究结论，在此基础上提出若干政策建议，对本著作的研究创新进行总结，对下一步研究进行展望。

二 研究意义

（一）理论意义

第一，深化对公共政策过程的理论认识。城市保障性住房治理实质上是城市保障性住房政策过程的动态表现，城市保障性住房协同治理这一公共政策过程实质上包括两个层面的内容：一是政府与市场各个主体之间的协同；二是城市保障性住房政策制定、开发建设、分配入住、管理监督等过程与城市住房相关主体利益的协同。本著作通过对城市保障性住房治理这一公共政策过程进行深入剖析，深化了对政策过程的理论认识。

第二，拓展协同治理的理论空间。本著作将协同治理理论应用到城市保障性住房治理的实践中，从"政府—市场"主体协同和"过程—利益"维度协同两个层面对城市保障性住房协同治理这一公共政策过程进行深入分析，实现了治理理论与治理实践的交融，推进了协同治理理论与政策过程理论的交流，扩大了协同治理理论的应用领域，进而拓展了协同治理的理论空间。

第三，推进公共政策理论知识的增长。在理想化的公共政策过程理论中，公共政策主体要么是纯粹单一但政策效能有限，要么是多元合一但政策效果不佳。本著作基于协同治理理论，构建了"主体—维度"协同的理论框架，通过"政府—市场"主体协同和"过程—利益"维度协同两个层面对城市保障性住房治理这一公共政策过程进行分析，为认识和分析类似公共政策问题提供了新的理论思路，推进了公共政策理论知识的增长。

（二）现实意义

第一，提升城市保障性住房政策过程的公正性。公平正义是社会的重要价值，只有对社会成员的基本权利予以尊重和进行保障，才能体现出对社会个体人尊严的尊重和对社会成员为社会发展所作贡献的充分肯定，才能实现以人为本的社会发展宗旨，并为社会的正常运转建立必要的条件。① 让广大城市居民拥有适宜的住房是维护城市社会公平正义、促进城市社会和谐稳定的基石。《论语》云："不患寡而患不均。"② 如果城市居民被别墅、高档商品性住房、普通商品性住房、经济适用房、廉租房分隔在不同的生活空间，城市住房不平等就会演化为居民财产的不平等与社会身份的不平等，就容易诱发社会逐富心态与仇富心理，造成社会心理的隔阂甚至群体冲突行为，影响公平正义这一社会基本价值的实现。对于城市居民来说，只有"安居"才能"乐业"。在城市住房政策规划、制定和执行过程中，如果一味追逐市场效率而忽视社会公平，最终将会损坏社会的良性运行机制。③

第二，理顺城市保障性住房政策过程中的政府与市场关系。在城市保障性住房的政策规划、政策制定、政策执行中，存在政府缺位与市场越位的问题。城市政府是全体城市居民利益的代表，应当维护他们的教育、医疗、住房等根本利益，在城市住房问题上应该追求社会效益和公共利益最大化。但由于我国城市整体实力不强，发展经济、增加财政收入成为绝大多数城市政府的主要职责，城市保障性住房的开发建设、分

---

① 吴忠民：《公正新论》，中国社会科学出版社2000年版，第4页。
② 《论语》，杨柏峻、杨逢彬注译，岳麓书社2000年版，第157页。
③ 黄怡：《城市社会分层与居住隔离》，同济大学出版社2006年版，第205页。

配居住、管理监督等都不能满足城市化快速发展带来的住房困难群体的居住需求。商品性住房市场的不断扩张更加挤压了城市保障性住房存在和发展的空间，导致城市住房结构不适应城市经济社会发展的客观情况和城市居民的具体需求。理顺城市保障性住房中的政府与市场关系，防止政府缺位、市场越位等现象的出现。

第三，满足城市居民对美好居住生活的需要。住房作为民生之要和安居之本，是守候亲情的重要载体，是实现城市美好生活的基础和保障。自从进行城市住房货币化改革以来，房价成为城市居民关注频度最高的词汇之一。"居者有其屋"是人们的基本权利，"居者优其屋"是人们的美好向往。城市住房价格过快上涨或高于购房者的可支付能力，将会对住房困难群体实现城市安居梦想产生负面影响。特别是对于大中专毕业生、城市新青年等年轻群体来说，人生的理想还没来得及实现，美好的生活还没来得及憧憬，较高的房价就已经让他们对未来的工作、生活产生忧虑心理，从而进一步影响他们的择业、婚恋、生养子女、赡养父母等人生大事。人民对美好生活的向往，是政府工作的根本目标。城市保障性住房的开发建设是政府为解决城市住房困难群体居住问题而实施的一项民生政策，是起到雪中送炭、兜底保障作用的惠民工程。解决城市住房困难群体的居住问题，有利于实现城市居民住有所居的目标，满足他们对美好居住生活的需要。

第四，推进城市治理体系和治理能力现代化。城市住房治理是城市治理的重要内容，自改革开放以来，我国城市化得到快速发展，这极大地促进了人口在城市的聚集。城市新居民特别是其中的大中专毕业生以及城市新青年由于购买力有限，无法购置价格较高的商品性住房，面临着在城市居无定所的困境。而城市商品性住房特别是城市中心地带的商品性住房价格较高，导致有效需求不足，房屋入住率低，空置率高。城市住房供给和需求之间的差异和冲突给城市治理带来了一定的挑战。扩大城市保障性住房供给数量和质量，完善城市住房结构，着力解决符合条件的新市民、青年人等群体住房困难问题，是推进城市治理体系和治理能力现代化的重要考验。

第四节 研究方法与研究思路

一 研究方法

(一) 文献研究法

"文献研究法是指通过对相关文献进行搜集与整理、归纳与提炼,从中得出规律性的认识和结论。"[①] 本著作对政府有关文件以及中国知网中与城市保障性住房、协同治理相关的学术论文、著作等文献进行收集、阅读、分析和整理,了解城市保障性住房的现状、治理中存在的问题,为提出本著作的研究问题、构建本著作的理论框架、形成本著作的整体结构奠定基础。

(二) 案例研究法

案例研究法是指研究者通过实地观察与调查、文件收集与资料分析,对研究对象开展深入研究。案例研究既可以与研究对象进行直接接触以获取有关信息,也可以通过间接渠道掌握研究对象的相关信息。案例研究整体上属于定性研究,所关注的是已经发生的客观事实,对于还没有发生的情况则不进行"取证",对"看不见"的社会现象或心理动机无法主观揣测。[②] 案例研究法最早在社会学研究中使用较多,近些年来,已在公共管理学、政治学、企业管理学、经济学等社会科学研究中受到更多重视。本著作涉及的城市保障性住房案例资料来源包括:一是中央政府和地方政府(包括城市政府)的《公报》和相关政策文件,《人民日报》等重要报纸刊载的相关案例和重要网站报道的典型案例[③];二是作者在案例城市进行的访谈材料。

(三) 访谈法

访谈是收集案例研究资料的重要途径,受访者为研究者提供的信息和看法对于研究者快速了解事件的背景具有重要作用。[④] 访谈法有着很强

[①] 陆昱:《国家治理的政治与经济关系逻辑》,中国社会科学出版社2019年版,第18页。
[②] 张静:《案例分析的目标:从故事到知识》,《中国社会科学》2018年第8期。
[③] 遵循案例的权威性和准确性原则,本著作选取《政府公报》《人民日报》等权威文献资料作为案例的来源之一。
[④] [美]罗伯特·K.殷:《案例研究设计与方法》,周海涛、史少杰译,重庆大学出版社2017年版,第136页。

的灵活性和很好的适用性。在访谈方式的灵活性方面，研究者与访谈对象在围绕访谈主题的前提下，可以不拘泥于交谈的地点、时间的限制，采取自然、机动、多样的方式进行访谈，以更准确获得访谈所需要掌握的信息。在访谈范围的适用性方面，访谈法适用于对绝大多数主题开展的个性化、个别化研究。既可以用于对事实的调查，也可以用于对价值的判断。既可以用于对现象的掌握，也可以用于对本质的探究。在案例城市对保障性住房治理这一政策过程进行调研时，本著作采用了访谈法①。

（四）结构分析法

任何事物都是具有特定内部结构的客观存在，结构分析法是指通过对事物内部各个要素之间的关系进行分析，从而认识该事物的研究方法，这种方法注意对特定社会中各个不同要素及其相互之间的关系进行整理，以便建构这个特定社会的整体模式②。结构分析法最早是在自然科学研究中出现，在之后的实际运用中逐渐拓展到人文社会科学领域，已经成为人们认识、研究客观事物的主要方法。本著作将城市保障性住房相关主体划分为中央政府、城市政府、城市保障性住房开发建设企业、商业银行、城市住房保障对象，并组成3类10组协同关系。

（五）利益分析法

利益分析法是指"科学地划分利益群体，进一步考察利益群体在利益关系中的地位和作用，分析不同的利益群体之间的矛盾，从中找出规律性的东西"③。从哲学层面来看，"利益分析法是从动机寻找动因的方法，是从社会存在分析社会意识的方法的具体化。利益分析是解开人类社会历史之谜的一把钥匙，揭示了社会发展的物质动因"④。利益分析法也是公共管理研究的基本方法，是制度分析、组织分析、权力分析、伦理分析、文化分析的基础，能有效揭示公共管理过程中利益冲突与利益

---

① 遵循案例的典型性和代表性原则，本著作选择J市、N市、Q市作为开展访谈的案例城市。J市是位于东部地区的超大城市、直辖市；N市是位于西部地区的大城市、省会城市；Q市是位于西部地区的中小城市、地级市。
② 董建辉：《西方政治人类学研究概观》，《国外社会科学》2000年第2期。
③ 王伟光：《利益论》，中国社会科学出版社2010年版，第139页。
④ 聂波、陈兴丽：《利益分析法视域下城中村土地房屋征收研究》，《天津行政学院学报》2016年第3期。

妥协的实质。① "利益分析法应该从利益主体入手，分析利益主体的构成以及各主体之间的相互关系。"② 由于不重视利益分析，人们往往依靠人的主观判断或技术措施进行政策研究，导致提出的政策建议与客观实际之间出现偏差。③ 本著作运用利益分析法对城市保障性住房涉及的中央政府、城市政府、城市保障性住房开发建设企业、商业银行、城市住房保障对象等主体之间的利益博弈、利益妥协与利益合作关系进行研究。

（六）价值分析法

价值分析法是以特定的价值标准对事物进行价值评价、作出价值判断。价值分析方法的实质是借助某一外在于现实秩序的价值理念来评价现实。④ 在公共管理领域，"价值分析法，其运用价值判断来评价公共管理现象，以社会对公共管理的需求为出发点，研究公共管理怎样满足人的需要，探索公共管理的价值"⑤。本著作运用价值分析法进行理论研究和政策分析，"坚持房子是用来住的、不是用来炒的定位"⑥，坚持城市保障性住房治理这一政策过程的根本目的是解决城市住房困难群体的居住问题，让全体城市居民住有所居，进而维护城市社会的公平正义，促进城市社会的和谐稳定。

二 研究思路

本著作按照"提出问题（第一章）→理论建构（第二章、第三章）→政策演进、现实挑战（第四章）→主体协同（第五章）→维度协同（第六章）→经验借鉴（第七章）→结论建议（第八章）"的思路开展研究（见图1—1）。

---

① 陈庆云、鄞益奋：《论公共管理研究中的利益分析》，《中国行政管理》2005年第5期。
② 赵浩华：《利益分析视角下社区治理主体间的冲突及其化解》，《行政论坛》2021年第4期。
③ 李亚：《一种面向利益分析的政策研究方法》，《中国行政管理》2011年第4期。
④ 曹刚：《立法正统性及其合理性问题——关于合法性理论的另一种视角》，《中国人民大学学报》2002年第4期。
⑤ 王枫云：《公共管理学的研究方法体系：内涵与构成》，《行政论坛》2009年第1期。
⑥ 国家发展和改革委员会：《〈中华人民共和国国民经济和社会发展第十四个五年规划和二〇三五年远景目标纲要〉辅导读本》，人民出版社2021年版，第88页。

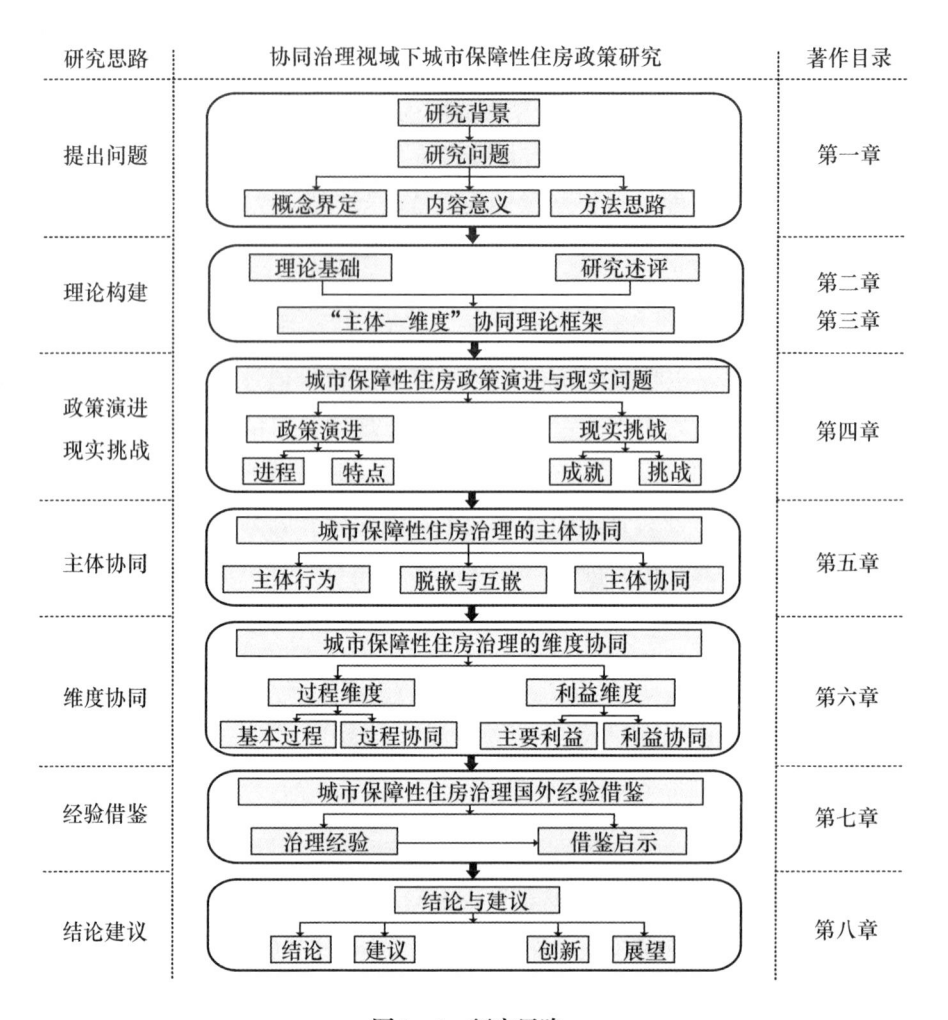

```
研究思路            协同治理视域下城市保障性住房政策研究            著作目录

提出问题    ┌─────────────────────────────────┐      第一章
            │           研究背景              │
            │           研究问题              │
            │  概念界定   内容意义   方法思路  │
            └─────────────────────────────────┘

理论构建    ┌─────────────────────────────────┐      第二章
            │    理论基础        研究述评     │      第三章
            │  "主体—维度"协同理论框架        │
            └─────────────────────────────────┘

政策演进    ┌─────────────────────────────────┐      第四章
现实挑战    │  城市保障性住房政策演进与现实问题│
            │    政策演进        现实挑战     │
            │  进程  特点       成就  挑战    │
            └─────────────────────────────────┘

主体协同    ┌─────────────────────────────────┐      第五章
            │  城市保障性住房治理的主体协同   │
            │  主体行为  脱嵌与互嵌  主体协同 │
            └─────────────────────────────────┘

维度协同    ┌─────────────────────────────────┐      第六章
            │  城市保障性住房治理的维度协同   │
            │    过程维度        利益维度     │
            │  基本过程 过程协同 主要利益 利益协同│
            └─────────────────────────────────┘

经验借鉴    ┌─────────────────────────────────┐      第七章
            │  城市保障性住房治理国外经验借鉴 │
            │    治理经验        借鉴启示     │
            └─────────────────────────────────┘

结论建议    ┌─────────────────────────────────┐      第八章
            │          结论与建议             │
            │  结论   建议    创新   展望     │
            └─────────────────────────────────┘
```

图1—1 研究思路

资料来源：作者制作。

第二章

理论基础与研究述评

第一节 研究的理论基础

一 治理的理论内涵

(一) 我国古代关于治理的论述

治理一词在我国古代社会就已经广泛使用,《荀子》有言:"明分职,序事业,材技官能,莫不治理,则公道达而私门塞矣,公义明而私事息矣。"①《汉书》提及赵广汉为"壹切治理,威名远闻"②。《孔子家语》直接把治理与政府联系起来,"吾欲使官府治理,为之奈何?"③ 清人王士禛认为,治理就是帝王处理国家事务,所谓"帝王克勤天戒,凡有垂象,皆关治理"④。可以说,治理在我国有着深厚的文化意蕴与政治根基,它包含统治的含义却并不限于此。

(二) 马克思主义经典作家关于治理的论述

对于国家与治理之间的关系,马克思认为:"治理是为国家而存在,而不是国家为治理而存在。"⑤ 马克思进一步指出,在资本主义社会,"存在着把行政当局和它的治理对象对立起来的现象"⑥。对于行政管理者来说,"在他的辖区内是否一切都很顺利,这首先是他是否把这个地区治理

---

① 荀况:《荀子》,杨倞注,耿芸标校,上海古籍出版社2014年版,第151页。
② 参见阎占定《新型农民合作经济组织参与乡村治理研究》,世界图书出版公司2013年版,第70页。
③ 《孔子家语》,杨思贤注译,中州古籍出版社2016年版,第118页。
④ 王士禛:《池北偶谈》,文益人校点,齐鲁书社2007年版,第503页。
⑤ 《马克思恩格斯全集》第一卷,人民出版社1956年版,第229页。
⑥ 《马克思恩格斯全集》第一卷,人民出版社1956年版,第225页。

得很好的问题"①。在发现辖区确实很贫困时，行政管理者"在他治理的范围之外去寻找贫困的原因"②。但在资本主义国家，"行政当局不能设法改革治理的方法，而只能设法改革治理的对象"③。恩格斯从历史唯物主义角度指出，相对于封建统治阶级，资产阶级是"目前唯一能够在德国实现进步、能够治理德国的阶级"④。恩格斯就阿尔及利亚治理情况指出，由于各种历史与现实、主观与客观因素的影响，"共和政体在治理这个省区上并不比君主政体更为成功"⑤。对于沙俄政府在国家治理中出现的乱象，列宁讽刺说，沙俄政府热衷于"用'暂行条例'来进行治理"⑥。

（三）中国化马克思主义关于治理的论述

1949年11月，朱德同志在各解放区水利工作联席会议上强调："水利事业应按河系统一治理，使一河之水，用得最经济、最合理，才能谈到兴修水利。各自为政、分段争水或以邻为壑都是不对的。"⑦ 1959年12月至1960年2月，毛泽东同志在读苏联《政治经济学教科书》的谈话中就黄河治理问题指出："河南省计划在一九五九、一九六〇年以后再用几年，治理黄河，完成几个大型水利工程的建设，也都是'事在人为'。"⑧ 1963年11月，周恩来同志为根治海河题词："要为支援灾区，重建家园，争取明年丰收，彻底治理海河而继续奋斗！"⑨

1979年7月，李先念同志在全国农田基本建设会议上要求："国家对大江大河的治理也要有统一规划，各级的规划要互相衔接。""农田基本建设的规划，要同农业的区域规划相结合，要同治理江河的流域规划相结合。"⑩ 1981年3月，陈云同志指出："像植树造林、治理江河、水力

---

① 《马克思恩格斯全集》第一卷，人民出版社1956年版，第226页。
② 《马克思恩格斯全集》第一卷，人民出版社1956年版，第226页。
③ 《马克思恩格斯全集》第一卷，人民出版社1956年版，第227页。
④ 《马克思恩格斯全集》第四卷，人民出版社1958年版，第53页。
⑤ 《马克思恩格斯论殖民主义》，人民出版社1962年版，第187页。
⑥ 《列宁全集》第五卷，人民出版社1986年版，第285—286页。
⑦ 《朱德选集》，人民出版社1983年版，第163页。
⑧ 《毛泽东文集》第八卷，人民出版社1999年版，第128页。
⑨ 中共中央文献研究室第二编研部编：《周恩来题词集解》，中央文献出版社2012年版，第163页。
⑩ 《李先念文选》，人民出版社1989年版，第387页。

资源、治理污染、人口计划等等，都必须有百年或几十年的计划。"①1984年6月，邓小平同志在分别会见香港工商界访京团和香港知名人士钟士元等的谈话中指出："要相信香港的中国人能治理好香港。不相信中国人有能力管好香港，这是老殖民主义遗留下来的思想状态。""香港人是能治理好香港的，要有这个自信心。"②"港人治港有个界线和标准，就是必须由以爱国者为主体的港人来治理香港。"③1985年5月至6月，邓小平同志在保持安定团结政治环境的谈话中强调："要有一个安定的政治环境。不安定，政治动乱，就不可能从事社会主义建设，一切都谈不上。治理国家，这是一个大道理，要管许多小道理。那些小道理或许有道理，但是没有这个大道理就不行。"④1988年8月，陈云同志就环境污染问题指出："治理污染、保护环境，是我国的一项大的国策，要当作一件非常重要的事情来抓。"⑤1988年9月，邓小平同志在听取关于价格和工资改革初步方案汇报时指出："我赞成边改革、边治理环境整顿秩序。要创造良好的环境，使改革能够顺利进行。中央定了措施，各地各部门就要坚决执行，不但要迅速，而且要很有力，否则就治理不下来。"⑥1990年6月，陈云同志要求从战略高度认识水资源问题的重要性："各级领导部门尤其是经济、科技领导部门，应该把计划用水、节约用水、治理污水和开发新水源放在不次于粮食、能源的重要位置上，并列入长远规划、五年计划和年度计划加以实施，以逐步扭转目前水资源危机的严重状况。"⑦1992年1月至2月，邓小平同志在视察南方的谈话中指出："看起来我们的发展，总是要在某个阶段，抓住时机，加速搞几年，发现问题及时加以治理，尔后继续前进。"⑧

1992年10月，在党的十四大报告中，对于现代化建设过程中出现的物价波动较大、重复建设等一些问题，江泽民同志指出："党决定用一段

---

① 《陈云文集》第三卷，人民出版社2005年版，第486页。
② 《邓小平文选》第三卷，人民出版社1993年版，第60页。
③ 《邓小平文选》第三卷，人民出版社1993年版，第61页。
④ 《邓小平文选》第三卷，人民出版社1993年版，第124页。
⑤ 《陈云文选》第三卷，人民出版社1995年版，第364页。
⑥ 《邓小平文选》第三卷，人民出版社1993年版，第277页。
⑦ 《陈云文选》第三卷，人民出版社1995年版，第375页。
⑧ 《邓小平文选》第三卷，人民出版社1993年版，第377页。

时间治理经济环境、整顿经济秩序,以利于更好地推进改革和建设。"①对于治安不好的状况,要"坚持综合治理,坚决打击敌对势力和各种刑事犯罪活动,伸张正义,保护人民"②。1995年9月,在党的十四届五中全会上,江泽民同志就环境问题提出明确要求:"决不能吃祖宗饭、断子孙路,走浪费资源和先污染、后治理的路子。""坚持资源开发和节约并举,克服各种浪费现象。综合利用资源,加强污染治理。"③ 1996年7月,在第四次全国环境保护会议上,江泽民同志再次强调:"如果在发展中不注意环境保护,等到生态环境破坏了以后再来治理和恢复,那就要付出更沉重的代价,甚至造成不可弥补的损失。"④ 1997年,江泽民同志在党的十五大报告中指出:"依法治国,是党领导人民治理国家的基本方略。"⑤ 1999年8月,江泽民同志在主持东北和华北地区国有企业改革与发展座谈会时指出:"从严治理企业,是企业振兴的必由之路。"⑥ 2001年1月,江泽民同志在全国宣传部长会议上指出:"对一个国家的治理来说,法治和德治,从来都是相辅相成、相互促进的。二者缺一不可,也不可偏废。"⑦

2003年7月,胡锦涛同志在全国防治非典工作会议上指出:"要把改善农民群众生产生活条件,提高他们生活水平作为一件大事来抓,加强村镇规划,加强农村环境治理"。⑧ 2005年2月,胡锦涛同志在省部级主要领导干部提高构建社会主义和谐社会能力专题研讨班上指出:"要加强环境污染治理和生态建设""完善社会治安综合治理工作机制"。⑨ 2005年10月,胡锦涛同志在党的十六届五中全会第二次全体会议上要求:"加快城市大气污染治理,提高城市空气质量;加快土壤污染治理,保障

---

① 《江泽民文选》第一卷,人民出版社2006年版,第216页。
② 《江泽民文选》第一卷,人民出版社2006年版,第237页。
③ 《江泽民文选》第一卷,人民出版社2006年版,第464页。
④ 《江泽民文选》第一卷,人民出版社2006年版,第532页。
⑤ 《江泽民文选》第二卷,人民出版社2006年版,第29页。
⑥ 《江泽民文选》第二卷,人民出版社2006年版,第383页。
⑦ 《江泽民文选》第三卷,人民出版社2006年版,第200页。
⑧ 《胡锦涛文选》第二卷,人民出版社2016年版,第69页。
⑨ 《胡锦涛文选》第二卷,人民出版社2016年版,第296页。

食品安全。"① 2006年6月，胡锦涛同志在主持党的十六届中央政治局第三十二次集体学习时要求："以法治的理念、法治的体制、法治的程序保证党领导人民有效治理国家。"② 2009年12月，胡锦涛同志在中央经济工作会议上要求："我们必须加快熟悉国际经济规则，提高参与世界经济治理能力，善于应对各种复杂问题，努力使我国在国际经济合作和竞争中处于主动地位。"③ 2011年1月，胡锦涛同志在党的十七届中纪委六次会议上要求："要坚持把治理庸懒散问题作为加强基层干部队伍作风建设的突破口，以治庸提能力、以治懒增效率、以治散正风气。"④ 2011年4月，胡锦涛同志在党的十七届中央政治局第二十八次集体学习时，就做好新形势下我国人口工作提出明确要求："综合治理出生人口性别比问题，切实促进社会性别平等。出生人口性别比长期偏高，不仅是人口问题，也是社会问题，必须下大气力解决。"⑤

2013年10月，习近平总书记在主持党的十八届中央政治局第十次集体学习时，就加快推进住房保障和供应体系建设作出重要指示："要对非法占有保障性住房行为进行有效治理，同时要从制度上堵塞漏洞、加以防范。"⑥ 在2013年11月召开的党的十八届三中全会上，习近平总书记就《中共中央关于全面深化改革若干重大问题的决定》向全会作说明，他指出："有效的政府治理，是发挥社会主义市场经济体制优势的内在要求。"⑦ 在党的十八届三中全会第二次全体会议上，习近平总书记强调："坚持把完善和发展中国特色社会主义制度，推进国家治理体系和治理能力现代化作为全面深化改革的总目标。"⑧ 在这次会议上，习近平总书记对国家治理进行了进一步的阐释："国家治理体系和治理能力是一个国家制度和制度执行能力的集中体现。国家治理体系是在党领导下管理国家的制度体系，包括经济、政治、文化、社会、生态文明和党的建设等各

---

① 《胡锦涛文选》第二卷，人民出版社2016年版，第376页。
② 《胡锦涛文选》第二卷，人民出版社2016年版，第463页。
③ 《胡锦涛文选》第三卷，人民出版社2016年版，第281页。
④ 《胡锦涛文选》第三卷，人民出版社2016年版，第482页。
⑤ 胡锦涛：《论构建社会主义和谐社会》，中央文献出版社2013年版，第241页。
⑥ 《习近平谈治国理政》第一卷，外文出版社2018年版，第194页。
⑦ 《习近平谈治国理政》第一卷，外文出版社2018年版，第77页。
⑧ 《习近平谈治国理政》第一卷，外文出版社2018年版，第90页。

领域体制机制、法律法规安排,也就是一整套紧密相连、相互协调的国家制度;国家治理能力则是运用国家制度管理社会各方面事务的能力,包括改革发展稳定、内政外交国防、治党治国治军等各个方面。国家治理体系和治理能力是一个有机整体,相辅相成,有了好的国家治理体系才能提高治理能力,提高国家治理能力才能充分发挥国家治理体系的效能。"①

二 协同的理论内涵

(一) 我国古代关于协同的论述

我国古代有着丰富的协同方面的思想。殷商王朝对周的征发卜辞中的"比某"就是指协同作战。② 据《国语·郑语》记载,周幽王九年(公元前773),太史佰在回答郑公时说:"夫和实生物,同则不继。"③ 意即实现了和谐,万物就可生长,如果完全相同,则事物发展态势无法继续,这蕴含了协同而不雷同的辩证思维。《诗经·周颂·载芟》有言:"千耦其耘,徂隰徂畛。"其中的"耦"与"耘"是指出于提高劳动生产率的考虑而采用的二人协同互助耕作方式。④《易传》强调变革的思想,认为变革不是一方消灭另一方,而是实现各方在所应处的位置能协同配合的局面。⑤

(二) 马克思主义经典作家关于协同的论述

在《政治经济学批判(1857—1858年手稿)》中,马克思就资本主义生产过程中的协同劳动进行分析:"虽然一定量资本使用的工人人数,以及生产一定量商品所需要的工人人数减少了,但在单个资本家指挥下同时工作的工人人数增加了,在空间和时间上协同动作的工人的集中扩大了。"⑥ 在《资本论》的"相对剩余价值生产"之"协作"中,马克思

---

① 《习近平谈治国理政》第一卷,外文出版社2018年版,第91页。
② 日知:《古代城邦史研究》,人民出版社1989年版,第318页。
③ 转引自陆玉林《中国学术通史》先秦卷,人民出版社2004年版,第86—87页。
④ 转引自沈长云、张渭莲《中国古代国家起源与形成研究》,人民出版社2009年版,第135页。
⑤ 转引自任继愈《中国哲学发展史(先秦)》,人民出版社1983年版,第646页。
⑥ 《马克思恩格斯文集》第八卷,人民出版社2009年版,第316页。

指出:"许多人在同一生产过程中,或在不同的但互相联系的生产过程中,有计划地一起协同劳动,这种劳动形式叫做协作。"①"尽管许多人同时协同完成同一或同种工作,但是每个人的个人劳动,作为总劳动的一部分,仍可以代表劳动过程本身的不同阶段。由于协作,劳动对象可以更快地通过这些阶段。"② 在《资本论》的"政治经济学批判"之"资本一般"中,马克思指出:"简单协作是完成同一工作的许多工人的协同动作。分工是生产同一种商品的各个不同部分的许多工人在一个资本的指挥下的协作。"③ 在《卡·马克思〈1848年至1850年的法兰西阶级斗争〉一书导言》中,恩格斯就无产阶级的军事作战部署问题指出:"各分队的互相配合和协同动作,在防卫一个市区时已经是必不可少的,更不用说防卫整个大城市了。"④ 对于俄国革命中左右动摇的"解放派",列宁要求:"要保证实际上(而不是口头上)协同一致地进行斗争以反对共同的敌人。"⑤ 为了与革命胜利初期的饥荒做斗争,列宁号召:"委托劳动人民委员部采取最紧急的措施,以便和工会协同一致并在粮食人民委员部的绝对领导下,动员尽可能多的先进的、有组织的觉悟工人支援贫苦农民同财主—富农的斗争,无情镇压粮食投机活动和破坏粮食垄断的活动。"⑥

(三) 中国化马克思主义关于协同的论述

1938年10月,毛泽东同志在党的六届中央六次全会上指出:"共产党员应和党外一切先进分子协同一致,为着团结全国人民克服各种不良现象而努力。""我们必须和他们协同工作。""在长期战争和艰难环境中,只有共产党员协同友党友军和人民大众中的一切先进分子,高度地发挥其先锋的模范的作用,才能动员全民族一切生动力量,为克服困难、战胜敌人、建设新中国而奋斗。"⑦ 1939年1月,毛泽东同志在《〈八路军军政杂志〉发刊词》中强调:"巩固与扩大民族统一战线,是达到抗战建

---

① 《马克思恩格斯文集》第五卷,人民出版社2009年版,第378页。
② 马克思:《资本论》第一卷,人民出版社2004年版,第379页。
③ 《马克思恩格斯全集》第三十二卷,人民出版社1998年版,第301页。
④ 《马克思恩格斯文集》第四卷,人民出版社2009年版,第546页。
⑤ 《列宁全集》第九卷,人民出版社1987年版,第167页。
⑥ 《列宁全集》第三十四卷,人民出版社2017年版,第298页。
⑦ 中共中央整党工作指导委员会编:《毛泽东同志论党的作风和党的组织》,人民出版社1984年版,第26页。

国胜利的总方针,八路军干部在这方面有了很大的成绩,但若干干部尤其是新干部,对于统一战线的了解尚感不足,协同友党友军一道工作与调节社会各阶层的关系,使之利于抗战,在某些地方还做得差。因此加强统一战线教育成为重要的任务。"① 1944年12月,毛泽东同志在陕甘宁边区参议会第二届第二次会议的演说中要求:"共产党人必须和其他党派及无党派人士多商量,多座谈,多开会,务使打通隔阂,去掉误会,改正相互关系上的不良现象,以便协同进行政府工作与各项社会事业。"② 1946年3月,毛泽东同志就工业与工运问题的方针作出指示:"解放区劳资关系必须取合作方针,以达发展生产,繁荣经济之目的,无论公营、私营,都是如此。任何工厂,工会与党支部必须与厂方协同制定生产计划并协同执行之。"③

1950年9月,毛泽东同志在全国战斗英雄和劳动模范代表会议上的祝词中指出:"中国必须建立强大的国防军,必须建立强大的经济力量,这是两件大事。这两件事都有赖于同志们和全体人民解放军的指挥员、战斗员一道,和全国工人、农民及其他人民一道,团结一致,协同努力,方能达到目的。"④ 1955年,李先念同志就加强对商业工作和私商改造工作的领导提出:"还没有成立财贸工作部的县以上党委,应从速建立;有较大集镇的区委,必须有一委员负责这一方面的工作,以便统一领导财经各部门的工作,使能步调一致,协同动作。"⑤ 1962年4月,为了做好林业部编制次生林经营利用规划工作,刘少奇同志要求:"从调查设计单位和有关处、室抽调必要的资源、营林、采运、加工、经济等专业人员协同进行。"⑥ 1963年6月,对于某些工业品的滞销和生产调整问题,李先念同志提出:"协同计划部门和工业部门,一起研究工业生产的调整方案。"⑦ 1970年4月,就新建焦炉的综合利用问题,李先念同志要求,

---

① 《毛泽东文集》第二卷,人民出版社1993年版,第141页。
② 《毛泽东文集》第三卷,人民出版社1996年版,第239页。
③ 《毛泽东文集》第四卷,人民出版社1996年版,第101—102页。
④ 《毛泽东文集》第六卷,人民出版社1999年版,第95—96页。
⑤ 《李先念文选》,人民出版社1989年版,第187页。
⑥ 中共中央文献研究室、国家林业局编:《刘少奇论林业》,中央文献出版社2005年版,第202—203页。
⑦ 《李先念文选》,人民出版社1989年版,第283页。

"今后新建焦炉应予综合利用。如邮郸焦化厂,冶金部和化工部要协同办才好"①。

1979年10月,邓小平同志在全国政协、中共中央统战部宴请出席各民主党派和全国工商联代表大会代表时强调,对于知识分子和专家在工作与生活上的困难,"需要经过调查研究,采取有效措施,逐步予以解决。希望各民主党派协同党和政府,共同努力,把这项工作做好"②。1981年3月,邓小平同志在听取中国人民解放军总参谋部领导同志关于北京军区组织战役演习情况汇报时指出:"这次演习,有地面部队,有空军协同,只是没有海军。这样的演习对军队有鼓励作用,经过训练再搞实兵演习,可以提高部队实战水平。"③ 1981年9月,邓小平同志在华北某地检阅军事演习部队时指出:"这次演习,检验了部队现代化、正规化建设的成果,较好地体现了现代战争的特点,摸索了现代条件下诸军兵种协同作战的经验,提高了部队军政素质和实战水平。"④ 1986年1月,《中共中央、国务院关于一九八六年农村工作的部署》强调:"农村的改革和商品经济的发展,需要城乡配合,多部门协同。"⑤ "中央希望各级领导和各有关部门,密切协同,奋发努力,促进农村经济的全面振兴,夺取农村改革的全面胜利。"⑥

1992年12月,江泽民同志在武汉主持召开安徽、江西、河南、湖北、湖南、四川六省农业和农村工作座谈会时要求:"从中央到地方,无论是主管农业和农村工作的部门,还是其他部门,都要在党的统一领导下协同一致,大力支援农业,真心实意为农民服务,想农民之所想,急农民之所急。"⑦ 1995年5月,江泽民同志在全国科学技术大会上指出:

---

① 《李先念传》编写组:《建国以来李先念文稿》第三册,中央文献出版社2011年版,第125页。
② 《邓小平文选》第二卷,人民出版社1994年版,第205页。
③ 《邓小平军事文集》第三卷,军事科学出版社、中央文献出版社2004年版,第188页。
④ 《邓小平文选》第二卷,人民出版社1994年版,第394页。
⑤ 中共中央文献研究室编:《十二大以来重要文献选编》(中),人民出版社1986年版,第880页。
⑥ 中共中央文献研究室编:《十二大以来重要文献选编》(中),人民出版社1986年版,第881页。
⑦ 《江泽民文选》第一卷,人民出版社2006年版,第275页。

"要经过科学论证，选择一批有基础和优势、国力可以保证、能跃居世界前沿、一旦突破对国民经济和社会发展有重大带动作用的课题，在全国组织专门队伍，集中力量，大力协同，重点攻关。"① 1999年6月，江泽民同志在第三次全国教育工作会议上指出："去年，严重洪涝灾害发生以后，灾区人民的生命财产面临巨大威胁，我们党领导和组织成千上万的军民协同作战，顽强拼搏，取得了抗洪斗争的伟大胜利，并形成了伟大的抗洪精神。"② 2001年6月，江泽民同志在中国科学技术协会第六次全国代表大会上再次就我国科学技术发展问题强调："要从我国当前的实际情况和长远发展的需要出发，按照有所为有所不为的方针，选择一些重大科学项目，加强研究，协同攻关，力求有所突破。"③

2003年11月，胡锦涛同志在庆祝我国首次载人航天飞行圆满成功大会上肯定了载人航天工程取得的巨大成就，他指出："参加工程研制、建设、试验的各地区、各方面、各部门、各单位同心同德、群策群力，大力协同、密切配合，保证了载人航天工程高效运行。"④ 2005年2月，胡锦涛同志在省部级主要领导干部提高构建社会主义和谐社会能力专题研讨班上强调："要深入研究社会管理规律，加强社会管理体制建设和创新，完善社会管理体系和政策法规，整合社会管理资源，建立健全党委领导、政府负责、社会协同、公众参与的社会管理格局。"⑤ 2007年6月，胡锦涛同志在中共中央党校省部级干部进修班上指出："促进经济增长由主要依靠投资、出口拉动向依靠消费、投资、出口协调拉动转变，由主要依靠第二产业带动向第一、第二、第三产业协同带动转变。"⑥ 2008年5月，胡锦涛同志在四川省成都市主持召开抗震救灾工作会议时强调："地方、部队及各方面救援力量要实行统一领导、统一指挥，特别是要加强军地协调，尽快形成大力协同、密切合作的机制，有序推进救灾工

---

① 《江泽民文选》第一卷，人民出版社2006年版，第431页。
② 《江泽民文选》第二卷，人民出版社2006年版，第331页。
③ 《江泽民文选》第三卷，人民出版社2006年版，第262页。
④ 《胡锦涛文选》第二卷，人民出版社2016年版，第113页。
⑤ 《胡锦涛文选》第二卷，人民出版社2016年版，第293页。
⑥ 《胡锦涛文选》第二卷，人民出版社2016年版，第547页。

作。"① 2011年7月，胡锦涛同志在中央水利工作会议上要求："形成政府社会协同治水兴水合力。"②

2012年12月，习近平总书记在主持党的十八届中央政治局第二次集体学习时指出："改革开放是一个系统工程，必须坚持全面改革，在各项改革协同配合中推进。改革开放是一场深刻而全面的社会变革，每一项改革都会对其他改革产生重要影响，每一项改革又都需要其他改革协同配合。"③ 2013年11月，习近平总书记在党的十八届三中全会第二次全体会议上要求："在全面深化改革中，我们要坚持以经济体制改革为主轴，努力在重要领域和关键环节改革上取得新突破，以此牵引和带动其他领域改革，使各方面改革协同推进、形成合力，而不是各自为政、分散用力。"④ 2016年7月，习近平总书记在庆祝中国共产党成立95周年大会上指出："在推动经济发展的基础上，建设社会主义市场经济、民主政治、先进文化、和谐社会、生态文明，协同推进人民富裕、国家强盛、中国美丽。"⑤ 2017年6月，习近平总书记在中央全面深化改革领导小组第三十六次会议上强调："改革越深入，越要注意协同，既抓改革方案协同，也抓改革落实协同，更抓改革效果协同。"⑥

三 协同治理的理论内涵与特征

（一）协同治理的内涵

协同治理是将治理与协同结合起来的治理理念与治理范式，是公共管理学、政治学、经济学等学科领域的重要分析工具和分析框架，针对的是治理资源在不同治理主体之间的分散甚至消耗状况。协同治理理论是对传统治理理论的反思与超越，治理实质上是两个或两个以上的主体之间的协调与合作，协同是治理的内在意涵与本质特征。换言之，协同既是治理的过程特点，也是治理的价值特征。

---

① 《胡锦涛文选》第三卷，人民出版社2016年版，第82页。
② 《胡锦涛文选》第三卷，人民出版社2016年版，第553页。
③ 《习近平谈治国理政》第一卷，外文出版社2018年版，第68页。
④ 《习近平谈治国理政》第一卷，外文出版社2018年版，第94页。
⑤ 《习近平谈治国理政》第二卷，外文出版社2017年版，第38页。
⑥ 《习近平谈治国理政》第二卷，外文出版社2017年版，第109页。

党的十八大特别是党的十九大以来，以习近平同志为核心的党中央重视协同治理在国家治理中的重要作用。2013年11月，党的十八届三中全会提出："全面深化改革的总目标是完善和发展中国特色社会主义制度，推进国家治理体系和治理能力现代化。"①"经济体制改革是全面深化改革的重点，核心问题是处理好政府和市场的关系，使市场在资源配置中起决定性作用和更好发挥政府作用。"② 这表明，党和政府在治国理政方略上已经开始向政府与市场协同治理转变。

2015年，党的十八届五中全会通过的《中共中央关于制定国民经济和社会发展第十三个五年规划的建议》提出："完善党委领导、政府主导、社会协同、公众参与、法治保障的社会治理体制。"③ 这在国家治理领域正式提出了协同的概念。

此后，党和国家更加重视协同治理在国家治理和具体领域治理中的重要作用，对在政府治理领域、经济治理领域、社会治理领域、法治与德治领域、生态治理领域如何运用协同治理推进治理工作进行了详细论述，提出了明确要求。

在政府治理领域。2021年3月，十三届全国人大四次会议表决通过的《中华人民共和国国民经济和社会发展第十四个五年规划和二〇三五年远景目标纲要》提出："加大政务信息化建设统筹力度，健全政务信息化项目清单，持续深化政务信息系统整合，布局建设执政能力、依法治国、经济治理、市场监管、公共安全、生态环境等重大信息系统，提升跨部门协同治理能力。"④

在经济治理领域。2022年3月，国务院《政府工作报告》提出：

---

① 中共中央文献研究室编：《十八大以来重要文献选编》（上），中央文献出版社2014年版，第512页。

② 中共中央文献研究室编：《十八大以来重要文献选编》（上），中央文献出版社2014年版，第513页。

③ 《中共中央关于制定国民经济和社会发展第十三个五年规划的建议》，人民出版社2015年版，第42页。

④ 《中华人民共和国国民经济和社会发展第十四个五年规划和二〇三五年远景目标纲要》，人民出版社2021年版，第51页。

"要开展涉企违规收费专项整治行动,建立协同治理和联合惩戒机制。"① 2022年10月,党的二十大报告要求:"深化医药卫生体制改革,促进医保、医疗、医药协同发展和治理。"②

在社会治理领域。2016年10月,习近平总书记在党的十八届中央政治局第三十六次集体学习时指出:"社会治理模式正在从单向管理转向双向互动,从线下转向线上线下融合,从单纯的政府监管向更加注重社会协同治理转变。"③ 2017年10月,党的十九大报告指出:"加强社会治理制度建设,完善党委领导、政府负责、社会协同、公众参与、法治保障的社会治理体制。"④

在法治与德治领域。2016年12月,习近平总书记在主持党的十八届中央政治局第三十七次集体学习时,就国家治理中法治与德治的关系强调:"法治和德治不可分离、不可偏废,国家治理需要法律和道德协同发力。"⑤

在生态治理领域。2020年11月,习近平总书记在全面推动长江经济带发展座谈会上指出:"要加强协同联动,强化山水林田湖草等各种生态要素的协同治理。"⑥ "要把修复长江生态环境摆在压倒性位置,构建综合治理新体系,统筹考虑水环境、水生态、水资源、水安全、水文化和岸线等多方面的有机联系,推进长江上中下游、江河湖库、左右岸、干支流协同治理,改善长江生态环境和水域生态功能,提升生态系统质量和稳定性。"⑦ 2021年4月,习近平总书记在主持党的十九届中央政治局第二十九次集体学习时强调:"要强化多污染物协同控制和区域协同治

---

① 李克强:《政府工作报告——2022年3月5日在第十三届全国人民代表大会第五次会议上》,人民出版社2022年版,第19页。
② 习近平:《高举中国特色社会主义伟大旗帜 为全面建设社会主义现代化国家而团结奋斗——在中国共产党第二十次全国代表大会上的报告》,人民出版社2022年版,第49页。
③ 中共中央党史和文献研究院编:《习近平关于网络强国论述摘编》,中央文献出版社2021年版,第21页。
④ 习近平:《决胜全面建成小康社会 夺取新时代中国特色社会主义伟大胜利——在中国共产党第十九次全国代表大会上的报告》,人民出版社2017年版,第49页。
⑤ 《习近平谈治国理政》第二卷,外文出版社2017年版,第133页。
⑥ 《习近平谈治国理政》第四卷,外文出版社2022年版,第358页。
⑦ 《习近平谈治国理政》第四卷,外文出版社2022年版,第358页。

理。"① 2021年3月，十三届全国人大四次会议表决通过的《中华人民共和国国民经济和社会发展第十四个五年规划和二○三五年远景目标纲要》提出："坚持源头防治、综合施策，强化多污染物协同控制和区域协同治理。"② 2023年3月，国务院《政府工作报告》要求："注重多污染物协同治理和区域联防联控。"③

在协同治理中，"协同包括两个或多个成员，并且每个人都是主角。这些成员都会为协同提供资源，他们之间存在连续的关系和互动，共同对协同的结果负责"④。在协同治理过程中，政府、市场主体、社会组织（非营利性组织）以及个人为了共同目标，协力合作治理公共事务，在不损害任何一方根本利益的同时，最大限度地增进和实现公共利益，最终形成的是各个治理主体相互依存、利益分享、风险共担的局面，治理对象实现了由不稳定、不平衡、不协调到相对稳定、相对平衡、相对协调的状态。

总的来说，协同治理是政府、市场、社会组织（非营利性组织）与个人自愿在结构、制度、功能发挥等方面实现相互协作，以最终实现共同利益。协同治理内在地包括参与主体的多元性、系统作用的协同性、遵守规则的平等性等内容。⑤ 从治理发展历程看，协同治理是公共治理的新视角，是治理实践的较高发展阶段，能够广泛适用于政治、经济、文化、生态等领域的治理实践。协同治理主体的多元化决定了治理权威的多元化，这将有利于避免单一权威的决策失误导致出现治理危机的可能。在协同治理中，各主体参与公共事务治理并在治理过程中形成新的治理权威。但是，协同治理主体多元化并不否定政府在协同治理中的作用，在绝大多数公共事务治理中，政府都是不可缺席的治理主体，协同治理与其他治理理论最大的区别在于：主张治理主体的多元化但支持政府在

---

① 《习近平谈治国理政》第四卷，外文出版社2022年版，第364页。
② 《中华人民共和国国民经济和社会发展第十四个五年规划和二○三五年远景目标纲要》，人民出版社2021年版，第115页。
③ 李克强：《政府工作报告——2023年3月5日在第十四届全国人民代表大会第一次会议上》，《人民日报》2023年3月15日第5版。
④ 参见石婧《"微政务"公共服务模式研究》，武汉大学出版社2015年版，第48页。
⑤ 赵新峰、袁宗威：《京津冀区域大气污染协同治理的困境及路径选择》，《城市发展研究》2019年第5期。

规则制定、资源配置等方面发挥积极作用。①

(二) 协同治理的特征

第一,治理主体的多元化。多元的治理主体是协同治理的基础与前提条件,与传统治理理论相比,协同治理最重要的特点是治理主体的多元化。除了政府,市场主体、社会组织(非营利性组织)以及公民个人都可以在公共问题治理中发挥作用。由于不同治理主体拥有的资源与信息不同,看问题的角度与见解各具优势,协同治理能促进各治理主体共同协作、凝聚合力。同时,不同治理主体有着不同的利益需求与价值判断,能在共同决策时彼此制衡、相互约束,避免一元治理主体武断决策导致公共利益的损失。

第二,治理环境的开放性。协同治理并非封闭的系统,只要有助于公共问题的解决,各个治理主体都应以开放的姿态、包容的心态对待系统外部的信息、资源,或引导它们进入系统内部成为系统的有机组成部分,或作为参照物改善与优化系统内部结构。

第三,治理行为的协作性。协同治理蕴含的内在价值是协作性,外在表现是相关治理行为之间有着明确的协作关系。各个治理主体在维护公共利益、实现治理目标、倡导社会价值时需要彼此对话、相互协同与持续合作,促进系统内部各序参量之间以及系统与外部环境之间进行有效互动,最终实现治理效能倍增的目标。

第四,治理过程的动态性。协同治理系统内部各个要素以及系统内外环境时刻都处于变动不居的状态,这意味着各个治理主体之间的关系特征、角色定位、合作方式都要随着环境的变化而进行调整。各个治理主体能在多大程度上把握治理过程的动态性和发挥主观能动性,决定着协同治理效率的高低。

可以说,协同治理既是治理理念,也是治理范式,是治理主体与治理客体的双向互动,是治理行为与治理过程的有机结合,是治理规则与治理理念的深度融合。

---

① 温雅婷、余江、洪志生、陈凤:《数字化转型背景下公共服务创新路径研究——基于多中心—协同治理视角》,《科学学与科学技术管理》2021 年第 3 期。

四 城市治理与城市住房治理

(一) 城市治理

当传统的统治、管理、管制陷入危机时,治理理论由于它的包容性、多样性与灵活性的特点被政府、市场与社会共同接受。当治理的理论分析框架被用于城市管理的具体层面时,就有了城市治理。

城市治理是指政府、公共组织、私人机构以及市民共同参与城市管理决策、合作处理城市发展事务、协调增进城市居民福祉的过程。城市治理最早出现在20世纪90年代的欧美国家,目的是解决城市在发展过程中遇到的各种问题。

城市是个复杂的有机体,总的来说包括内部系统与外部系统。相应地,城市治理包括内部治理与外部治理。所谓城市内部治理,是指对城市辖区内的经济、社会、文化、教育、社会保障、环境等事务的管理与处置。所谓城市外部治理,是指对涉及城市之外对象(城市与其他兄弟城市、城市与上级政府机构)事务的协调与沟通。

好的城市治理或者说城市善治一般包括以下几个特征。一是经济发展水平高。经济是城市发展的基础,进行城市公共基础设施建设、提高城市居民社会保障待遇均需要城市有着较高的经济发展水平。城市经济发展水平是衡量城市治理能力的主要标准。二是市民幸福感强。城市治理的主要目的是让市民有说得出、感受得到的获得感、幸福感,市民满不满意、认不认可是衡量城市治理能力的最终标准。三是社会和谐度高。城市不仅是市民个体生活工作的场所,更是政府机关、社会组织(非营利性组织)、企业与市民相互合作、共同进步的地理空间。好的城市治理不仅要实现市民个体的美好生活,而且要构建和谐的社会氛围。

改革开放以来,我国城市化快速发展,人口、住房、教育、环境、交通等城市问题日益成为社会关注的热点与难点,政府单独解决上述问题日益力不从心,城市治理面临着一系列挑战。

第一,土地财政困境迫使政府让渡部分管理权力。近些年来,在国家住房宏观调控措施不断趋紧的情况下,不少城市严格管控土地供应,土地出让金相应减少,政府财政收入受到影响。在"缺米少粮"的情况下,政府只得将部分社会治理职能转移到社会组织(非营利性组织)。

第二，要素便捷流动导致城市之间竞争日益激烈。随着市场在资源配置中决定性作用的不断凸显，各要素资源在城市之间流动更加便捷，如果城市政府不能提供优质的服务，资金、技术、人才等资源就很可能被其他城市的优惠政策吸引过去。

第三，城市事务冗杂促使政府寻找合作治理对象。我国城市政府一直是大政府，城市居民的衣食住行与生老病死，城市的经济、社会、文化、生态建设，都需要政府亲力亲为。这让政府常常疲于应付，影响城市治理的成效。

第四，先进信息技术倒逼城市推动治理变革。我国城市化发展方兴未艾，传统的城市治理模式在化解潜在风险、处理突发危机、维护城市秩序、构建和谐氛围等方面越来越感到难以适从。大数据、物联网、云计算等先进信息技术的发展给城市治理带来很大影响，一方面促进城市治理工具、治理程序、治理方式实现变革，另一方面要求政府实现治理理念的更新。

城市治理是国家治理的重要组成部分，城市治理现代化是实现国家治理现代化的基础。因此，有必要学习借鉴城市治理成效显著的国家与地区的经验，探索适合我国国情的城市治理理论与治理体系，避免或减轻我国城市在发展过程中出现的人口膨胀、交通拥挤、住房短缺、环境恶化等"城市病"，推动我国城市实现健康和可持续发展。

(二) 城市住房治理

城市治理涉及城市经济、城市交通、城市社区、城市环境、城市住房等具体领域。在我国城市化快速发展的情况下，城市住房出现了如下问题。一是城市住房价格与城市居民购买力之间差异较大。一方面，城市居民对美好生活的追求不断提高；另一方面，城市住房价格的节节攀升与城市居民有限购买力之间的矛盾日益凸显。二是城市居民不同身份在住房资源获取上的不平等。例如，城市外来人员与原有居民住房资源不对等。城市外来人员需要"白手起家"，而原有居民则可以享受与继承父辈、祖辈的住房资源。由于住房资源的差异，城市外来人员与原有居民处于不同的人生境地。三是城市差异较大，难以因城施策。我国东中西部地区城市、大中小城市的住房情况各异，但目前我国城市住房仍实行全国统一的财政、货币、税收和土地政策，没有根据各个城市的经济发展程度和人口居住密度实行区别化的住房政策。四是城市住房建设与管理长效机制尚不够完善。房价一管就慢涨，一放就更涨，缺少长期规划和长效调控机制。

城市住房问题不仅是影响城市居民生活质量的民生问题，还是涉及城市稳定与和谐的政治问题。上述城市住房存在的问题使得城市住房治理显得越来越迫切。城市住房治理，是指政府、市场、社会以及城市居民等对城市住房存在问题进行对话、协商、安置与处理的整个过程。城市住房治理包含以下两个方面的内容。其一，城市住房治理主体不仅指中央政府与城市政府，还包括住房开发建设企业、商业银行、城市居民等。其二，城市住房治理的对象是指具有居住功能的城市居民住房，不包括农村地区的住房，也不包括城市商业用房与办公用房。

在城市化快速发展和城市商品性住房市场不断扩张的背景下，城市住房治理面临以下几个方面的挑战。

第一，城市住房治理主体关系困境。城市住房治理主要涉及中央和地方各级政府以及住房开发建设企业、商业银行、城市居民等市场主体。最理想的城市住房治理办法是通过政府与市场各个主体的互动沟通，找到解决城市住房问题的方案。但由于受我国"强政府—弱市场"传统关系的影响，政府与市场之间的协调互动历史短、经验少。住房开发建设企业、商业银行等市场主体的逐利性导致城市政府与市场主体在目标一致时（城市政府获取政绩与财政收入，市场主体获取更多的利润），就会出现城市商品性住房价格有更大的涨幅、保障性住房难以受到重视的现象。但城市政府与市场目标不一致时（城市政府要顾及民意，市场主体要维护利润空间），就会导致城市商品性住房发展势头受到限制、保障性住房受到一定程度的重视。城市住房治理主体关系的不稳定导致城市住房治理难以保持稳定的状态。

第二，城市住房治理路径依赖困境。所谓治理路径依赖，是指在治理过程中对已有治理理念、治理方式、治理工具产生习惯性依赖，导致囿于既有治理模式并且不断自我设限。自从实施城市住房市场化改革以来，经过政府持续的政策调控，城市商品性住房非理性扩张的势头得到一定程度的抑制，城市保障性住房开发建设取得较大进展。但总体来看，城市住房结构不合理的问题依然存在，商品性住房相对过剩和保障性住房相对不足的现象依然并存，城市住房治理依然摆脱不了对现有治理路径的依赖。

第三，城市住房治理政策执行困境。治理既注重过程也注重结果，过程是结果的基础与保证，结果是过程的归宿与目的。在城市住房治理领域，中央政府与地方各级政府既有共同合作的一面，也有利益抵触的一面。中央政府出台的城市住房治理政策往往都有一定的针对性，但在政策执行过程中，城市政府出于地方经济利益、自身财政收入和政绩的考虑，常常采取拖延执行、部分执行等软办法应付，中央政府的住房治理政策有时无法真正落地起效。住房开发建设企业、商业银行等市场主体出于自身利益考量，往往存在钻中央政府住房政策空子的现象。城市政府、住房开发建设企业、商业银行等对中央政府住房治理政策执行的不配合、软抵触导致城市住房治理陷入政策执行的困境。

导致城市住房治理困境的原因有很多，但具体原因主要有以下几个方面。

第一，从历史变迁角度看。自实行城市住房市场化改革以来，城市住房市场就像一匹放出的野马，城市住房价格不断攀升，成为社会关注的热点问题。虽然中央政府不断出台各种宏观调控政策以控制房价，但由于我国城市住房市场几乎是从零开始，市场化的闸口一旦开启，城市住房内在的发展动力便会井喷式爆发，中央政府对城市住房的各种治理政策总是赶不上城市住房快速发展的速度。从城市住房需求角度来看，中国人有着很强的家庭观念，有房才是家的传统思想也让广大城市居民想方设法拥有一套属于自己的住房。尽管政府出台了城市保障性住房政策，但难以影响城市居民购买一套属于自己的住房的热情。城市住房买方市场的长期存在是城市住房价格不断攀高的重要原因，这无疑也加大了城市住房治理的难度。

第二，从理念偏移角度看。城市住房治理是推进国家治理体系和治理能力现代化的重要内容，为城市居民创造美好生活本应是城市政府义不容辞的行政责任，是住房开发建设企业、商业银行等市场主体追求商业利润时的价值底线，但一些市场主体和少数城市政府部门并没有真正坚持以人民为中心的发展思想，没有把城市居民的根本利益、城市社会的长远利益放在首位。

第三，从住房属性角度看。经过几十年的发展，商品性住房和保障性住房协调发展已普遍被认可与接受，政府供给的保障性住房与市场配置的商品性住房的作用和界限已十分明确。但实际上，商品性住房与保障性住房彼此相互作用。当房价不断升高，保障性住房的人数与标准也在不断升高，政府必然面临很大的住房保障压力，进而对城市商品性住房市场进行干预，以控制房价。但是，如果城市商品性住房价格长期低迷，就会影响城市政府财政收入乃至整个城市经济社会的健康与可持续发展。城市住房的两种类型和双重属性加大了城市住房治理的政策成本。

第二节 相关研究述评

一 相关研究综述

（一）关于政府与市场关系的研究

政府与市场的关系是行政管理学、政治学、经济学等学科中研究较多的理论问题，西方学者对此较早进行了深入研究。

从政府对市场产生影响角度来看，政府的大部分行为是经济性的，例如，政府在教育、国防、税收、社会保障、交通运输、能源保护中进行的行政管理行为是为了促进经济增长。[1] 在经济活动中，对于市场机制所解决不了的资源分配问题，政府扮演着重要角色，并对市场机制产生巨大影响。[2] 对于经济高增长国家，政府运用财政补贴就可以获得农业生产者的政治支持，同时也不会对农业转型与农业现代化的经济动机产生负面影响。[3] 在经济发展速度较快的东亚地区，由于政府担负着中心角色，该地区不仅保持了经济的快速增长，使个人资本和社会资本得到保护，贫困现象也明显减少。东亚地区的成就表明，政府积极介入市场的

---

[1] ［美］查尔斯·林德布洛姆：《政治与市场：世界的政治—经济制度》，王逸舟译，上海三联书店、上海人民出版社1995年版，第8页。
[2] ［日］青木昌彦、奥野正宽：《经济体制的比较制度分析》，中国发展出版社1999年版，第302页。
[3] ［美］约翰·齐斯曼：《政府、市场与增长：金融体系与产业变迁的政治》，刘娟凤、刘骥译，吉林出版集团有限责任公司2009年版，第20页。

经济体是绝对优于市场完全处于自律状态的经济体。① 以至于有学者断言,"生产不是由市场,而是由行政权威(或者是私人权威,或者是政府权威)直接组织的"②。

从市场对政府产生影响角度来看,经济性的利益集团把政府视为一个平台,在其中,他们彼此竞争或相互结盟,从而制定公共政策。③ 经济运行过程实质上是把各个独立的个人利益联结在一起,在资源配置和产品分配上,政府或其他政治力量变得无关紧要。在某种政治体制中,如果市场获得统治性地位,那么就降低了政府决策对经济事务的影响力。④ 新古典经济学甚至认为,只要有充分市场和完全竞争,就能够"化私为公"。⑤ 伍德罗·威尔逊(Woodrow Wilson)在他的名篇《行政学研究》中直白地提出,"行政管理领域其实是商业的领域"⑥。然而,认为市场能够代替政府的观点未免过于武断和简单,由于市场自身也存在外部性,"这使得市场这一简单的工具不足以协调人类社会所有活动"⑦。

从传统理论视角来看,虽然"政治命令"与"市场价格"被视为协调行为的不同方式,但在发达经济体的政府政策过程中,二者实际上早已融为一体。⑧ 因此,人们经常看到的情况是,许多国家的政府以增进和维护公共利益为由,限制甚至取消了市场和私人部门的一些活动,导致公众在公共服务供给上对政府产生了依赖,由此培育和

---

① 参见[匈牙利]卡尔·波兰尼《巨变:当代政治与经济的起源》,黄树民译,社会科学文献出版社2013年版,第11—13页。

② [美]查尔斯·林德布洛姆:《政治与市场:世界的政治—经济制度》,王逸舟译,上海三联书店、上海人民出版社1995年版,第13页。

③ [美]彼得·埃文斯、迪特里希·鲁施迈耶、西达·斯考克波:《找回国家》,方力维、莫宜端、黄琪轩等译,生活·读书·新知三联书店2009年版,第3页。

④ [美]詹姆斯·M. 布坎南:《自由、市场与国家——80年代的政治经济学》,平新乔等译,上海三联书店、上海人民出版社1989年版,第372页。

⑤ 毛寿龙:《西方公共行政学名著提要》,江西人民出版社2006年版,第137页。

⑥ 参见[美]罗森布鲁姆、奥利里《公共管理与法律》,张梦中等译,中山大学出版社2007年版,第5页。

⑦ 毛寿龙:《西方公共行政学名著提要》,江西人民出版社2006年版,第137页。

⑧ [美]约翰·齐斯曼:《政府、市场与增长:金融体系与产业变迁的政治》,刘娟凤、刘骥译,吉林出版集团有限责任公司2009年版,第10—11页。

形成了支持政府的强大群体。① 在民意支持和行为惯性的影响下，很多本来由市场作出的决定都由政府来采取行动。政府行为很有可能逐渐偏离社会公共利益，导致产生权力寻租行为，从而扭曲市场机制，扩大社会贫富差距。②

对于中国特色社会主义政治体制、行政体制和经济体制中的政府与市场关系，有学者认为，政府与市场关系是社会主义市场经济体制改革的核心问题。因此，要深入分析我国有效市场和有为政府有机结合的机制，凝聚界定政府具体职能和如何更好地发挥政府职能的理论共识，建立有为政府和有效市场相结合的制度保障。③ 有学者认为，改革开放40多年是政府和市场关系不断调整和完善的40多年。④ 改革开放40多年来，我国政府与市场的关系经历了从政府对市场的替代到政府和市场互动的变迁过程，个人和企业的市场主体地位得到确立和巩固。⑤ 我国政府与市场关系经历了以行政思路解读市场逻辑、以行政措施培育市场机制、以政策调整引导市场主体、以行政力量补充市场作用等不同的阶段，在形成过程、内部结构以及实质内容等方面具有鲜明的中国特征。这一政府—市场关系的演进过程丰富了市场经济多样性理论，揭示了在当代国际分工体系之下持续地实现自主发展的路径。⑥ 总结改革开放40多年来的经验与启示，坚持市场化改革方向和更好发挥政府宏观调控优越性是我国政府与市场关系的主要特征。同时要清醒认识到，客观上阻碍政府和市场关系有效发挥作用的思想桎梏和体制机制障碍还未彻底消除，要

---

① ［美］维托·坦茨：《政府与市场：变革中的政府职能》，王宇等译，商务印书馆2014年版，第11页。

② ［美］维托·坦茨：《政府与市场：变革中的政府职能》，王宇等译，商务印书馆2014年版，第6页。

③ 裴广一：《论有效市场与有为政府：理论演进、历史经验和实践内涵》，《甘肃社会科学》2021年第6期。

④ 洪银兴：《市场化导向的政府和市场关系改革40年》，《政治经济学评论》2018年第6期。

⑤ 时家贤、袁玥：《改革开放40年政府与市场关系的变迁：历程、成就和经验》，《马克思主义与现实》2019年第1期。

⑥ 宋磊、谢予昭：《中国式政府——市场关系的演进过程与理论意义：产业政策的视角》，《中共中央党校（国家行政学院）学报》2019年第1期。

大胆解放思想，继续推进市场经济体制改革。① 有学者进一步指出，在政府与市场关系上，中国找到了既不同于苏联也不同于西方国家的中国特色社会主义市场经济模式，即让市场在资源配置中起决定性作用和更好发挥政府作用，既重视市场自强，也重视政府自觉，二者相辅相成。②

对于政府与市场关系的具体特点，一些学者阐述了自己的观点。有学者对政府与市场关系进行了详细分类，包括强市场强政府、强市场弱政府、强政府弱市场以及弱政府弱市场，这四种类型会随着时间的变化而相互转化。③ 从政府和市场关系的理论演变过程来看，政府主导型与市场主导型一直共生并行；从政府和市场关系的实践演变进程来看，政府主导型与市场主导型呈现钟摆效应。由此可以看出，政府和市场关系不存在"普适模式"，要准确把握政府和市场关系演变中的中国特色，发挥市场配置资源的决定性作用，更好发挥政府作用。④ 有学者认为，政府与市场是相互替代和相互补充的关系，替代关系在理论上体现为市场自由主义和国家干预主义的轮番演进与动态博弈，在实践中体现为市场经济的不断发展；互补关系在理论上体现为市场自由主义和国家干预主义的折中与融合，在实践中体现为市场经济趋于成熟。⑤ 有学者认为，政府与市场不只是补充关系，更有互为支撑、相互转化的交叉关系。⑥ 寻找政府与市场之间的完全组合与微妙平衡，正是人类在制度建设上孜孜以求的目标。⑦

就具体实践领域中的政府与市场关系，不少学者进行了有意义的探索。对于实现全体人民共同富裕中的政府与市场关系，有学者指出，应

---

① 刘儒、王换：《中国经济体制改革历史演进的内生性逻辑与基本经验——以政府与市场的关系为主线》，《西安交通大学学报》（社会科学版）2018年第6期。
② 张劲松：《在政府与市场关系上坚持走中国道路》，《北京联合大学学报》（人文社会科学版）2022年第2期。
③ 陆昱：《国家治理的政治与经济关系逻辑》，中国社会科学出版社2019年版，第212—213页。
④ 石涛：《政府和市场关系类型、历史演变及启示》，《上海经济研究》2018年第12期。
⑤ 刘儒、王媛：《市场与政府的互补关系》，《甘肃社会科学》2018年第5期。
⑥ 侯利阳：《市场与政府关系的法学解构》，《中国法学》2019年第1期。
⑦ 张晓晶、李成、李育：《扭曲、赶超与可持续增长——对政府与市场关系的重新审视》，《经济研究》2018年第1期。

让有效市场和有为政府协同发挥作用。有效市场在配置资源中发挥决定性作用，提高经济增长质量和效率，筑牢实现共同富裕的物质基础。有为政府在经济和社会发展中发挥调节经济、提供公共服务的功能，纠正"市场失灵"，保障公平正义。① 这种新型政府—市场关系有别于以往的政府—市场两分模式，是通过理念引领、制度支撑、经济增长、分配调节四重机制促进共同富裕目标的实现。② 对于碳减排中的政府与市场关系，有学者认为，与市场机制相比，政府干预更能促进碳减排。在碳市场运行效率低下时，对控排主体的政府干预力度越大，碳减排效应就越显著。因此，要积极发挥政府干预对碳减排的促进作用，同时充分发挥市场机制的调节作用，以最小的成本完成减排目标。③ 有学者认为，有为政府和有效市场的良性互动是文化产业持续发展的有力保障。有为政府通过制定政策和执行政策，在宏观层面决定文化产业发展方向。有效市场是指充分发挥市场对资源的配置作用，运用市场化手段和运作机制，把有限文化要素和文化资源高效配置到具有优势和发展前景的产业领域。④ 有学者研究发现，在乡村产业发展中，政府应提供制度、政策和服务供给，市场应提供生产原料和产品供给等。要促进乡村产业可持续发展，需要明确产业发展中政府与市场的责任与边界。⑤ 有学者指出，有效市场与有为政府是提高中国经济增长质量的重要动力，要全面深化改革，不断调整市场与政府的关系，化解城市政府债务风险，矫正土地功能异化，为经济增长保驾护航。⑥

---

① 李楠、王继晨：《以有效市场与有为政府扎实推动共同富裕》，《湘潭大学学报》（哲学社会科学版）2022年第4期。
② 高帆：《新型政府—市场关系与中国共同富裕目标的实现机制》，《西北大学学报》（哲学社会科学版）2021年第6期。
③ 王雪峰、廖泽芳：《市场机制、政府干预与碳市场减排效应研究》，《干旱区资源与环境》2022年第8期。
④ 张胜冰、宋文婷：《论文化产业发展中的有为政府和有效市场》，《山东大学学报》（哲学社会科学版）2022年第2期。
⑤ 李卓、郑永君：《有为政府与有效市场：产业振兴中政府与市场的角色定位——基于A县产业扶贫实践的考察》，《云南社会科学》2022年第1期。
⑥ 沈坤荣、施宇：《中国的"有效市场+有为政府"与经济增长质量》，《宏观质量研究》2021年第5期。

（二）关于住房公平的研究

城市住房是透视城市社会结构状况的重要视角，住房公平是社会公平的重要组成部分。有学者指出，社会公平感从正向上对政府信任产生影响，社会个体的公平感越高，他对政府的信任程度就越高。住房压力通过社会公平感间接影响社会个体对政府的信任，缓解社会个体的住房压力、实现住房公平有助于维护社会公平。[①]

改革开放以来，城市不同住房群体在分配体制中的位置发生了变化，而住房不平等也随着经济发展与社会激励程度的增加而逐步扩大。[②] 虽然家庭居住面积有了很大改善，但人均居住面积不均等程度却进一步扩大。[③] 并且这种不平等由住房权利不平等、住房空间不平等转向住房财富不平等。[④] 比如，我国住房公积金制度明显增强了低收入参加者的购房意愿，加剧了公积金制度参与者和非参与者的住房不平等。[⑤] 而住房不平等会导致较严重的阶层分化，[⑥] 形成实际上的住房阶层，并且住房阶层的壁垒要高于职业阶层。[⑦] 有学者研究发现，住房分层主要体现为住房阶层地位差异而非住房获得身份差异，这对城市居民公平感有着重要影响。从高住房阶层到低住房阶层，城市居民的社会公平感依次降低。由此可见，住房既是影响城市居民社会地位的重要因素，也对城市居民的社会认知产生持续的影响。因此，需要反思城市住房改革过程中存在的问题，满足城市不同收入群体的住房需求，减轻住房资源分配不当导致的城市阶

[①] 马永强、麻宝斌：《住房压力和社会公平感对政府信任的影响研究》，《哈尔滨工业大学学报》（社会科学版）2019年第1期。

[②] 魏万青：《制度变迁与中国城市居民住房不平等的演化特征》，《江汉论坛》2014年第5期。

[③] 朱梦冰、李实：《中国城乡居民住房不平等分析》，《经济与管理研究》2018年第9期。

[④] 吴翔华、赵亿：《住房基尼系数与我国住房不平等研究进展》，《现代城市研究》2018年第8期。

[⑤] 何欣、路晓蒙：《公积金制度加剧了中国住房不平等吗？》，《社会保障研究》2019年第2期。

[⑥] 张伊娜、周双海：《住房不平等的阶层测度：基于上海六普数据的分析》，《社会科学》2014年第4期。

[⑦] 李骏：《城市住房阶层的幸福感与公平感差异》，《华中科技大学学报》（社会科学版）2017年第1期。

层分化。①

导致我国住房不平等的原因是多样的。第一，住房政策方面的原因。我国住房资源分配经历了由计划经济时期的福利分配向市场经济时期的多元供给的转型，导致我国住房分配机制发生巨大变化和住房资产差距的不断扩大。②有学者认为，我国住房不平等是由于一个混合机制在发挥作用，包括市场和非市场在内的混合机制共同造成了再分配制度无法处理好效率和公平的关系。③住房发展的"GDP"主义和住房保障的"救济"主义导致我国城市住房供应结构失衡。④住房产权制度、土地使用制度的变迁，导致不同住房群体在分配体制中的位置发生变化，而住房不平等也随着经济发展水平的提高而不断扩大。⑤

第二，区域差异等方面原因。由于区域差异以及由此带来的人口流动（特别是农村人口流动）是造成居民房产价值分布差距不断扩大、城镇住房面积不均等的重要原因。⑥地区间和东部地区内部不平等对城镇居民住房财富分配不平等的贡献率最大，家庭在户籍状况、收入水平以及受教育状况等方面的差异都会导致我国城镇居民住房财富不平等。⑦有学者研究发现，对于住房不平等，户籍因素可解释其原因的54.2%，在户籍间住房不平等中，户籍歧视效应占据主导地位。⑧还有学者指出，地理空间差异是理解住房不平等的重要结构性因素，地理空间差异既是住房

---

① 李路路、马睿泽：《住房分层与中国城市居民的公平感——基于CGSS2003、CGSS2013数据的分析》，《中央民族大学学报》（哲学社会科学版）2020年第6期。

② 李春玲、范一鸣：《中国城镇住房不平等及其分化机制》，《北京工业大学学报》（社会科学版）2020年第4期。

③ 卢春天、成功：《转型中国城乡住房不平等——基于2010人口普查汇总和CGSS2010数据》，《华东理工大学学报》（社会科学版）2015年第2期。

④ 卢珂、李国敏：《论基于底线公平的我国城市基本住房制度之构建》，《理论导刊》2012年第8期。

⑤ 魏万青：《制度变迁与中国城市居民住房不平等的演化特征》，《江汉论坛》2014年第5期。

⑥ 朱梦冰、李实：《中国城乡居民住房不平等分析》，《经济与管理研究》2018年第9期。

⑦ 原鹏飞、王磊：《我国城镇居民住房财富分配不平等及贡献率分解研究》，《统计研究》2013年第12期。

⑧ 潘静、杨扬：《城市家庭住房不平等：户籍、禀赋还是城市特征？——基于广义有序模型与Oaxaca-Blinder分解》，《贵州财经大学学报》2020年第6期。

不平等的外在表现，也是导致住房不平等的重要因素。①

第三，居民个人家庭的原因。居民个体可以继承父辈乃至祖辈住房，拓展了住房资源的获得渠道。长辈对晚辈购买住房的资金支持和房产实物赠予支持对住房不平等的影响也日渐凸显。② 自有住房和租房居住等住房方式的差异加大了房租对收入不平等的影响，③ 加剧了城市居民的收入差异，恶化了城市居民的消费差异。④ 有房、有多套房、现有住房面积大能明显增加居民幸福感，住房不平等则通过影响居民的社会地位而降低他们的幸福感。⑤

住房市场化改革明显改善了城市居民的住房条件，但毋庸置疑，城市代际和不同收入阶层的住房面积差异也由此扩大，导致高收入群体与普通居民的住房资产出现显著差异，收入分层与住房分层双重叠加所形成的分化效应则加剧了我国城市的贫富分化。⑥ 住房不平等将严重消解城市居民之间的信任，增加城市不同阶层之间的对立情绪。实现住房公平、消除住房不平等是促进城市社会和谐、创造城市美好生活的必然选择。在制定房地产调控政策时，政府除采取传统的抑制投机需求措施之外，更应注重采取收入再分配政策以及区域差别化的住房政策，以预防房价上涨从而加剧家庭之间的财富不平等。⑦ 或者通过扩大住房公积金覆盖范围，制定更加完善的公积金制度和加大对中低收入人群的住房保障力度，

---

① 方长春、刘欣：《地理空间与住房不平等 基于 CFPS2016 的经验分析》，《社会》2020 年第 4 期。

② 谌鸿燕：《代际累积与子代住房资源获得的不平等基于广州的个案分析》，《社会》2017 年第 4 期。

③ 詹鹏、冯履冰、温馨：《城镇居民住房分布对收入不平等的影响》，《社会科学战线》2022 年第 7 期。

④ 赵伟、耿勇：《住房不平等加剧了城镇家庭收入差异对消费差异的冲击吗?》，《经济经纬》2020 年第 5 期。

⑤ 易成栋、任建宇、高璇：《房价、住房不平等与居民幸福感——基于中国综合社会调查 2005、2015 年数据的实证研究》，《中央财经大学学报》2020 年第 6 期。

⑥ 吴开泽：《住房市场化与住房不平等——基于 CHIP 和 CFPS 数据的研究》，《社会学研究》2019 年第 6 期。

⑦ 张传勇：《住房差异是否影响了家庭收入不平等? 机制、假说与检验》，《南开经济研究》2018 年第 1 期。

来减少住房不平等现象。①

（三）关于城市保障性住房政策的研究

有学者从体制和机制角度对城市政府关于保障性住房政策的行为进行了分析，认为城市政府既是城市保障性住房政策的制定者，也要受到国家保障性住房政策的约束。在由计划经济向市场经济转型的背景下，我国城市保障性住房政策与政府职能调整有着密切联系。有学者借鉴新制度主义和理性选择理论，采用定性研究方法，系统分析了城市政府在保障性住房政策中的行为转变过程，研究发现，城市政府在保障性住房政策方面的行为要受到各级政府之间的权力结构、财政体制、地方利益结构等方面的约束。②有学者对城市保障性住房政策中重前期建设轻后续管理的现象进行分析后认为，重前期建设轻后续管理导致城市保障性住房建设资源严重挤压了城市保障性住房后续管理资源，这成为保障性住房政策的短板。因此，要建立政府补贴企业、企业代理政府进行管理的机制来降低城市保障性住房后续管理成本，从而破解城市保障性住房政策中重前期建设轻后续管理这一难题。③

有学者从政策网络理论视角对我国城市保障性住房体系进行了分析，认为我国城市保障性住房政策网络存在结构性问题，例如，政府、金融机构、房地产开发商、专家学者、各界民众等多元主体在身份地位、利益追求、资源占有量等方面存在明显差异，导致政策网络开放程度不足、各主体之间互动不畅。因此，需要构建更为开放的城市保障性住房政策网络，促进各个相关利益主体之间的协作，促进各类资源的自由流动与有效配置。例如，通过疏通各个网络层级之间连接机制、构建各个主体之间沟通机制、整合各个主体之间价值认知体系等途径，对我国城市保障性住房政策网络进行优化。④

---

① 何欣、路晓蒙：《公积金制度加剧了中国住房不平等吗？》，《社会保障研究》2019年第2期。

② 王越平：《论地方政府行为变迁的制度约束——以保障性住房为政策行为考察域》，《求索》2012年第4期。

③ 张旭文、李永安：《交易成本视角下我国保障性住房政策实施偏差及矫正》，《江西社会科学》2020年第9期。

④ 连宏萍、何琳：《保障性住房政策网络的结构性问题与优化路径》，《新视野》2020年第4期。

有学者认为，城市保障性住房管理主体多元化和目标群体广泛性等特点决定了保障性住房政策过程需要各个相关部门之间开展协同与合作。对于我国城市保障性住房管理体制中存在的机构重叠化、职能交叉化、决策碎片化等问题，需要建立和完善城市保障性住房的法律体系，构建跨部门、高规格的协调机构，实现保障性住房管理与保障性住房政策的并轨，提高保障性住房政策过程中协同治理的整体效能。①

一些学者重点从政策执行角度对保障性住房政策进行研究。有学者认为，运动式治理有效提高了城市政府的政策执行力度，促进了全国保障性住房建设，要从顶层设计层面调整保障性住房政策，注重因城施策，使保障性住房政策更好地反映城市居民的住房需求与城市政府的资源调度能力。② 有学者提出，城市政府住房保障政策执行偏差严重阻碍了城市保障性住房的顺利发展，其深层次原因在于中央与地方利益追求不一致、财政体制不健全、信息沟通机制不完善、监督与制约机制相对欠缺等。因此，要提高城市政府住房政策的执行力，除了加大对执行偏差行为的监督惩处力度，还要加强中央政府与城市政府的利益整合，完善各级政府之间的信息沟通机制。③

有学者指出，保障性住房政策作为解决城市中低收入群体住房问题的重要举措，城市政府对此承担着政策执行的重要责任。对城市政府保障性住房政策执行的绩效进行评价，关键在于构建切实可行、科学合理的评价指标体系。该学者以广州市为例，坚持整体性、客观性、可操作性、有针对性的原则，建立了包括政策效益、政策影响、政策效率、政策回应度等指标的城市政府保障性住房政策执行的绩效评价指标体系。④ 还有学者提出，在新时代背景下，由于我国社会主要矛盾发生了根本变化，城市保障性住房的供给已不能只限于解决城市住房困难家庭的居住

---

① 王洛忠、李帆、常慧慧：《我国保障性住房政策过程中政府协同行为研究》，《中国行政管理》2014年第2期。
② 马璐瑶、刘志林：《"运动式治理"背景下保障性住房政策遵从的区域差异研究——基于"十二五"期间城市面板数据的分析》，《公共管理与政策评论》2021年第1期。
③ 谭禹：《委托—代理视角的保障性住房政策地方执行阻滞分析》，《城市发展研究》2014年第12期。
④ 刘雪明：《地方政府执行保障性住房政策的绩效评价研究——以广州市为例》，《天津师范大学学报》（社会科学版）2017年第2期。

需求，更多的是要提高住房保障制度的覆盖范围和提升住房保障的服务质量。①

还有一些学者对国外住房保障政策进行研究，以期为制定我国保障性住房政策提出建议。有学者通过梳理和分析美国各个时期的保障性住房政策文件，将美国保障性住房政策变迁划分为萌芽、探索、发展、成熟四个阶段，并归纳出美国保障性住房政策的四个显著趋势：住房保障主体从政府向市场转变；住房保障对象从中低收入群体向低收入群体转变；住房保障途径从扩大住房供应向满足住房需求转变；住房保障模式从定点建设向住户自由选择转变。② 有学者对新加坡公共住房政策进行了研究，认为该政策有效解决了新加坡住房的短缺问题，促进了新加坡城市的可持续发展，新加坡公共住房政策对我国建设保障性住房具有一定的借鉴意义。③

（四）关于城市住房治理的研究

有学者认为，对于城市住房市场与政府住房政策之间存在的张力，应将城市住房政策放在国家治理体系现代化的情境中进行讨论，④ 住房治理则成为国家治理的重要组成部分。可以说，建立住房治理长效机制是实现我国经济转型的重要一环，既涉及住房价格问题，也涉及与住房相关的各个主体的利益冲突。⑤ 政府部门应积极寻求可行的政策路径，解决与普通公众切身利益相关的住房问题，这样不仅有利于社会和谐、长治久安、经济繁荣，也可以使我们向平等的价值目标不断迈进。⑥

一些学者试图找到解决我国住房问题的理论框架，他们基于不同的治理理论，给住房治理提出了不少有益的建议。有学者基于多中心治理

---

① 魏丽艳：《新时代租购并举住房保障制度的实施路径》，《中国行政管理》2022 年第 5 期。

② 洪亮平、王旭：《美国保障性住房政策变迁及其启示》，《城市发展研究》2013 年第 6 期。

③ 张昕：《新加坡公共住宅政策对我国保障性住房建设的启示》，《价格理论与实践》2011 年第 7 期。

④ 毛丰付、胡承晨：《发展型住房政策：中国住房治理实践的理论探讨》，《商学研究》2020 年第 5 期。

⑤ 方建国：《房地产市场治理长效机制建设探析》，《宏观经济管理》2019 年第 3 期。

⑥ 汪文忠：《治理住房分配不平等中的政府角色》，《上海房地》2018 年第 3 期。

理论，从政府、营利组织、非营利性组织以及多中心协同供应四个方面，指出应加强各供应主体的职责边界、角色定位研究，采用系统方法加强多中心协同供应的研究。① 有学者运用整体性治理理论，提出在层级、功能和部门三个维度上进行协调与整合，建立中央与地方之间的契约式关系、职能部门之间的团队型关系、政府与社会组织（非营利性组织）之间的伙伴型关系。进而通过建立整体性预算和信息系统，实施绩效评估，为住房保障管理跨部门协同机制良性运行提供支撑。② 有学者指出，合作治理是多数国家普遍遵循的缓解住房难题的政策理念，我们应当以合作治理理念积极培育和扶持民间非营利性质的住房发展组织力量，构建多元合作化的住房制度体系，从而缓解严峻的住房问题。③ 还有学者从政府与市场关系角度提出了构建住房领域政府与市场关系的理论框架。④

有学者明确指出，市场与政府双重失灵导致住房问题久拖不决，为此，国家、市场与社会组织（非营利性组织）可以通过行政、市场和社群机制的互补嵌入，形成互动—协作治理的格局。政府要转变既有的行政化治理模式，助推社群机制和市场机制，促进住房领域的公共治理体系创新。⑤ 还有学者提出，住房治理要从以下几个方面深入开展。一是完善商业银行内部治理结构，严控房地产贷款的存贷比和总体规模，防止金融系统过度介入房地产市场。二是改变地方政府财政收入过度依赖土地出让金的局面，逐步打破政府对一级土地市场的垄断格局。三是开征房产税，这不仅能打击房地产投机行为，还能调节贫富差距，增加地方财政收入，为保障性住房建设提供资金。⑥

有学者认为，在新时代，随着我国社会主要矛盾发生变化，住房已

---

① 李德智、朱丽菲、杜静：《多中心治理视野下国内外保障性住房供应机制研究进展》，《现代城市研究》2015年第6期。

② 吴宾、徐萌、张春军：《整体性治理视角下住房保障管理跨部门协同机制研究》，《山东农业大学学报》（社会科学版）2017年第4期。

③ 汪建强：《合作治理与中国住房体系多元化改革》，《社科纵横》2014年第12期。

④ 王振坡、施淑芳、王丽艳：《政府与市场关系视角下住房问题治理对策研究》，《中国房地产》2014年第16期。

⑤ 顾昕、杨艺：《让互动/协作治理运作起来：荷兰的住房协会与社会住房的提供》，《广东社会科学》2019年第1期。

⑥ 王志刚：《治理我国房地产泡沫的政策建议》，《经济研究参考》2017年第71期。

经由绝对短缺转为相对短缺。包括保障性住房在内的住房建设,极大地缓解了住房供需矛盾,人们对良好居住环境和优质住房的需求不断提高。因此,要构建多主体参与的住房治理结构,保障性住房治理需要发挥政府的推动作用,同时鼓励市场要素和社会组织(非营利性组织)参与其中,以增强保障性住房福利的可持续性。[①]

有学者指出,住房"租购同权"政策是社会治理的一次影响深远的重大变革,是促进公共服务均等化,进而实现社会公平的重要途径。[②] 有学者认为,中华人民共和国成立70多年来,在我国城市发展的不同阶段,保障性住房缓解了城市人口聚集导致的居住困难问题,并从住房保障对象、住房保障方式、住房保障区位、住房建设标准等方面对保障性住房发展的内在动因及趋势进行了探讨,提出从增量和存量两个角度缓解城市保障性住房建设中的人地矛盾,构建"智能互联+邻里互动+多元协同"的治理机制,推动城市保障性住房治理现代化。[③]

还有一些学者对国外的住房治理情况进行研究。例如,美国政府针对19世纪后半期城市贫民窟蔓延、投机房普遍等城市住房问题,采取了贫民窟清理与改造、模范住房开发、城市住房立法等治理活动,在增加城市住房供应、提升城市居民居住质量、规范城市住房标准等方面发挥了积极作用。但由于历史的局限性,美国政府在这一时期的城市住房治理活动并没有有效改善或解决美国城市住房问题,并没有惠及城市低收入群体。其中的主要原因在于政府干预仅局限在规范城市住房市场,而住房市场各主体拒绝联邦政府的直接干预和相关补贴。[④]

二 相关研究评议

上述相关研究从公共管理学等不同学科领域对政府与市场关系、住

[①] 武中哲:《从单位到社区:住房保障进程中的治理结构转型》,《山东社会科学》2021年第6期。

[②] 罗锐:《社会治理视域下住房"租购同权"政策理念探析》,《湖北大学学报》(哲学社会科学版)2019年第4期。

[③] 赵万民、王智、王华:《我国保障性住房政策的演进趋势、动因及协调机制》,《规划师》2020年第11期。

[④] 李莉:《19世纪后半期美国城市住房治理研究》,《求是学刊》2021年第2期。

房公平、城市保障性住房政策、城市住房治理进行了研究,提出了一些新的理论观点与研究视角。其一,从新的研究观点来看,一些学者提出,住房不平等由住房权利不平等、住房空间不平等转向住房财富不平等,住房不平等会导致较严重的阶层分化,住房发展的"GDP"主义和住房保障的"救济"主义导致我国城市住房供应结构失衡,长辈对晚辈购买住房的资金支持和房产实物赠予支持对住房不平等的影响也日渐凸显,打破政府对一级土地市场的垄断格局才能有效破解土地财政依赖,采取区域差别化的住房政策以预防房价上涨,从而避免加剧家庭之间财富的不平等。其二,从新的研究视角来看,一些学者更重视从多视角研究问题,这比传统单一分析视角更全面、更宏观,能有效避免研究的单一性、片面性与主观性。

但相关研究也存在一些需要改进的地方。一是从不同角度研究城市保障性住房治理与住房政策较多,但系统研究成果的不多。二是从单一主体研究城市保障性住房治理与住房政策较多,对如何促进多元主体共同参与城市保障性住房治理与住房政策研究较少。三是从单一学科研究城市保障性住房治理与住房政策较多,跨学科、多学科视角研究较少。目前很多关于城市保障性住房治理与住房政策的研究成果都是单学科的碎片化的研究,很少能从不同学科对同一问题进行研究。城市保障性住房治理与住房政策研究是多学科、跨领域的交叉研究,需要管理学、政治学、经济学、社会学等学科的交流、对话与互融,以此避免单学科研究的缺陷,形成学术研究的合力。四是"现实性"研究较多,"价值性"研究较少。针对城市保障性住房治理面临的具体现实问题,不少学者对城市保障性住房政策创新提出对策建议,但对城市住房可能导致的城市社会价值混乱与居民价值观变化,很少有学者进行充分关注。五是对城市保障性住房机制的研究较多,对城市保障性住房政策创新的研究较少。不能对城市保障性住房政策进行创新,只对其中的边缘机制进行改善与调整,是不可能从根本上推进城市住房治理的深刻变革。六是对国外城市治理经验"移植"多,对与我国现实情况进行"结合""培植"的研究比较少。

第三章

理论框架与行为分析

第一节 "主体—维度"协同理论框架的构建

理论框架也称为理论分析框架或分析框架,是类似于形式逻辑的类型或模式,目的是将关键要素关系进行理论化。理论框架在提供标准、发现事实、评估价值、组织证据等方面有着重要作用,缺乏理论框架,很多差异特征就会隐匿起来而难以被发现。[1] 从学术研究的过程来看,理论框架是通过阅读、吸收和借鉴理论文献而建立,是对相关学术研究基础的融合,对经验世界和理论世界的探索,对理论设计、研究工具和研究思路的整合。[2] 当研究者进行理论研究时,理论框架所确认的关键因素有助于研究者分析和解决面临的问题。[3]

一 "主体—维度"协同理论框架的构建依据

一般来说,构建理论框架有以下要求:关键概念应清楚界定;因果联系应清晰确定;分析框架应有着明确的内外要求,既要保持内部一致性又要保持较为广泛的外部使用范围。[4] 理论框架构建的有效性标准主要

---

[1] 张静:《社会转型研究的分析框架问题》,《北京大学学报》(哲学社会科学版)2019年第3期。

[2] 罗梁波、颜昌武:《从单一性到复合化:中国公共管理研究的现实与未来》,《政治学研究》2018年第5期。

[3] [美]保罗·A. 萨巴蒂尔:《政策过程理论》,彭宗超、钟开斌等译,生活·读书·新知三联书店2004年版,第53页。

[4] [美]保罗·A. 萨巴蒂尔:《政策过程理论》,彭宗超、钟开斌等译,生活·读书·新知三联书店2004年版,第11页。

包括：能否为相关理论问题的解释或实践问题的解决提供关键理论因素？能否促进理论知识的增长？能否对重要问题有更为合理的解释或更为重要的发现？① 就本著作来说，理论框架构建的依据主要包括以下几个方面。

（一）城市保障性住房与协同治理具有高度契合性

协同治理作为公共管理领域新兴的理论，本质上是指政府、市场和社会等治理主体通过协调彼此关系、协同相互行动、耦合系统结构与共享治理资源来弥补单一治理主体在资源、信息、执行力等方面的不足，以尽量低的治理成本实现最大化的治理效能。协同治理已为区域环境治理、食品安全治理、城市社区治理等公共问题治理提供了重要理论基础和分析工具。协同治理理论与城市保障性住房问题有着重要的契合，为解决城市保障性住房存在的问题提供了新的研究视角与分析工具，具有很强的理论解释力与现实说服力。

第一，在问题的公共性方面。协同治理被应用到社会公共领域的原因主要在于单一治理主体无法解决日益复杂的公共问题。多主体协同发力、合作治理是治理理论与实践的必然选择。城市保障性住房是涉及城市居民安居乐业等切身利益的私人问题，更是影响社会和谐、牵涉政府行政责任、彰显公平正义的公共问题。

第二，在主体的多元性方面。协同治理理论认为，在当代社会，任何一个组织或行为体都不可能拥有单独实现治理目标的资源和能力，多元主体的资源共享、行为互动、价值交融可以提高治理绩效。城市保障性住房涉及中央政府、城市政府、城市保障性住房开发建设企业、商业银行、城市住房保障对象等主体，不同主体在利益诉求、行为方式、价值理念等方面呈现出多元化特点，城市保障性住房治理需要上述主体的共同参与、协调行动。

第三，在客体的复杂性方面。协同治理本身就是因为单一治理无法应付复杂的客体而产生的，目的是集合多方面的资源、整合各主体的能力，凝聚合力推动复杂问题的解决。城市保障性住房涉及中央政府的以

---

① ［美］保罗·A. 萨巴蒂尔：《政策过程理论》，彭宗超、钟开斌等译，生活·读书·新知三联书店2004年版，第90页。

人民为中心的理念、城市政府的政绩、城市保障性住房开发建设企业和商业银行的利润、城市居民的幸福生活，其复杂性超过了很多公共问题。

第四，在要素的互动性方面。协同治理是以整体性的视角看待复杂的客体，认为客体的内部各要素是共荣共生、相互影响的关系。各要素之间既有合作也有竞争，既有协同也有差异。通过各要素的有效互动，实现整体大于局部之和的治理效果。城市保障性住房涉及政府与市场等主体、土地与资金等要素、创造政绩与追求利润等需求，撇开任何一个方面，都无法顺利推进城市保障性住房问题的解决。城市保障性住房问题的理性出路在于妥善照顾各方的利益诉求，促进各主体的合作与各要素的合作，以协同治理实现利益协同。

第五，在过程的动态性方面。客体的复杂性决定了协同治理过程不可能是一成不变的，如果不能根据治理过程的新动态进行调整，协同治理是无法进行下去的，所谓"协同"也是有名无实。城市保障性住房受国家宏观经济情况、政府行政理念、城市保障性住房开发建设企业经营状况、商业银行盈亏状况、城市居民消费能力以及社会舆论情况等影响很大，由此也决定了城市保障性住房治理过程中的"变数"较多，要根据城市保障性住房出现的新情况、新问题采取相应的治理举措，调整各主体之间的关系，优化配置资源，减小相互间的阻力。

第六，在目标的效益性方面。协同治理的最终目的在于统合各个治理主体，凝聚多方合力，发挥资源配置的最大效力，以实现单一主体治理无法实现的最大化利益。城市保障性住房涉及城市住房困难群体的居住权益、城市保障性住房开发建设企业和银行的利润、城市政府的政绩与财政收入。在城市保障性住房治理的最终目标上，只追求某一主体的利益而损害另一主体的权益，将无法有效解决城市保障性住房问题。只有各个治理主体彼此理解、相互协作，才能实现各方都能接受的公共利益最大化。

总之，协同治理理论内在蕴含的问题公共性、主体多元性、客体复杂性、要素互动性、过程动态性和目标效益性等特征，与城市保障性住房问题的社会关注度高、涉及多个治理主体、牵涉政治经济等多方面多领域、住房问题变化快和本质上属于公共问题等具有很高的契合度。因此，以协同治理理论作为分析城市保障性住房问题的理论基础，将有助于剖析城市保障性住房问题的内在症结，找到解决城市保障性住房问题的突破口。

基于城市保障性住房与协同治理有着高度的契合性，本著作提出城市保障性住房协同治理的概念，即中央政府、城市政府、城市保障性住房开发建设企业、商业银行、城市住房保障对象等主体，通过竞争与合作、监督与信任、角力与互动等方式，发挥各自优势，放弃各自狭隘利益，有效配置相关资源，积极稳妥解决城市保障性住房存在的问题，最终实现公共利益最大化的过程。

（二）城市保障性住房治理需要多主体协同、多维度审视

第一，从治理对象的复杂程度来看。城市保障性住房治理是个复杂、系统的工程，涉及政府与市场多个主体，政治、经济、社会多个领域，宏观、中观、微观多个维度。这些因素之间既相互制约又相互促进，彼此似乎没有直接联系又牵一发而动全身。

第二，从治理历史的经验教训来看。城市保障性住房治理大多只从一个维度寻找问题、发现问题、分析问题、解决问题，常常是这个维度的问题解决了，但别的维度的问题依然存在。结果是城市保障性住房治理并没有达到预期的效果。

第三，从治理主体的能力结构来看。近年来，国家着力推进治理能力现代化，城市政府的治理能力有了很大的提升，市场各主体的依法办事意识、尊重市场规律意识得到增强，政府与市场已具备从多维的角度推进城市保障性住房协同治理的能力。

因此，不能从一个维度研究城市保障性住房协同治理，应通过多维度的视角，把各个杂乱无序的要素梳理整合起来，促进城市保障性住房协同治理走向由简单到高效、由无序到有序、由随机到规范、由静态对立到动态协调的现代化治理。

二 "主体—维度"协同理论框架的主要内容

城市保障性住房协同治理包括两个层面的内容，一是政府与市场各个主体之间的协同；二是城市保障性住房政策制定、开发建设、分配入住、管理监督等过程与城市住房相关主体利益的协同。前者可称为城市保障性住房治理的主体协同，后者可称为城市保障性住房治理的维度

协同。

(一)"政府—市场"主体分析视域

城市保障性住房涉及政府与市场两大主体。政府主体①包括中央政府和城市政府,市场主体②包括城市保障性住房开发建设企业、商业银行和城市住房保障对象。上述城市保障性住房主体组成三类协同关系,即政府各主体的协同关系、市场各主体的协同关系、政府与市场各主体的协同关系。政府各主体的协同关系包括中央政府与城市政府的协同关系;市场各主体的协同关系包括中央政府与城市保障性住房开发建设企业的协同关系、中央政府与商业银行的协同关系、中央政府与城市住房保障对象的协同关系;政府与市场各主体的协同包括城市政府与城市保障性住房开发建设企业的协同关系、城市政府与商业银行的协同关系、城市政府与城市住房保障对象的协同关系、城市保障性住房开发建设企业与商业银行的协同关系、城市保障性住房开发建设企业与城市住房保障对象的协同关系、商业银行与城市住房保障对象的协同关系。这十组协同关系形成了城市保障性住房的"政府—市场"主体分析视域。

(二)"过程—利益"维度分析视角

城市保障性住房协同治理既是历史、动态的发展过程,也是具体、现实利益的博弈与合作。从过程视角来看,城市保障性住房的现实问题经历从普遍存在到比较突出到得到缓解的过程,城市保障性住房的具体政策经历从初步制定、不够完善到逐步完善的过程。从利益视角来看,城市保障性住房涉及中央政府与城市政府的利益、中央政府与城市保障性住房开发建设企业的利益、中央政府与商业银行的利益、中央政府与城市住房保障对象的利益、城市政府与城市保障性住房开发建设企业的利益、城市政府与商业银行的利益、城市政府与城市住房保障对象的利益、城市保障性住房开发建设企业与商业银行的利益、城市保障性住房开发建设企业与城市住房保障对象的利益、商业银行与城市住房保障对

---

① 本著作中的政府作为治理主体,既包括中央政府和作为地方政府的城市政府,也包括中央政府和城市政府的组成部门、直属机构、特设机构等。

② 本著作遵循学术惯例,对提及的部分市场主体,如《人民日报》等文献中的一些城市住房开发建设企业、城市保障性住房租赁企业、城市住房保障对象等信息进行匿名化处理。需要说明的是,本著作以匿名化方式处理相关信息是建立在原初资料完全真实的基础之上。

象的利益。

城市保障性住房协同治理是治理主体协同与治理维度协同共同作用的结果。城市保障性住房治理的主体协同是城市保障性住房协同治理的基础与前提，决定了城市保障性住房协同治理的性质、程度和范围。城市保障性住房治理的维度协同是治理主体协同的主动选择，对城市保障性住房治理成效有着促进或阻碍的作用（见图3—1）。

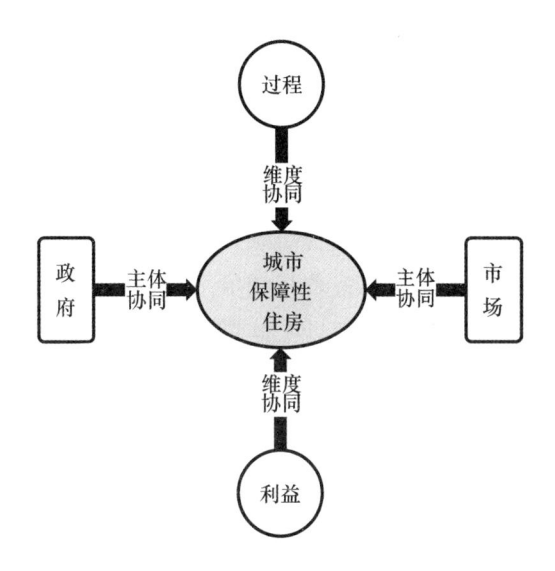

图3—1　"主体—维度"协同理论框架

资料来源：作者制作。

三　"主体—维度"协同理论框架的适用条件

上述基于"政府—市场"主体分析视域和"过程—利益"维度分析视角的"主体—维度"协同的理论框架需要具备以下适用条件。

（一）稳定的政治经济环境

稳定的政治经济环境是指国家政治形势保持稳定、经济发展保持良好状态。可以说，稳定的政治经济环境是国家发展、人民幸福的重要保障。没有国家政治形势的稳定，城市居民便不可能有安居的社会基础，没有国家经济的平稳增长，城市居民就没有安居的物质条件。

城市保障性住房是人民安居乐业的必需品，城市保障性住房问题不仅是简单的民生问题，也是关系经济发展、政府责任、社会稳定和城市居民对政府认同的政治问题，受到国家政治经济体制、法律法规体系、金融税收制度的影响很大。实现"居者有其居""居者优其屋"是执政党和政府义不容辞的政治责任，也是经济发展的重要民生内容。

城市保障性住房治理是国家治理的有机组成部分，与国家政治经济环境密切相关。推进城市保障性住房协同治理，政府主体与市场主体要恪守其位、各司其职、各负其责，这就需要有稳定的政治环境与平稳的经济增长速度，让人民对国家的未来发展有着良好预期，对依法治国、依法行政、市场经济规律心存敬畏，对"房子是用来住的"有认同感。

（二）成熟的资源配置机制

成熟的资源配置机制是实现国家治理现代化的基础，长期以来，与住房相关的词汇除了房价就是调控。调控是政府运用财政、金融、税收等政策工具对住房市场各主体关系和住房市场问题进行调节和干预，虽然政府调控有利于矫正畸形的市场主体结构、理顺市场要素关系，但也说明资源配置机制出现了一定程度的失效与失灵。

长期以来，我国城市保障性住房资源配置主要由政府主导，这在一定程度上对城市保障性住房的发展有着重要推动作用。但政府直接配置市场资源会扭曲城市保障性住房资源配置机制，导致城市保障性住房的建设、分配、维护都产生了严重的行政依赖。

在住房市场资源配置机制不够规范的情况下，一些房地产开发商利用城市政府创造政绩、增加财政收入的心理，追求城市住房市场的高额利润，造成炒房与买房并存、供给与消费错位、市场与民意相悖的畸形住房市场，影响了城市居民正常的居住需求。推进城市保障性住房协同治理，要让市场各主体对市场经济规律有足够的敬畏，对政府的"有形之手"进行约束，防止市场的失序、失控和政府的越位、缺位。

（三）理性的社会公众心理

包括城市保障性住房在内的城市住房问题在一定程度上与社会公众的非理性心理有着密切的关系，主要表现在以下几个方面。

第一，面子心理。面子是人的心理状态、精神需求、尊卑感受的总体反映，是人们在相互交往中个人情感的外在体现。理解了面子的真实内涵，就能理解很多人的行为。房子大小与多少代表了一个人的能力，是一个人成功与否的象征，更是一个人属于什么样的社会阶层的标志。如果一个人的同事、朋友、亲戚买了房而自己却没有买，他就会感觉没面子，于是无论有多大困难，借外债、贷款都要买房子。

第二，安全心理。中国传统文化重视家庭，而家庭最重要的象征是有属于自己的房子。在房价高企的今天，大部分年轻人很难工作几年就能买得起房子。但对处于婚恋中的年轻人而言，大部分青年尤其是女青年认为有房才有家，年轻人结婚一定要购买一套属于自己的住房，婚房成为推高房价的因素之一。

第三，从众心理。听同事、朋友、亲戚说在某小区买的房不错，在没有仔细鉴别和客观判断住房质量和小区环境后，盲目跟风购房。

第四，超前消费心理。中国人有着勤俭节约、量入为出的消费习惯，但住房彻底改变了中国人的消费观念和消费习惯，很多人在自己的孩子读书时，就给孩子提前买好将来工作和结婚用的房子。

上述几种心理对城市房价的上涨和城市住房市场的发展起到了推波助澜的作用，加大了城市保障性住房协同治理的难度。为了准确判断城市住房形势，制定有效的治理措施，社会公众应该理性认识城市住房的现状，正确认识城市保障性住房协同治理的作用和意义。

第二节　政府与市场的行为分析

城市保障性住房涉及的主体主要包括政府和市场。政府主体主要是指中央政府（国家、社会与人民的公共利益代表者，包括国务院组成部门、直属机构、特设机构等组织机构）、城市政府（城市居民与城市政府的自身利益代表者，包括城市政府组成部门、直属机构、特设机构等组织机构）。市场主体主要是指城市保障性住房开发建设企业、商业银行、城市住房保障对象。

一　政府的行为分析

（一）中央政府的行为分析

中央政府作为全体人民利益的代表，既要推动国民经济健康持续发展和财政收入稳定增长,又要维护社会和谐稳定,促进社会公平正义,中央政府要制定全国性的城市保障性住房开发、建设、分配政策以及相关财政、土地、金融等政策,并对上述政策执行情况进行监督。具体来说,中央政府的行为主要表现为以下几个方面。

第一,针对全国城市住房保障面临的问题,按照国家经济发展水平和财政可承担程度,制定全国性的城市保障性住房基本政策以及相关财政、土地、税收等优惠政策,并对城市保障性住房政策过程进行监督。

相关案例:

2007年8月,《国务院关于解决城市低收入家庭住房困难的若干意见》(国发〔2007〕24号)指出,住房问题是重要民生问题,改善群众居住条件、解决城市居民住房问题是城市住房制度改革的根本目的。要坚持立足我国国情、满足基本居住需求,政府主导、社会参与,统筹规划、分步解决,统一政策、因地制宜,省级负总责、市县抓落实的基本原则,加大解决城市低收入家庭住房困难问题的工作力度,改进和规范城市经济适用房制度,建立和健全城市廉租住房制度,加大对旧住房区和棚户区的改造力度,实现显著改善城市低收入家庭住房条件的目标。[1]

2014年3月,《财政部、住房城乡建设部关于印发〈中央财政城镇保障性安居工程专项资金管理办法〉的通知》(财综〔2014〕14号)决定,从2014年开始,将中央补助公共租赁住房专项资金、中央补助廉租住房保障专项资金以及中央补助城市棚户区改造专项资金,一起归为中央财政城镇保障性安居工程专项资金。专项资金要按照各地区年度城镇低收入住房保障家庭租赁补贴户数、筹集公共租赁住房套数和城市棚户区改造户数三项因素以及相应权重,结合财政困难状况进行分配。[2]

---

[1] 《国务院关于解决城市低收入家庭住房困难的若干意见》,《中华人民共和国国务院公报》2007年第26期。

[2] 《关于印发〈中央财政城镇保障性安居工程专项资金管理办法〉的通知》,http://zhs.mof.gov.cn/zhengcefabu/201404/t20140404_1064142.htm.

2021年6月，《国务院办公厅关于加快发展保障性租赁住房的意见》（国办发〔2021〕22号）对人口净流入的大城市和省级人民政府确定的城市如何进一步完善土地支持政策提出了具体要求：一是经城市政府同意，在充分尊重农民集体意愿的前提下，探索利用集体经营性建设用地开发建设保障性租赁住房的机制，农村集体组织可以通过自行建设、联合经营、入股等方式参与保障性租赁住房的建设和运营，集体经营性建设用地使用权可以用来办理抵押贷款。二是经城市政府同意，在权属不变、符合规划、满足安全要求以及尊重群众意愿的前提下，允许企事业单位依法取得使用权的土地用于建设保障性租赁住房，在变更土地用途时不用补缴土地价款，允许土地使用权人自行建设或与其他市场主体合作建设保障性租赁住房。三是经城市政府同意，在确保安全的原则下，对产业园区工业项目总用地面积中配套建设行政办公及生活服务设施的用地面积占比上限由7%提高到15%（建筑面积占比上限相应提高），面积提高部分主要用于建设（宿舍型而非成套型）保障性租赁住房。四是经城市政府同意，对于商业办公、科研、教育、旅馆、厂房、仓储等非居住存量房屋中低效利用和闲置的部分，在符合权属不变、规划方案、尊重群众意愿、满足安全需要的前提下，允许改建为保障性租赁住房。在用作保障性租赁住房期间，不变更土地使用性质，不用补缴土地价款。五是要按照职住平衡原则，提高保障性租赁住房用地在住房用地中的供应比例，主要安排在城市建设重点片区、轨道交通站点附近和产业园区及周边。[1]

第二，根据城市保障性住房需求情况和住房开发建设企业经营能力，制定全国性的城市保障性住房开发建设企业参与保障性住房开发、建设政策并对执行情况进行监督。城市保障性住房开发建设企业的行为表现为以追求利润为主要目标，建设符合城市规划的住房。

---

[1] 《国务院办公厅关于加快发展保障性租赁住房的意见》，《中华人民共和国国务院公报》2021年第20期。

相关案例：

2011年4月，国务院国有资产监督管理委员会办公厅印发的《关于积极参与保障性住房开发建设有关事项的通知》（国资厅发规划〔2011〕28号）要求：房地产开发企业要充分利用各地在保障性住房财政贴息、土地供应、投资融资、税费等方面的优惠政策，将保障性住房开发与商业性房地产开发结合起来。工程建设企业要发挥自身在企业规模、建设质量和行业信誉等方面的优势，积极参与和承担保障性住房项目建设。建材企业要为各地保障性住房建设提供质优价廉的建筑材料。在保障性住房开发建设中，要坚持质量第一，强化对各个环节的过程管理。①

第三，根据国家宏观经济情况、金融系统经营状态和城市保障性住房开发建设主体偿还贷款能力，制定全国性的商业银行参与或支持保障性住房开发、建设、分配政策并对执行情况进行监督。

相关案例：

支持银行业金融机构向保障性租赁住房自持主体和改建、改造存量房屋形成非自有产权保障性租赁住房的住房租赁企业提供商业贷款。支持银行业金融机构以发行金融债券的方式募集资金，以用于发放保障性租赁住房贷款。支持企业发行公司债券、企业债券、非金融企业债务融资工具等公司信用类债券，用来建设和运营保障性租赁住房。支持商业保险资金以市场化原则参与开发和建设保障性租赁住房。②

第四，根据城市困难群体的住房总体需求特点和需求总量、政府财政支持能力、国家宏观经济情况，制定全国性的城市住房保障对象购买

---

① 《关于积极参与保障性住房开发建设有关事项的通知》，http://www.sasac.gov.cn/n2588035/n2588320/n2588335/c20180434/content.html。
② 《国务院办公厅关于加快发展保障性租赁住房的意见》，《中华人民共和国国务院公报》2021年第20期。

或租赁保障性住房政策并对执行情况进行监督。

相关案例：

2007年8月，《国务院关于解决城市低收入家庭住房困难的若干意见》（国发〔2007〕24号）要求，要严格做好保障性住房申请人的家庭收入、住房状况等内容的调查与审核工作，健全保障性住房轮候制度，加强廉租住房的年度复核工作，完善保障性住房退出机制。增强保障性住房工作的纪律性，坚决查处保障性住房申请、审核和分配过程中存在的弄虚作假等各种违法、违纪和违规行为。[1]

（二）城市政府的行为分析

作为地方政府的城市政府，在城市保障性住房政策体系中，既是保障性住房制度和政策的执行者和落实者，又是保障性住房房源的组织者和调控者；既是保障性住房开发和建设资金的规划者和筹集者，又是保障性住房政策执行的监督者和管理者。贯彻落实中央政府制定的城市保障性住房的政策是城市政府必须履行的行政责任和义务。[2] 总的来说，城市政府拥有城市区域公共利益的实现者与城市政府自身利益的维护者双重身份，因此，在城市保障性住房政策执行方面，城市政府常处于矛盾状态。

作为城市区域公共利益的实现者，城市政府要贯彻中央政府城市保障性住房政策，制定城市保障性住房政策具体落实方案，为城市保障性住房开发、建设提供财政资金、土地资源和税费优惠政策等方面的支持。推动城市保障性住房项目的建设与开发，防止商品化住房无序发展影响城市住房市场的稳定。同时，城市政府加强对城市保障性住房的分配与管理，为城市中低收入群体和住房困难家庭提供基本住房保障，促进城市社会的和谐。

---

[1] 《国务院关于解决城市低收入家庭住房困难的若干意见》，《中华人民共和国国务院公报》2007年第26期。

[2] 刘雪明、魏景容：《地方政府执行保障性住房政策研究述评》，《社会保障研究》2012年第6期。

作为城市政府自身利益的维护者，大部分城市政府都能正确处理好中央政府关于保障性住房政策要求和本市经济社会实际情况之间的关系，但也有少数城市政府重视短期的经济绩效超过长期的社会效能，个别城市政府重视暂时的个人利益超过长远的公共利益。这主要是因为，城市保障性住房开发、建设、分配等工作绩效并没有被完全纳入现行政绩考核机制和财政激励机制，在城市政府官员晋升的各项权重中影响有限，由此导致作为地方政府的城市政府缺乏贯彻中央政府关于保障性住房政策、推进城市保障性住房建设的积极性。[1]

相关案例：

在我们这样的中小城市，既要按照中央和省里要求，做好市民的住房保障工作，又要在周边各个城市竞相发展的竞争格局中，取得良好的经济发展成绩，总的来看，还是有一定的难度，怎么处理两者之间的关系，对于我们来说，还需要进一步思考。（访谈记录[2]：Q20200810，地处 Q 市某高校研究人员 A[3]）

稀缺的土地资源是城市财政的重要来源，在财政收益最大化和晋升权重最优化动机的驱动下，城市政府往往选择在城市边缘地带规划和建设保障性住房。[4] 对于大中城市特别是城市中心城区来说，城市土地资源更为稀缺，导致作为地方政府的城市政府面临着保障性住房划拨用地和商品性住房出让用地之间的两难选择：前者是中央政府要求必须完成的行政责任，但会导致失去一定的土地收益；后者能为城市带来高额的财

---

[1] 李勇辉、林森、刘孟鑫：《土地财政、地方政府行为激励与保障性住房供给》，《湘潭大学学报》（哲学社会科学版）2020 年第 4 期。

[2] 本著作按照半结构式访谈法进行访谈，即事先有一定的访谈预设，但并没有设置固定的访谈提纲和访谈问题，而是根据访谈情境的变化与访谈对象进行平等交流和对话。

[3] 考虑到城市保障性住房政策问题的重要性、对访谈对象身份的保密要求等原因，本著作严格遵循相关学术惯例，对运用访谈法涉及的城市、访谈对象个人信息等进行匿名化处理。本著作将访谈内容的文字记录进行编码整理，遵循的规则如下："访谈记录：城市+访谈日期，被访谈人员身份+英文字母代码"，例如"访谈记录：X20200101，住房和城乡建设局工作人员 Y"，表示该访谈记录来自作者 2020 年 1 月 1 日在 X 市对住房和城乡建设局工作人员 Y 的访谈。

[4] 严荣：《保障性住房建设：地方政府的行为逻辑》，《现代经济探讨》2014 年第 10 期。

政收入，但会导致城市住房等民生问题更为突出。①

在短期的经济绩效与长期的社会效能产生冲突，暂时的个人利益与长远的公共利益出现矛盾时，城市政府在没有明显违背中央政府制定和颁布的保障性住房政策的情况下，往往维护的是短期的经济绩效和暂时的个人利益。在执行中央政府制定的保障性住房政策时，作为地方政府的城市政府往往会从本地区和本部门的利益出发，对保障性住房政策的精神实质或相关内容进行权衡和取舍。② 甚至有少数或个别城市政府对中央政府制定和颁布的保障性住房政策采取选择性应付③、变通化执行④、波动性执行⑤、模糊化执行⑥、片面化执行⑦等应对方式。

二 市场的行为分析

（一）城市保障性住房开发建设企业的行为分析

在城市保障性住房开发建设过程中，企业在政府要求或认可下，利用政府的资金补贴、税费优惠等政策，进行城市保障性住房的开发建设。⑧ 具体来说，城市保障性住房开发建设企业主要包括三种类型。

一是国有或私营大型房地产开发建设企业。这类企业品牌价值高，市场影响大，有着丰富的企业管理经验和成熟的成本控制机制。因此，这类企业能够在利润率较低的城市保障性住房开发建设中获得超出平均水平的利润。

---

① 程大涛：《住房用地二元体制下地方政府建设保障房动力机制研究》，《浙江学刊》2013年第4期。
② 刘雪明、魏景容：《地方政府执行保障性住房政策研究述评》，《社会保障研究》2012年第6期。
③ 杨爱平、余雁鸿：《选择性应付：社区居委会行动逻辑的组织分析——以G市L社区为例》，《社会学研究》2012年第4期。
④ 刘鹏、刘志鹏：《街头官僚政策变通执行的类型及其解释——基于对H县食品安全监管执法的案例研究》，《中国行政管理》2014年第5期。
⑤ 陈家建、张琼文：《政策执行波动与基层治理问题》，《社会学研究》2015年第3期。
⑥ 崔晶：《基层治理中政策的搁置与模糊执行分析——一个非正式制度的视角》，《中国行政管理》2020年第1期。
⑦ 昌硕：《"脱贫不脱政策"的片面执行何以发生？——基于河南省4个脱贫摘帽村的分析》，《北京行政学院学报》2021年第4期。
⑧ 齐锡晶、刘乃畅、陈浩然：《开发企业参建模式下保障性租赁住房的综合效益评价研究》，《建筑经济》2022年第S1期。

二是隶属城市政府的国有房地产企业。这类企业由于自身的身份属性等因素，需要承担和完成政府下达的保障性住房开发建设任务。国有企业有着从发展规划、项目设计到工程施工等环节齐全的优势，能够在保障性住房开发建设中控制成本，获取较高利润。

三是中等规模的私营房地产开发建设企业。这类企业由于自身企业规模、管理经验和成本控制能力比不上上述第一类企业，因此，它们主要开发建设地处城市郊区的保障性住房，并从中获取一定的利润。

与单纯由政府运作保障性住房的开发建设模式相比，企业参与城市保障性住房的开发建设具有以下两个方面的优势。一是与政府部门相比，城市保障性住房开发建设企业有融资渠道广、运营效率高等优势，可以在较短时间内有效解决开发建设资金不足与城市保障性住房需求巨大之间的矛盾。[1] 二是有利于发挥城市保障性住房开发建设企业作为"专业的人做专业的事"的优势，提高保障性住房政策的执行效果和项目的开发建设效率。[2]

对于企业来说，参与城市保障性住房的开发建设有着以下四个方面的好处。

第一，为改善和解决城市住房困难群体居住问题作出贡献，使城市政府能更好地执行保障性住房政策，维护城市社会的公正，促进城市阶层之间的和谐，有助于企业树立良好的社会形象。

第二，既帮助城市政府解决了部分保障性住房的开发建设问题，又履行了城市保障性住房开发建设企业的社会责任，有助于促进企业和政府关系融洽，有利于企业与政府进一步开展合作。[3]

第三，通过参与城市保障性住房的开发建设，企业可以提高工作质量和工作效率，使得专业人才得到锻炼，增强企业在房地产市场中的竞

---

[1] 王琨：《保障性住房建设运营中的企业参与问题研究》，《城市发展研究》2013年第3期。

[2] 齐锡晶、刘乃畅、陈浩然：《开发企业参建模式下保障性租赁住房的综合效益评价研究》，《建筑经济》2022年第S1期。

[3] 王琨：《保障性住房建设运营中的企业参与问题研究》，《城市发展研究》2013年第3期。

争力。[1]

第四，对于房地产开发商来说，尽管城市保障性住房建设开发的利润率较低，但住房需求的目标群体明确。在有政府财政政策、税费政策支持的情况下，保障性住房项目利润稳、风险小，与前景不明的商品性住房市场相比，保障性住房开发建设利润更为稳定。[2]

> 相关案例：
> 现在房地产行业已经比不上前些年了，开发建设利润差了很多。企业积极参与城市保障性住房的开发建设，既是企业在房地产市场供需状况变化下的无奈选择，也是企业积极应对挑战、承担社会责任的主动作为。（访谈记录：N20220318，某住房开发企业工作人员B）

当然，企业参与城市保障性住房开发建设要面临以下几个方面的风险。一是资金是否充足的风险。企业参与城市保障性住房开发建设要有充足资金支持，经济适用房、限价房、定向安置房在开发建成之后就可以销售，并且不太可能存在无法销售出去的状况，但公租房和廉租房则需要由企业长期运营或者由政府回购。如果是由企业长期运营的话，则需要企业有充足资金以应对较长的投资回收期导致的资金周转问题。二是成本能否得到控制的风险。保障性住房开发建设时间比较长，利润率比较低。如果企业开发建设成本控制能力较弱，有可能不能盈利甚至亏损。三是政府是否违约的风险。企业如果以代建的方式参与城市保障性住房的建设，对企业来说虽然资金压力比较小，却面临政府能否履行代建合同并如期回购的风险。如果保障性住房项目如期建成，但政府由于财政困难等原因无法按照合同约定向企业支付回购款，企业就要面对政

---

[1] 秦远海：《国有房地产开发企业进行保障性住房开发建设的思考》，《房地产世界》2021年第2期。

[2] 王建英：《保障性住房政策的制定对房地产行业的影响分析——以河南省为例》，《特区经济》2011年第2期。

府违约导致的企业管理和运营风险。[①]

因此,企业在参与城市保障性住房开发建设时应对自身实力和面临风险进行客观评估和理性考量,选择参与合适的保障性住房的开发建设,既能更好地服务城市社会和城市居民,又能实现企业自身利益的最大化。[②]

(二) 商业银行的行为分析

商业银行的行为表现为向城市保障性住房开发建设企业提供开发贷款和向城市住房保障对象提供贷款,分享城市保障性住房开发建设中的利益,商业银行在我国城市保障性住房开发建设中扮演着资金支持者和利润分享者的双重角色。多年来,商业银行为城市保障性住房提供商业贷款支持,为解决城市住房困难群体的住房问题作出了一定的贡献。

> 相关案例:
> 2006年以来,在内蒙古自治区经济适用住房、棚户区改造廉租住房、公共租赁住房、城中村改造等保障性住房建设项目开发建设中,国家开发银行内蒙古分行积极提供融资支持,覆盖范围包括内蒙古自治区的12个盟市和101个旗县(市、区)。截至2010年年底,国家开发银行内蒙古分行已向内蒙古自治区保障性住房项目共发放81.98亿元贷款,其中已发放15.80亿元的经济适用住房项目贷款、50.26亿元的棚户区改造项目贷款以及15.92亿元的廉租住房项目贷款。[③]

为了激发商业银行参与城市保障性住房开发建设和运营管理的积极性、主动性,推动商业银行更好地为城市住房保障工作提供服务,中央政府和一些地方政府出台了相关政策。

[①] 王琨:《保障性住房建设运营中的企业参与问题研究》,《城市发展研究》2013年第3期。

[②] 武向阳:《保障性住房建设运营中的企业参与问题分析》,《中国集体经济》2015年第27期。

[③] 《国家开发银行内蒙古分行全力支持自治区保障性住房建设》,《内蒙古自治区人民政府公报》2011年第17期。

相关案例：

2010年6月，《山西省人民政府关于加快保障性住房建设促进房地产市场平稳健康发展的通知》（晋政发〔2010〕17号）要求，银行等金融机构要加大对全省各地区保障性住房建设的信贷支持力度，积极向符合贷款条件的保障性住房项目提供商业贷款，探索在有条件的地区建立贷款担保机制，引导信贷资金投入保障性住房项目。①

2011年8月，《中国人民银行 中国银行业监督管理委员会关于认真做好公共租赁住房等保障性安居工程金融服务工作的通知》（银发〔2011〕193号）要求，对于实行公司化管理、商业化运作、项目资本金足额到位、项目自身现金流能够满足贷款本息偿还要求的政府投资建设的公共租赁住房项目，各银行业金融机构要按照信贷风险管理有关要求，直接发放贷款予以支持。②

2011年9月，贵州省人民政府办公厅转发省城镇保障性安居工程建设工作联席会议《关于加快发展公共租赁住房的实施意见》（黔府办发〔2011〕109号），该政策文件鼓励银行在风险可控的前提下向公共租赁住房投融资主体发放商业贷款，探索建立公共租赁住房贷款风险补偿和分担机制，引导信贷资金投入公共租赁住房项目。③

2014年至2016年，山东省各相关商业银行积极以信用贷款支持该省的棚户区改造工作，每年分别授信445亿元、655亿元、964亿元，发放贷款130亿元、309亿元、659亿元。截至2016年年底，山东全省棚改项目累计获得银行授信2064亿元，实际发放贷款1098亿元。④

2016年，中国农业银行已经与北京、天津、南京、成都等多个

---

① 《山西省人民政府关于加快保障性住房建设促进房地产市场平稳健康发展的通知》，《山西政报》2010年第13期。
② 《中国人民银行 中国银行业监督管理委员会关于认真做好公共租赁住房等保障性安居工程金融服务工作的通知》，http://www.pbc.gov.cn/tiaofasi/144941/3581332/3586885/index.html。
③ 《省人民政府办公厅转发省城镇保障性安居工程建设工作联席会议关于加快发展公共租赁住房的实施意见的通知》，《贵州省人民政府公报》2011年第14期。
④ 《山东棚户区改造项目融资规模突破1000亿元》，http://www.gov.cn/xinwen/2017-02/25/content_5170965.htm。

省（直辖市）的保障性住房建设主体建立了长期稳定合作关系，支持了天津公共租赁住房建设项目、云南公共租赁住房省级统贷建设项目等省级重点项目。截至 2016 年 11 月末，中国农业银行为保障性安居工程提供超过 400 亿元的贷款，比上一年同比增加 43 亿元。①

2020 年 5 月，中国建设银行在北京举行支持发展政策性租赁住房签约仪式，决定将提供不少于 1900 亿元的贷款，支持广州、济南、杭州、苏州、郑州、福州 6 个城市在未来三年内以市场化运作方式筹集政策性租赁住房约 80 万套（间）。②

截至 2021 年年末，平安银行对公房地产贷款余额为 2889.23 亿元，较 2020 年年末增加 169.60 亿元，在该行发放贷款和垫款本金总额中的占比为 9.4%。③

随着城市保障性住房政策的不断完善，我国已经建成包括经济适用房、公共租赁住房、廉租房、限价房、共有产权住房五种类型在内的住房保障体系。在保障性住房中，经济适用房和限价房有着一定的商品性住房特点，销售收入能够有效抵扣贷款本息，有着相对较大的盈利空间，在开发建设等方面有相对成熟的机制，容易获得商业银行贷款的支持。④而公共租赁住房由于项目资金回收周期长，现金流难以覆盖住房贷款本息，导致项目融资成本高、收益低、风险大，对商业银行参与公共租赁住房开发建设产生了一定的制约作用。⑤ 由此导致商业银行的贷款主要用于经济适用房、限价房和棚户区改造房。对于公共租赁住房，商业银行一般采取严控风险、谨慎介入的应对方案。⑥

---

① 岑婷婷、闫峰：《农业银行信贷支持保障房建设出新政》，《中国城乡金融报》2015 年 12 月 28 日第 A1 版。

② 张忠山：《中国建设银行支持发展政策性租赁住房签约仪式在京举行》，《中国建设报》2020 年 5 月 11 日第 1 版。

③ 陆宇航：《银行业持续优化住房金融服务》，《金融时报》2022 年 3 月 18 日第 4 版。

④ 胡吉亚、胡海峰：《对保障性住房建设融资问题的思考》，《理论探索》2020 年第 2 期。

⑤ 张漫游：《坚持房住不炒 金融合力支持保障性租赁住房》，《中国经营报》2022 年 3 月 7 日第 B5 版。

⑥ 蒋和胜、王波：《"十二五"以来我国保障性住房资金来源渠道分析》，《宏观经济研究》2016 年第 4 期。

相关案例：

虽然保障性住房稳定性比较好，在还款方面有政府相关政策支持，但对于像我们这样的中小银行来说，能否获得较大的利润决定着企业的生存和发展。特别是一些规模小、利润低、还款期限长的保障性住房项目，我们并不是很愿意参与。（访谈记录：J20190523，某商业银行工作人员C）

保障性租赁住房的开发建设需要大量的资金支持，城市政府由于财政支出压力较大，在保障性租赁住房资金支持力度方面往往力不从心。为了推动商业银行加大支持保障性租赁住房开发建设的力度，国家相关部门有针对性地制定和颁布了相关政策文件。

相关案例：

2022年1月，中国人民银行、银保监会发布《关于保障性租赁住房有关贷款不纳入房地产贷款集中度管理的通知》（银发〔2022〕30号），要求不得将银行业金融机构向持有保障性租赁住房项目认定书的保障性租赁住房项目发放的有关贷款纳入房地产贷款集中度管理。银行业金融机构要坚持风险可控、依法合规、商业可持续的原则，加大支持保障性租赁住房开发建设的力度。[①]

2022年2月，中国银保监会、住房和城乡建设部发布《关于银行保险机构支持保障性租赁住房发展的指导意见》（银保监规〔2022〕5号），要求银行等金融机构按照依法合规、商业可持续、风险可控的原则，以不断增强人民群众获得感、安全感、幸福感为工作的落脚点，将支持保障性租赁住房开发建设、装修运营作为推进共同富裕的重要举措，进一步加强对保障性租赁住房开发建设运

[①] 《关于保障性租赁住房有关贷款不纳入房地产贷款集中度管理的通知》，http://www.gov.cn/zhengce/zhengceku/2022-02/10/content_5672858.htm。

营的金融支持。①

受到商品性住房市场变化的影响,商业银行涉及住房的信贷业务呈现大幅下降态势。保障性租赁住房是我国"十四五"乃至未来一段时间内保障性住房发展的重要形式。为保障性租赁住房提供贷款支持,既符合中央政府保障性住房政策要求,又能更好实现城市居民对美好居住生活的向往;既能拓展商业银行业务范畴,又能促进商业银行形成新的利润增长点。②

(三)城市住房保障对象的行为分析

保障性住房的对象主要是城市中等偏下收入住房困难家庭、城市符合条件的新市民、青年人等群体。③ 城市住房保障对象的行为表现为通过交付资金或者通过向商业银行贷款的方式租住或购买保障性住房。依据城市经济发展水平、住房保障能力和城市住房状况,城市住房保障对象在不同城市有着不同标准。

相关案例:

2002年12月,《重庆市人民政府关于印发重庆市城镇廉租住房保障办法(试行)的通知》(渝府〔2002〕205号)指出,廉租住房保障政策是社会保障体系的重要组成部分,对维护社会稳定具有重要的意义,实施廉租住房保障是重视、关心住房困难等弱势群体的一项民心工程,提出争取在5年内,为全市人均住房使用面积在6平方米以下的家庭和领取最低生活保障金的无房户提供廉租住房保障。④

2004年11月,长沙市人民政府印发的《长沙市城市最低收入家

---

① 《中国银保监会,住房和城乡建设部.关于银行保险机构支持保障性租赁住房发展的指导意见》,https://www.mohurd.gov.cn/ztbd/bzxzlzfgz/zybmwj/202202/20220225_764651.html.

② 张漫游:《缓解短期融资压力 房贷集中度管理再优化》,《中国经营报》2022年2月14日第B4版。

③ 凡是在城市工作、生活,无论有无城市户籍的城市居民都属于本研究中的城市住房保障对象。

④ 《重庆市人民政府关于印发重庆市城镇廉租住房保障办法(试行)的通知》,《重庆市人民政府公报》2002年第24期。

庭住房保障管理办法》（长政发〔2004〕46号）将最低收入家庭住房保障方式确定为以发放租赁住房补贴为主，以租金核减、实物配租为辅，最低收入家庭享受租赁住房补贴保障面积标准为每人11平方米，最低收入家庭享受租金核减、实物配租的住房保障面积标准为每人不大于11平方米。①

2005年，对人均居住面积7平方米以下的城市最低收入家庭，广州实现了住房保障应保尽保。2006年，广州开工建设4个政府保障性住房项目，这些住房项目全部由政府投资（其中廉租住房的投资为18亿元，约占当年土地出让净收益的25%，远高于国家5%的比例要求），建筑面积共有61.3万平方米，可供应近8000套住房。②

2009年9月，《重庆市人民政府办公厅关于将城市廉租住房保障范围扩大到城市低收入住房困难家庭的通知》（渝办发〔2009〕308号）决定，从2009年起，重庆市廉租住房保障对象由城市最低收入住房困难家庭扩展到城市低收入住房困难家庭，低收入家庭住房困难标准为人均使用面积在10平方米（建筑面积在13平方米）以下。③

自20世纪90年代中期以来，商品性住房市场中的大户型、中等户型的住房日益增多，而小户型的住房日益减少甚至逐渐消失，这抬高了城市居民解决居住问题或改善居住条件的门槛，一些中低收入家庭无法分享城市住房市场的发展成果④，成为需要政府予以政策支持的住房保障对象。对于城市住房保障对象来说，由于自身收入较低，难以承受城市高昂的房价，于是他们要将收入中的较大一部分用来支付房租，这就降低了其他方面的消费支出，影响了生活质量。随着城市住房租金的不

---

① 《长沙市人民政府关于印发〈长沙市城市最低收入家庭住房保障管理办法〉的通知》，http://www.changsha.gov.cn/szf/zfgb/2004/0416/200710/t20071017_9345.html.

② 王楚、刘泰山、徐辉、李刚：《广州构建住房保障体系 努力调控房价过快上涨》，《广州政报》2007年第23期。

③ 《重庆市人民政府办公厅关于将城市廉租住房保障范围扩大到城市低收入住房困难家庭的通知》，《重庆市人民政府公报》2009年第20期。

④ 王鹏：《上海市中低收入家庭的住房承受能力与城市居住问题》，《住宅科技》2006年第3期。

断上涨，他们要么继续压缩其他方面的经济支出以缴纳更高的房租，要么为了较低的租金而在城市偏远地区租房，这些都给工作、生活带来了极大的不便。

相关案例：

我在一家私企工作，每月不到4000元，爱人做街道清洁的，才2000元一个月。两边的老人身体都不好，需要定期到医院检查、吃药。小孩在读初中，马上要上高中，要花更多钱了。现在爷爷奶奶和我们同住，城里房子租金太贵了，没办法，我们就租住在偏远的城区，就是每天上班路远不少。（访谈记录：N20220726，某城区居民D）

具体来说，在选择城市保障性住房时，不同的住房保障对象有着不一样的考量。

第一，对于未婚或已婚无孩的城市无房青年来说，虽然1室1厅等小户型的保障性住房能够暂时缓解单身或夫妻的住房需求，但随着单身青年结婚或夫妻有了小孩，他们对住房面积和住房条件的需求就会发生变化。同时，他们不可能在较短时间内申请到面积更大、条件更适合的保障性住房。在这种情况下，曾经已被解决住房困难问题的住房保障对象又成为新的住房困难群体。

第二，对于已婚、有未成年子女但无老人共同居住的城市住房困难家庭来说，未成年子女的学习空间、休息场所和成长环境是解决住房问题的首要考虑。父母在自身最大能力范围内，甚至不惜以借钱举债的方式租住面积更大、设施更齐全、条件更好的保障性住房，尽可能为子女提供良好的学习和成长环境。

第三，对于已婚、有未成年子女也有老人共同居住的城市住房困难家庭来说，除了养育未成年子女，为老人提供宜居的住房是家庭的重要责任，多户型的保障性住房是这些家庭的首选，但保障性住房很少有三房、四房的多户型房源。

第四，对于已婚但子女已经独立生活，并且没有老人共同居住的城市住房困难家庭来说，保障性住房的地理位置、户型大小、配套设施并不是选房的最重要条件，租金是否低廉是夫妻二人选房时要考虑的首要因素。对于已婚但子女已经独立生活，并且有老人共同居住的城市住房困难家庭来说，在选择保障性住房时，需要考虑老人就医是否方便、出行是否便利等因素。

第四章

城市保障性住房政策演进与现实挑战

第一节 城市保障性住房政策演进与特征

中华人民共和国成立 70 多年来,我国综合国力实现飞跃式提升,经济社会发生巨大变化,人民生活水平得到极大改善,城市保障性住房也随着国家的发展而发展。

一 城市保障性住房政策演进历程

(一)为城市居民提供基本住房保障(1949—1977 年)

中华人民共和国成立之后,在城市住房领域实行社会主义改造,城市私人房产逐渐被收为国有。同时,城市全面建立以"住房产权公有、实物分配、低租金使用"[1]为特征的职工住房福利分配制度,政府承担起为城市居民提供住房的责任,通过城市居民所在单位为城市居民提供住房保障,职工依据行政级别与工龄,缴纳很低的租金就能获得相应层级住房的居住权。城市政府制定住房福利分配制度,尽可能让所有城市居民都享有住房,保障了城市居民最基本的住房需求。但由于国家财力有限,城市居民居住的福利房面积狭窄,配套设施简陋,宜居性比较差,常常出现一家几代人挤在几间小房子的情况。而且,城市居民在区位、户型上缺少可供比较、选择的房源,基本都是住在一个单位的"大院"

---

[1] 李勇军、周惠萍:《公共政策》,浙江大学出版社 2013 年版,第 303 页。

里面。由于福利分房与城市居民的单位紧密联系在一起，人走房退，不利于人才的流动与人力资源的配置，抑制了社会活力与创造力。在福利房具体分配过程中也存在利用权力进行寻租的现象，影响了干群关系。

（二）以优惠政策为城市困难居民提供住房（1978—1990年）

1978年推行的改革开放政策为推进城市住房改革工作和做好城市住房保障工作提供了有利的时机。一方面，城市住房条件简陋、住房供应紧张的情况十分明显；另一方面，大量知青返城、城市化建设导致住房需求日益旺盛，城市住房建设和保障工作被纳入改革事业的重要组成部分。1978年，邓小平同志就城市住房建设和保障工作作出指示："解决住房问题能不能路子宽些，譬如允许私人建房或者私建公住，分期付款。把个人手里的钱动员出来，国家解决材料，这方面潜力不小。"①

1980年1月，《红旗》杂志发表的《怎样使住宅问题解决得快些》一文指出，住房是个人消费品的重要组成部分，应该走商品化道路，这从理论上为城市住房改革寻找突破口。②1980年4月，邓小平同志对城市住房改革问题作出明确指示，要考虑城市建筑住房、分配房屋的一系列政策。城镇居民个人可以购买房屋，也可以自己盖。不但新房子可以出售，老房子也可以出售，可以一次付款，也可以分期付款，10年、15年付清。③1980年6月，中共中央、国务院批转国家建委的《全国基本建设工作会议汇报提纲》，正式允许实行住房商品化政策，个人可以新建、购买住房。自此，我国城市住房制度正式以文件的形式拉开了改革的序幕。④

1982年，党中央、国务院在郑州、常州等4个城市，开展住房补贴出售试点，把城市住房由原来的无偿分配改为补贴出售，政府、单位、个人各承担房价的三分之一。⑤1985年7月，《国务院、中央军委批转民政部、总政治部关于妥善解决未随军的军队干部家属住房困难问题的请

---

① 参见国务院经济体制改革办公室《中国经济体制改革年鉴1999》，中国经济体制改革年鉴编辑部2000年版，第461页。
② 苏星：《苏星经济文选》，中国时代经济出版社2011年版，第7页。
③ 《邓小平同志关于建筑业和住宅问题的谈话》，《人民日报》1984年5月15日第1版。
④ 郑功成：《中国社会保障30年》，人民出版社2008年版，第221页。
⑤ 张丹丹、贾忠革：《房地产法律法规》，中国轻工业出版社2016年版，第3页。

示的通知》（国发〔1985〕97）要求，各地区、各部门、各单位要从支持军队和国防建设的大局出发，积极解决未随军的军队干部家属住房困难问题。对于城镇地区的未随军的军队干部家属，其住房条件低于本单位同等条件职工的，应积极予以调整解决。[①]

1986年1月，国务院成立"住房制度改革领导小组"，负责领导和协调全国的住房改革、建设和保障工作。由于不少单位承受不起日益沉重的住房补贴，1986年3月，城乡建设环境保护部颁布《关于城镇公房补贴出售试点问题的通知》（〔86〕城住字第94号），明确禁止贱价出售城市公共住房，随后全国各个城市逐渐停止了补贴和贱价出售公共住房。[②] 这一阶段城市住房改革虽然没有触动我国计划经济时代城市住房制度的根本弊端，但拉开了城市住房制度改革的序幕，为后来我国城市住房改革、建设和保障工作营造了社会舆论氛围，奠定了基本制度框架。

1988年1月，国务院召开第一次全国住房制度改革工作会议，将住房改革正式纳入中央和地方的改革计划。会议认为，城市住房制度改革既能正确引导城市居民形成合理的消费结构，又能减少城市住房领域的不正之风。[③] 为了积极稳妥推动全国城镇住房改革工作，1988年2月，《国务院关于印发在全国城镇分期分批推行住房制度改革实施方案的通知》（国发〔1998〕11号）决定，用3—5年的时间，分期分批在全国城镇推进住房制度改革。对少数生活困难家庭，可按照其家庭人均面积的不同情况，一定时期（如3年）内对住房租金实行减、免、补助等政策。[④]

1988年2月，国务院办公厅转发《国务院住房制度改革领导小组鼓励职工购买公有旧住房意见的通知》（国办发〔1998〕13号），规定以优惠价向拥有城镇户口的职工出售公有旧住房，并免征一次性契税和房产税。卖给本单位职工的单位自管住房，可以采取委托银行贷款或本单位

[①] 《民政部、总政治部关于妥善解决未随军的军队干部家属住房困难问题的请示（摘要）》，《中华人民共和国国务院公报》1985年第22期。

[②] 郑功成：《中国社会保障30年》，人民出版社2008年版，第392页。

[③] 朱汉国等：《当代中国社会史》第5卷，四川人民出版社2019年版，第2221页。

[④] 《国务院关于印发在全国城镇分期分批推行住房制度改革实施方案的通知》，《中华人民共和国国务院公报》1988年第6期。

分期付款的办法。① 1988 年 4 月,第七届全国人民代表大会第一次会议批准了国务院机构改革方案,撤销城乡建设环境保护部,成立建设部。1988 年 6 月,建设部印发《关于制止贱价出售公有旧住房的紧急通知》(建房字〔1988〕70 号),要求坚定不移推进向个人出售公有住房,切实做到有组织、有计划地进行,坚决杜绝以贱价出售公有住房等不正之风,对违规违纪行为进行清理并追究相关人员的责任。② 1988 年 12 月,全国人民代表大会常务委员会通过的《关于修改〈中华人民共和国土地管理法〉的决定》提出,国有土地和集体所有土地的使用权可以依法有偿转让,这为城市住房发展提供了法律制度保证。③

1990 年 8 月,国家计划委员会、建设部、中国人民建设银行、国家审计署、国家统计局和国家物价局联合发布《关于加强商品住宅建设管理的通知》(计投资〔1990〕1090 号),规定开发区总建筑面积 20 万平方米以上或总投资 1 亿元以上须报国家计划委员会批准,对单位的计划外项目,或擅自出售计划外商品住房,或自行提高商品住房价格等行为,要视情节轻重给予通报批评、罚款以及行政处分。④ 1990 年 9 月,《建设部、全国总工会关于印发解决城镇居住特别困难户住房问题的若干意见的通知》(建房字〔1990〕446 号)指出,1989 年全国城市有 540 万户住房困难户,其中将近 50 万户为人均居住面积为 2 平方米(国际规定的最低标准)以下的居住特困户,要求 50 万人口以上的大城市与有 1000 户以上居住特困户的中小城市都要成立"解决住房困难问题领导小组",建立"解困"责任制,推行一系列"解困"政策,力争在 1992 年基本解决城市居住特困户的住房问题。⑤

---

① 《国务院办公厅关于转发国务院住房制度改革领导小组鼓励职工购买公有旧住房意见的通知》,《中华人民共和国国务院公报》1988 年第 6 期。

② 《建设部关于制止贱价出售公有住房的紧急通知》,https://www.mohurd.gov.cn/gongkai/zhengce/zhengcefilelib/200110/20011023_157590.html。

③ 《全国人民代表大会常务委员会关于修改〈中华人民共和国土地管理法〉的决定》,《中华人民共和国国务院公报》1988 年第 27 期。

④ 《关于加强商品住宅建设管理的通知》,https://zjw.sh.gov.cn/wjhb/20180912/0011-28472.html。

⑤ 《建设部、全国总工会关于印发解决城镇居住特别困难户住房问题的若干意见的通知》,https://www.mohurd.gov.cn/gongkai/zhengce/zhengcefilelib/200110/20011029_157603.html。

(三) 大力发展城市经济适用房 (1991—2001 年)

为了继续推进城市住房改革、建设和保障工作，1991 年 6 月，《国务院关于继续积极稳妥地进行城镇住房制度改革的通知》（国发〔1991〕30 号）指出，住房制度改革是人民群众十分关注的重大问题，是我国经济体制改革的重要组成部分，根本目的是不断改善住房条件，缓解居民住房的困难。国家、集体、个人三方共同承担住房建设资金，积极支持集资建房和合作建房，大力发展经济适用房，对无房户和住房困难户的住房问题要优先解决。[1] 1991 年 10 月，《国务院办公厅转发国务院住房制度改革领导小组关于全面推进城镇住房制度改革意见的通知》（国发〔1991〕73 号）提出了城镇住房改革的总目标和分阶段目标，要求紧紧围绕"解危""解困"的目标，重点工作是解决人均居住面积在 3—4 平方米以下的住房困难户住房问题、无房户住房问题以及危险住房问题，实现人均住房面积达到 7.5 平方米的改革目标。[2]

1992 年 1—2 月，邓小平同志发表南方谈话。在政治上解放思想、经济上放开搞活的有利环境下，城市住房建设得到迅速发展，大量住房项目开工建设，城市住房价格连连上涨，这一方面推动了城市住房建设的进度，改善了城市居民住房条件，但也造成了城市住房规划不合理、城市住房市场不规范、城市住房保障工作发展滞后等问题。在全国城市住房发展保持良好势头的情况下，1994 年 7 月，《国务院关于深化城镇住房制度改革的决定》（国发〔1994〕43 号）要求，各地人民政府务必重视解决中低收入家庭的住房问题，加快经济适用住房的开发和建设。对于经济适用住房建设项目，要在发展规划、土地划拨、征地拆迁、税费减免等方面给予政策扶持。经济适用住房要占房地产开发公司每年建房总量的 20% 以上。对离退休职工、教师和住房困难户，各省、自治区、直辖市人民政府制定建房和售房等方面的具体优先安排办法。[3]

1996 年 8 月，国务院办公厅转发的《国务院住房制度改革领导小组

---

[1] 《国务院关于继续积极稳妥地进行城镇住房制度改革的通知》，https://www.mohurd.gov.cn/gongkai/fdzdgknr/zgzygwywj/200107/20010725_155398.html。

[2] 《国务院办公厅转发国务院住房制度改革领导小组关于全面推进城镇住房制度改革意见的通知》，《中华人民共和国国务院公报》1991 年第 46 期。

[3] 《国务院关于深化城镇住房制度改革的决定》，《广西政报》1994 年第 9 期。

关于加强住房公积金管理意见的通知》（国办发〔1996〕35 号）明确提出，住房公积金可定向用于城市经济适用住房（包括安居工程住房）建设专项贷款以及单位购买、建造职工住房专项贷款，① 为住房公积金服务城市保障性住房建设提供了制度依据。1998 年 5 月，中国人民银行颁布的《个人住房贷款管理办法》（银发〔1998〕190 号）规定，个人住房贷款不得用于购买豪华住房，但用于城镇居民修房、自建住房贷款等保障用途的，可以参照本办法执行。② 1998 年 7 月，《国务院关于进一步深化城镇住房制度改革加快住房建设的通知》（国发〔1998〕23 号）提出，深化城镇住房制度改革的目标之一是建立和完善以经济适用住房为主的多层次城镇住房供应体系，由政府或单位为最低收入家庭租赁提供廉租住房，重点发展经济适用住房，降低经济适用住房建设成本。③

在 2000 年 2 月举办的全国危旧房改造及房地产工作座谈会上，国家建设部负责人表示，政府对经济适用房不收土地出让金，并给予各种行政事业费减免等政策。因此，经济适用房属于准商品性住房，必须对其销售对象、销售价格、住房面积标准制定必要的规定。该负责人强调，经济适用住房的受惠对象为中低收入家庭，其面积界定在解决基本居住需求，其销售价格不能由开发建设单位自行决定而必须由政府进行管理。④

2000 年 9 月，为了维护军队转业干部切身利益、促进军队建设，《国务院办公厅　中央军委办公厅关于印发军队转业干部住房保障办法的通知》（国办发〔2000〕62 号）明确提出，要采取购买经济适用住房等方式为军队转业干部提供住房保障，安置地人民政府或接收安置单位应坚持选址合理、质量可靠、设施配套的基本原则，为军队转业干部提供经

---

① 《国务院办公厅转发国务院住房制度改革领导小组关于加强住房公积金管理意见的通知》，《中华人民共和国国务院公报》1996 年第 25 期。
② 《关于颁布〈个人住房贷款管理办法〉的通知》，《中华人民共和国国务院公报》1998 年第 13 期。
③ 《国务院关于进一步深化城镇住房制度改革加快住房建设的通知》，《中华人民共和国国务院公报》1998 年第 17 期。
④ 《国家对经济适用房销售有新规定》，《云南政报》2000 年第 5 期。

济适用住房或周转住房房源。①

(四)积极探索城市保障性住房政策(2002—2011年)

2006年7月,《财政部 建设部 国土资源部关于切实落实城镇廉租住房保障资金的通知》(财综〔2006〕25号)要求,把落实城镇廉租住房保障资金这项扶助社会弱势群体的惠民政策真正做好,对于挤占、截留、挪用城镇廉租住房保障资金的,要依法追究相关人员的责任。② 为了支持中西部财政困难地区及新疆生产建设兵团做好廉租住房保障工作,2007年10月,财政部印发《中央廉租住房保障专项补助资金实施办法》(财综〔2007〕57号),对中央廉租住房保障专项补助资金的分配和计算、拨付和使用、监督和管理等作出明确规定,要求按照财政困难程度、上年度廉租住房保障工作进展情况计算分配中央廉租住房保障专项补助资金,其中财政困难程度占30%,上年度廉租住房保障工作进展情况占70%。③

2007年8月,《国务院关于解决城市低收入家庭住房困难的若干意见》(国发〔2007〕24号)对国务院有关部门提出了工作要求:建设部要会同发展改革委、财政部、国土资源部抓紧完善城市廉租住房和经济适用住房的管理办法,民政部要会同有关部门尽快制定城市低收入家庭的资格认定办法,财政部要会同建设部、民政部抓紧制定城市廉租住房保障专项补助资金实施办法,发展改革委、建设部要抓紧制定对中西部财政困难地区新建城市廉租住房项目的支持办法,财政部、税务总局要尽快研究制定城市廉租住房和经济适用住房建设以及住房租赁的税收支持政策,中国人民银行要会同建设部、财政部抓紧研究对城市廉租住房和经济适用住房建设的金融支持办法。④ 2007年9月,《财政部关于贯彻落实国务院关于解决城市低收入家庭住房困难若干意见的通知》(财综

---

① 《国务院办公厅 中央军委办公厅关于印发军队转业干部住房保障办法的通知》,《广西政报》2000年第34期。

② 《财政部 建设部 国土资源部关于切实落实城镇廉租住房保障资金的通知》,《中华人民共和国财政部文告》2006年第7期。

③ 《财政部关于印发〈中央廉租住房保障专项补助资金实施办法〉的通知》,《中华人民共和国财政部文告》2007年第12期。

④ 《国务院关于解决城市低收入家庭住房困难的若干意见》,《中华人民共和国国务院公报》2007年第26期。

〔2007〕53号）要求，各级财政部门围绕当地人民政府制定的解决城市低收入家庭住房困难的目标和工作任务，按照《国务院关于解决城市低收入家庭住房困难的若干意见》（国发〔2007〕24号）规定的渠道积极筹措所需资金，并将其纳入公共财政覆盖范围。① 2007年10月，财政部印发的《廉租住房保障资金管理办法》（财综〔2007〕57号）对资金来源、资金使用、预算管理、资金拨付、决算管理和监督检查等作出了明确的规定。②

2007年10月，党的十七大报告提出了包括"住有所居"在内的"以改善民生为重点的社会建设"目标③，为进一步做好城市保障性住房工作指明了方向。为了逐步解决城市低收入家庭住房困难问题，2007年11月，建设部等国务院组成部门公布了《廉租住房保障办法》（建设部令第162号），把城市范围界定为城市和县人民政府所在地的镇，明确要求用于廉租住房保障资金的土地出让净收益比例不能低于10%，对廉租住房建设用地进行规划和布局，应充分考虑和照顾城市低收入和住房困难家庭的居住和就业的便利。④

2008年12月，《国务院办公厅关于促进房地产市场健康发展的若干意见》（国办发〔2008〕131号）对保障性住房建设提出了明确要求：要"加大保障性住房建设力度，进一步改善人民群众的居住条件"，"多渠道筹集建设资金，增加保障性住房供给"，"对符合贷款条件的保障性住房建设项目，商业银行要加大信贷支持力度"，"地方各级人民政府要确保保障性住房建设用地供应"。⑤ 为了进一步贯彻国务院相关政策，2009年5月，住房城乡建设部、发展改革委、财政部印发的《2009—2011年廉租住房保障规划》（建保〔2009〕91号）指出：截至2008年年底，全国

---

① 《财政部关于贯彻落实国务院关于解决城市低收入家庭住房困难若干意见的通知》，http://zhs.mof.gov.cn/zhengcefabu/200805/t20080523_34073.htm.
② 《财政部关于印发〈廉租住房保障资金管理办法〉的通知》，《黑龙江政报》2007年第22期。
③ 中共中央文献研究室编：《十七大以来重要文献选编》（上），中央文献出版社2009年版，第29页。
④ 《廉租住房保障办法》，《中华人民共和国国务院公报》2008年第17期。
⑤ 《国务院办公厅关于促进房地产市场健康发展的若干意见》，《广西壮族自治区人民政府公报》2009年第6期。

还有747万户城市低收入住房困难家庭的基本住房问题需要解决。要综合考虑城市低收入住房困难家庭的困难程度、家庭数量、住房支付能力以及财政承受能力等因素,确定住房保障的目标和任务。2009年要解决260万户城市低收入住房困难家庭的住房问题(包括新增177万套廉租住房的房源和新增83万发放租赁补贴的家庭),2010年要解决245万户城市低收入住房困难家庭的住房问题(包括新增180万套廉租住房的房源和新增65万发放租赁补贴的家庭),2011年要解决204万户城市低收入住房困难家庭的住房问题(包括新增161万套廉租住房的房源和新增43万发放租赁补贴的家庭)。商业银行要加大对符合贷款条件的廉租住房建设和棚户区改造项目的信贷支持力度。[①]

为了支持利用住房公积金发展保障性住房,2009年10月,住房和城乡建设部等7个部委印发的《利用住房公积金贷款支持保障性住房建设试点工作实施意见》(建金〔2009〕160号)要求,"试点工作以城市为单位进行,由试点城市人民政府负总责","在优先保证职工提取和个人住房贷款、留足备付准备金的前提下,可将50%以内的住房公积金结余资金贷款支持保障性住房建设","用住房公积金闲置资金发放的保障性住房建设贷款,必须定向用于经济适用住房、列入保障性住房规划的城市棚户区改造项目安置用房、特大城市政府投资的公共租赁住房建设,禁止用于商品住房开发和城市基础设施建设"。[②] 2010年3月,财政部印发的《利用住房公积金发放保障性住房建设贷款财务管理办法》(财综〔2010〕12号)对利用住房公积金发放保障性住房建设贷款的审核与发放、贷款业务收入和支出等内容作出明确规定。[③] 2010年10月,《财政部 发展改革委 住房城乡建设部关于保障性安居工程资金使用管理有关问题的通知》(财综〔2010〕95号)要求,从2010年起,在完成当年廉租住房保障任务的前提下,各地可以将住

---

① 《住房城乡建设部 发展改革委 财政部关于印发2009—2011年廉租住房保障规划的通知》,《中华人民共和国国务院公报》2009年第25期。
② 《关于利用住房公积金贷款支持保障性住房建设意见》,http://www.gov.cn/jrzg/2009-10/16/content_1441826.htm。
③ 《财政部关于印发〈利用住房公积金发放保障性住房建设贷款财务管理办法〉的通知》,《海南省人民政府公报》2010年第18期。

房公积金增值收益中计提的廉租住房保障资金，统筹用于本地的公共租赁住房开发、建设和管理。①

2011年10月，在《国务院关于城镇保障性住房建设和管理工作情况的报告》中，住房和城乡建设部负责人报告了我国住房保障工作的相关情况。总的来说，我国住房保障工作还处在积极探索阶段，存在住房保障制度不够健全、政策不够完善、管理不到位、实施过程不规范的问题。据调查，截至2010年年底，住房不成套、设施简陋的城镇低收入和少量中等偏下收入家庭仍有2000多万户，其中1000多万户居住在破旧拥挤、厨卫设施不全，甚至存在安全隐患的棚户区中。此外，我国每年新增城镇人口1500多万，城镇新就业职工和常住外来人口的住房困难问题日益突出。②

（五）基本形成城市住房保障政策体系（2012年至今）

2012年6月，财政部印发的《中央补助廉租住房保障专项资金管理办法》（财综〔2012〕42号）要求，在优先满足发放廉租住房租赁补贴的前提下，专项资金可用于购买、改建或租赁廉租住房的支出。购买廉租住房的可以是新房，也可以是旧房。在完成当年廉租住房保障任务的情况下，经同级财政部门的批准，可以将廉租住房保障专项资金用于公共租赁住房的购买、新建、改建或租赁。③ 2012年6月，《住房城乡建设部 发展改革委 财政部 国土资源部 人民银行 税务总局 银监会关于鼓励民间资本参与保障性安居工程建设有关问题的通知》（建保〔2012〕91号）指出，要鼓励和引导民间资本通过直接或间接投资、参股、委托代建等方式参与廉租住房、经济适用住房、公共租赁住房、限价商品性住房和棚户区改造房等保障性安居工程建设，并按照规定或者合同约定的租金标准、住房价格向政府核准的住房保障对象出

---

① 《财政部 发展改革委 住房城乡建设部关于保障性安居工程资金使用管理有关问题的通知》，《海南省人民政府公报》2011年第3期。

② 《国务院关于城镇保障性住房建设和管理工作情况的报告——2011年10月25日在第十一届全国人民代表大会常务委员会第二十三次会议上》，http://www.npc.gov.cn/npc/c12491/201110/b66027353f00496a900f9628ff14f2b7.shtml.

③ 《财政部关于印发〈中央补助廉租住房保障专项资金管理办法〉的通知》，《中华人民共和国国务院公报》2012年第29期。

租或出售。①

2012年11月，党的十八大报告提出要建立"市场配置和政府保障相结合的住房制度"②，这为我国住房制度改革指明了方向，也明确了政府在保障性住房开发、建设和管理中的职责。2013年1月，《住房城乡建设部办公厅关于贯彻实施〈住房保障档案管理办法〉的意见》（建办保〔2013〕4号）提出，住房保障档案管理是住房保障的一项基础性工作，作为住房保障制度建设的重要内容，建立住房保障档案管理制度关系住房保障资源分配使用的公平公正公开，关系政府的执行力和公信力，关系城镇住房困难群体的切身利益，关系城镇住房保障事业的健康发展。随着住房保障覆盖面的不断扩大，住房保障档案资料也迅速增加，加强和规范档案管理任务非常艰巨。③ 2013年4月，《住房城乡建设部关于做好2013年城镇保障性安居工程工作的通知》（建保〔2013〕52号）要求，在2013年，要完成基本建成470万套、新开工630万套的城镇保障性安居工程建设任务，各省（自治区、直辖市）住房城乡建设（住房保障）部门要会同相关部门尽快将确定的年度建设任务落实到具体项目，抓紧开展立项选址、勘察设计、征收补偿、办理施工手续等前期工作，完善民间资本参与租赁型保障性住房建设和运营的体制和机制，探索建立政府监管、市场运作的保障性住房管理制度。④

2014年3月，国务院法制办向社会各界全文公布《城镇住房保障条例（征求意见稿）》及其说明并征求社会各界的意见，这是从法律法规层面规范城镇住房保障工作程序、提高城镇住房保障工作质量的重要举

---

① 《住房城乡建设部 发展改革委 财政部 国土资源部 人民银行 税务总局 银监会关于鼓励民间资本参与保障性安居工程建设有关问题的通知》，《中华人民共和国国务院公报》2012年第29期。

② 中共中央文献研究室编：《十八大以来重要文献选编》（上），中央文献出版社2014年版，第29页。

③ 《住房城乡建设部办公厅关于贯彻实施〈住房保障档案管理办法〉的意见》，https://www.mohurd.gov.cn/gongkai/fdzdgknr/tzgg/201301/20130131_212731.html。

④ 《住房城乡建设部关于做好2013年城镇保障性安居工程工作的通知》，https://www.mohurd.gov.cn/gongkai/fdzdgknr/tzgg/201304/20130409_213368.html。

措。① 2015年2月，财政部、住房城乡建设部印发的《城镇保障性安居工程财政资金绩效评价暂行办法》（财综〔2015〕6号）要求，绩效评价要以预算的年度为周期，对预算年度内的各地区城镇保障性安居工程项目管理、资金管理、项目效益等情况进行评价，在年度城镇保障性安居工程财政资金绩效评价的基础上，适时开展以数个预算年度为周期的中期绩效评价。②

2016年5月，《国务院办公厅关于加快培育和发展住房租赁市场的若干意见》（国办发〔2016〕39号）对公共租赁住房保障工作的目标进行了规划：到2020年，基本形成主体多元供应、经营服务规范、租赁关系稳定的住房租赁市场体系，基本形成保基本、促公平、可持续的公共租赁住房保障体系，基本形成政府监管有力、市场规则明晰、权益保障充分的住房租赁法规制度体系，实现住有所居的目标。③ 2016年12月，中央经济工作会议提出"房子是用来住的、不是用来炒的"④，进一步明确了住房的居住属性。2017年1月，财政部、住房城乡建设部印发的《中央财政城镇保障性安居工程专项资金管理办法》（财综〔2017〕2号）要求，中央财政通过专项转移支付安排，用于支持各地发放租赁补贴、城市棚户区改造及公共租赁住房建设的专项资金的使用，要按照核准的各地区年度租赁补贴户数、城市棚户区改造套数、绩效评价结果等因素和相应权重，结合各地财政困难程度进行分配。⑤

2017年10月，党的十九大报告再次强调"坚持房子是用来住的、不是用来炒的"⑥，并提出"多主体供给、多渠道保障、租购并举"⑦ 这一

---

① 《〈城镇住房保障条例（征求意见稿）〉公开征求意见》，http://www.gov.cn/xinwen/2014-03/28/content_2648811.htm.
② 《财政部 住房城乡建设部关于印发〈城镇保障性安居工程财政资金绩效评价暂行办法〉的通知》，《中华人民共和国国务院公报》2015年第17期。
③ 《国务院办公厅关于加快培育和发展住房租赁市场的若干意见》，《中华人民共和国国务院公报》2016年第18期。
④ 中共中央文献研究室编：《十九大以来重要文献选编》（上），中央文献出版社2021年版，第33页。
⑤ 《财政部 住房城乡建设部关于印发〈中央财政城镇保障性安居工程专项资金管理办法〉的通知》，《中华人民共和国国务院公报》2017年第24期。
⑥ 《中国共产党第十九次全国代表大会文件汇编》，人民出版社2017年版，第38页。
⑦ 《中国共产党第十九次全国代表大会文件汇编》，人民出版社2017年版，第38页。

住房制度设计，为新时代解决我国城市住房发展的不平衡、不充分的现状与城市居民对更宜居住房需求之间的矛盾指明了方向。2019年4月，《财政部 住房城乡建设部关于下达2019年中央财政城镇保障性安居工程专项资金预算的通知》（财综〔2019〕14号）要求，在保障性安居工程收到专项资金后，各市、县的财政部门要按照专项管理、分账核算的原则，及时拨付资金，将专项资金统筹用于本市、县的住房租赁补贴、城市棚户区改造，确保资金专款专用，专项资金可统筹用于已经纳入国家计划的近三年城市棚户区改造项目。① 2019年8月，财政部、住房城乡建设部印发的《中央财政城镇保障性安居工程专项资金管理办法》（财综〔2019〕31号）对专项资金支持范围进行了界定，主要包括公租房保障、城市棚户区改造、老旧小区改造以及用于建设住房租赁信息服务与监管平台、多渠道筹集租赁住房房源等与发展住房租赁市场相关的支出。② 2019年11月，住房和城乡建设部办公厅《关于印发保障性住房等基层政务公开标准目录的通知》（建办厅〔2019〕71号）对公开事项、公开内容、公开依据、公开年限、公开渠道和载体、公开对象、公开方式、公开层级等都作了详细规定。③

2020年7月，《财政部 住房城乡建设部关于下达2020年中央财政城镇保障性安居工程补助资金用于城镇老旧小区改造的通知》（财综〔2020〕33号）要求，省级财政部门会同同级住房城乡建设部门结合本地情况，合理分配财政资金，在接到财政补助资金后30日之内，一次性分配下达到县级以上财政部门。市、县财政部门要按照专项管理、分账核算、及时拨付的原则将财政补助资金统筹用于城镇老旧小区改造项目，确保财政补助资金专款专用。省级住房城乡建设部门要会同同级财政部门对市、县有关部门统筹使用财政补助资金进行指导，及时掌握资金使

---

① 《财政部 住房城乡建设部关于下达2019年中央财政城镇保障性安居工程专项资金预算的通知》，《中华人民共和国财政部文告》2019年第4期。
② 《关于印发〈中央财政城镇保障性安居工程专项资金管理办法〉的通知》，http://zhs.mof.gov.cn/zxzyzf/zybzczbzxajgczxzj/201910/t20191012_3400746.htm。
③ 《住房和城乡建设部办公厅关于印发保障性住房等基层政务公开标准目录的通知》，http://www.mohurd.gov.cn/gongkai/fdzdgknr/tzgg/201912/20191230_243325.html。

用情况，有序推进城镇老旧小区改造。① 2020年7月，《财政部　住房城乡建设部关于下达2020年中央财政城镇保障性安居工程补助资金用于发展住房租赁市场的通知》（财综〔2020〕34号）要求，在接到补助资金后30日之内，各省（自治区）财政部门要会同同级住房城乡建设部门将补助资金一次性分配下达到试点城市的财政部门。试点城市财政部门在收到补助资金之后，要进行专项管理、分账核算、及时拨付，确保补助资金专门用于发展住房租赁市场相关支出。②

2021年6月，《国务院办公厅关于加快发展保障性租赁住房的意见》（国办发〔2021〕22号）第一次从国家层面对我国住房保障体系进行政策的顶层设计。该文件强调，要突出住房的民生属性，推动建立多主体供给、多渠道保障、租购并举的住房制度，加快完善以公租房、保障性租赁住房和共有产权住房为主体的住房保障体系。该文件明确了城市人民政府要对发展保障性租赁住房，解决新市民、青年人等群体的住房困难问题担负主体责任。对此，该文件提出以下具体的政策举措。一是完善土地支持政策。按照职住平衡原则，人口净流入的大城市和省级人民政府确定的城市应提高保障性租赁住房用地在住房用地中的供应比例。在年度住房用地供应计划中，租赁住房用地计划要优先安排、应保尽保、单独列出，并主要安排在产业园区及周边、城市建设重点片区和轨道交通站点附近等区域，促进产城人融合、人地房联动。二是简化行政审批流程。要对保障性租赁住房项目审批事项和环节进行必要的精简，提高项目审批效率。探索将工程建设许可和施工许可合并，实行相关各方联合验收模式。三是中央财政给予补助资金支持。对符合规定的保障性租赁住房建设任务，中央通过现有经费渠道予以补助。四是降低相关税费负担。对于利用非居住存量房屋和非居住存量土地建设保障性租赁住房的，在取得保障性租赁住房项目认定书后，对照适用住房租赁增值税、

---

① 《财政部　住房城乡建设部关于下达2020年中央财政城镇保障性安居工程补助资金用于城镇老旧小区改造的通知》，http://www.mof.gov.cn/gp/xxgkml/zhs/202008/t20200817_3568633.htm.

② 《财政部　住房城乡建设部关于下达2020年中央财政城镇保障性安居工程补助资金用于发展住房租赁市场的通知》，http://www.mof.gov.cn/gp/xxgkml/zhs/202008/t20200817_3568634.htm.

房产税等税收优惠政策征收相关费用。对于保障性租赁住房项目，相关部门要免收城市基础设施配套费。五是按照民用标准征收水、电、气费用。对于利用非居住存量房屋和非居住存量土地建设保障性租赁住房的，在取得保障性租赁住房项目认定书后，按照民用标准征收水、电、气费用。六是加强金融支持。支持银行业金融机构按照依法合规、商业可持续、风险可控原则，向改造、改建存量房屋形成非自有产权保障性租赁住房的住房租赁企业提供贷款，支持银行业金融机构以市场化方式向保障性租赁住房自持主体提供长期贷款，支持银行业金融机构发行用于保障性租赁住房贷款投放的金融债券，支持企业为了促进保障性租赁住房建设运营而发行公司债券、企业债券、非金融企业债务融资工具等信用类债券，支持商业保险资金在坚持市场化原则的前提下参与保障性租赁住房建设。[①]

二　城市保障性住房政策演进特征

（一）城市保障性住房政策演进是中央主导与地方创新的统一

城市保障性住房制度改革是我国住房制度改革乃至整体改革事业的重要组成部分，中央政府从改革开放初期就从顶层设计层面作出推进城市住房制度改革的决定。40多年来，中央政府一直坚持为人民服务、代表最广大人民根本利益、以人为本、以人民为中心的根本原则，根据形势的发展变化，不断出台新的保障性住房政策，为城市中低收入群体提供住房保障。

我国地域广阔，各地区、各城市之间的经济发展水平、居民收入水平有着较大差异，中央政府制定的保障性住房政策要与城市住房实际情况有机结合起来，才能取得良好的政策效果。城市政府要在中央政府保障性住房政策的大框架内，结合城市居民居住现状，推动保障性住房政策创新，为解决城市中低收入群体住房困难问题取得实效提供政策支持。

湖北省荆门市树立住房大保障的理念，以创新为引领，以改革为抓手，以市场为导向，推进制度创新、机制创新、管理创新。2016年3月，

---

① 《国务院办公厅关于加快发展保障性租赁住房的意见》，《中华人民共和国国务院公报》2021年第20期。

荆门市政府组建了专业平台公司——荆门市保障房运营管理有限公司，实现了公租房建设及运营管理专业化、市场化、规范化，形成了"保基本、有突破、广覆盖"和"托底尽责、提标扩面、转型升级"的住房保障格局，进一步增强了住房保障能力，促进了该市住房保障工作持续向好发展。[1]

湖北省武汉市培育和发展住房租赁试点工作领导小组在现有政策的基础上，制定和印发了《武汉市培育和发展住房租赁市场试点工作扶持政策（试行）》（武房租〔2017〕4号），这份政策文件是当时全国最为全面的住房租赁制度，在住房保障政策、土地政策、金融支持政策、公共服务政策、生活配套服务政策和其他政策方面有一定的创新。武汉市出台的这份政策文件既降低了房地产企业开发建设和交易成本，又降低了大学毕业生购置住房或租赁住房的成本，有效地促进了住房租赁市场的发展。房地产企业主动配合政府保障性住房政策，积极参与租赁住房的开发、建设和运营，不仅有利于提升企业形象，而且有利于优化企业的资产结构，形成新的利润增长点。[2]

（二）城市保障性住房政策演进是阶段推进与重点突破的结合

中华人民共和国成立以来，我国城市保障性住房政策演进经历了为城市居民提供基本住房保障（1949—1977年）、以优惠政策为城市困难居民提供住房（1978—1990年）、大力发展城市经济适用房（1991—2001年）、积极探索城市保障性住房政策（2002—2011年）和基本形成城市住房保障政策体系（2012年至今）五个阶段。

城市保障性住房政策演进阶段与经济社会发展阶段有着一定的重合性与较高的同步性。具体来说，城市保障性住房政策演进的每个阶段都有着各自的阶段性特征，但每个阶段之间既有区别又相互联系，既相对独立又前后承继。城市保障性住房政策演进的不同阶段并不是自发形成的，而是在上一个阶段内，通过突破城市保障性住房政策的难点与重点，

---

[1] 杨清华、苏芙蓉、周梦婷：《"三管齐下"创新做实住房保障工作》，《中国房地产》2018年第19期。

[2] 成立、魏凌：《武汉市住房租赁新政的背景、创新与影响》，《中国房地产》2018年第7期。

才能将城市保障性住房政策推进到下一个阶段。

在为城市居民提供基本住房保障（1949—1977年）阶段，虽然国家整体财政能力有限，但政府承担了为城市居民提供基本住房条件的责任。与中华人民共和国成立之前的城市居住状况相比，这一阶段城市居民基本住房权充分体现了社会主义制度的优越性。

在以优惠政策为城市困难居民提供住房（1978—1990年）阶段，政府十分重视住房市场化改革中城市特困户的住房。例如，1990年9月，《建设部、全国总工会关于印发解决城镇居住特别困难户住房问题的若干意见的通知》（建房字〔1990〕446号）要求，50万人口以上的大城市和有1000户以上居住特困户的中小城市都要成立"解决住房困难问题领导小组"，争取在1992年基本解决城市居住特困户的住房问题。[1]

在大力发展城市经济适用房（1991—2001年）阶段，1994年7月，《国务院关于深化城镇住房制度改革的决定》（国发〔1994〕43号）要求，各级政府加快经济适用住房的开发和建设，尽快解决中低收入家庭的住房问题。要在发展规划、土地划拨、征地拆迁、税费减免等方面对经济适用住房建设项目予以政策扶持，每年开发和建设的经济适用住房项目数量不得低于房地产开发公司每年建房总量的20%。[2]

在积极探索城市保障性住房政策（2002—2011年）阶段，2007年8月，《国务院关于解决城市低收入家庭住房困难的若干意见》（国发〔2007〕24号）要求城市政府健全工作机制，抓紧开展对低收入家庭住房状况进行的调查活动，建立低收入住房困难家庭住房档案，制定解决住房困难问题的目标任务、年度计划和总体规划。[3] 2007年10月，党的十七大报告提出"住有所居"[4]的社会建设目标任务。

在基本形成城市住房保障政策体系（2012年至今）阶段，2012年11

---

[1] 《建设部、全国总工会关于印发解决城镇居住特别困难户住房问题的若干意见的通知》，https://www.mohurd.gov.cn/gongkai/zhengce/zhengcefilelib/200110/20011029_157603.html.

[2] 《国务院关于深化城镇住房制度改革的决定》，《广西政报》1994年第9期。

[3] 《国务院关于解决城市低收入家庭住房困难的若干意见》，《中华人民共和国国务院公报》2007年第26期。

[4] 中共中央文献研究室编：《十七大以来重要文献选编》（上），中央文献出版社2009年版，第29页。

月，党的十八大报告提出建立"市场配置和政府保障相结合的住房制度"①，这是对过于重视住房市场化行为的一次矫正，将保障性住房置于与商品性住房同等的地位。2021年6月，《国务院办公厅关于加快发展保障性租赁住房的意见》（国办发〔2021〕22号）第一次从国家层面对我国住房保障政策进行顶层设计。②

（三）城市保障性住房政策演进是调整政策与争取利益的博弈

自1978年我国启动城市住房制度改革以来，城市保障性住房政策演进实质上表现为明的一条线（调整政策）与暗的一条线（争取利益）的博弈。

第一，明的一条线是城市保障性住房政策的调整。这条线表现为中央政府及有关部委针对城市保障性住房面临的新问题、新情况，对保障性住房政策进行调整，制定和执行保障性住房新政策。例如，1985年7月的《国务院、中央军委批转民政部、总政治部关于妥善解决未随军的军队干部家属住房困难问题的请示的通知》（国发〔1985〕97），1988年2月的《国务院关于印发在全国城镇分期分批推行住房制度改革实施方案的通知》（国发〔1998〕11号），1990年9月的《建设部、全国总工会关于印发解决城镇居住特别困难户住房问题的若干意见的通知》（建房字〔1990〕446号），2000年9月的《国务院办公厅 中央军委办公厅关于印发军队转业干部住房保障办法的通知》（国办发〔2000〕62号），2006年7月的《财政部 建设部 国土资源部关于切实落实城镇廉租住房保障资金的通知》（财综〔2006〕25号），2007年8月的《国务院关于解决城市低收入家庭住房困难的若干意见》（国发〔2007〕24号），建设部等国务院组成部门于2007年11月颁布的《廉租住房保障办法》（建设部令第162号），住房和城乡建设部等7个部委于2009年10月颁发的《利用住房公积金贷款支持保障性住房建设试点工作实施意见》（建金〔2009〕160号），2012年6月的《住房城乡建设部 发展改革委 财政部 国土

---

① 中共中央文献研究室编：《十七大以来重要文献选编》（上），中央文献出版社2009年版，第29页。
② 《国务院办公厅关于加快发展保障性租赁住房的意见》，《中华人民共和国国务院公报》2021年第20期。

资源部　人民银行　税务总局　银监会关于鼓励民间资本参与保障性安居工程建设有关问题的通知》（建保〔2012〕91号），2016年5月的《国务院办公厅关于加快培育和发展住房租赁市场的若干意见》（国办发〔2016〕39号），2021年6月的《国务院办公厅关于加快发展保障性租赁住房的意见》（国办发〔2021〕22号）。

第二，暗的一条线是政府与市场各个相关主体争取各自的利益。这条线表现为中央政府（国家、社会与人民的公共利益代表者）、城市政府（城市居民与城市政府的自身利益代表者）、城市保障性住房开发建设企业、商业银行、城市住房保障对象等利益相关者在城市保障性住房政策制定、政策执行、政策监督和政策评估过程中争取各自的利益。

在争取自身利益的过程中，上述城市保障性住房利益相关主体共同组成了中央政府与城市政府的利益关系、中央政府与城市保障性住房开发建设企业的利益关系、中央政府与商业银行的利益关系、中央政府与城市住房保障对象的利益关系、城市政府与城市保障性住房开发建设企业的利益关系、城市政府与商业银行的利益关系、城市政府与城市住房保障对象的利益关系、城市保障性住房开发建设企业与商业银行的利益关系、城市保障性住房开发建设企业与城市住房保障对象的利益关系、商业银行与城市住房保障对象的利益关系。在我国城市保障性住房政策演进过程中，城市保障性住房利益相关主体为了争取国家利益或地区利益、集体利益或个人利益、企业利益或公共利益、当前利益或长远利益进行博弈，由此决定了我国城市保障性住房政策演进呈现出阶段性和连续性相结合、曲折性和创新性相统一的特征。

第二节　城市保障性住房发展成就与现实挑战

一　城市保障性住房发展成就

中华人民共和国成立70多年来，尤其是改革开放40多年来，在我国经济快速增长与城市化进程不断加速的背景下，包括城市保障性住房在内的城市住房建设取得了显著成就。城市保障性住房的发展极大改变了我国城市的面貌，极大改善了我国城市居民的居住条件，极大提升了我国城市居民的生活质量。具体来说，我国城市保障性住房建设取得了以下成就。

（一）城市住房保障不足问题得到显著改善

改革开放特别是党的十八大以来，在党和政府的关怀和支持下，我国城市住房困难问题得到显著改善。截至2019年年底，累计建设8000多万套保障性住房和棚改安置住房，解决了2亿多群众的住房困难问题，领取租赁补贴的困难群众约有2200万，基本实现低保、低收入住房困难家庭应保尽保。[1] 2010—2020年，我国城镇人均住房面积由30.3平方米增加到38.6平方米。[2] 2021年，40个城市新筹集保障性租赁住房94.2万套，新开工公租房8.8万套，改造开工各类棚户区165万套，全国新开工改造城镇老旧小区5.56万个，惠及965万户城市居民。[3]

通过租赁补贴和实物保障等方式，解决了众多住房困难人员的住房问题。截至2021年年底，已有3800多万住房困难人员住进公租房。其中有低保和低收入住房困难群众1176万、60岁以上老年人508万、残疾人71万、青年教师44万、优抚对象26万、环卫工人和公交车司机23万。[4]

（二）世界最大住房保障体系已初步建成

我国城市保障性住房政策经历了不同阶段的演进。从保障性住房类型演进来看，表现为从向城市低收入家庭提供的廉租住房、经济适用房、"两限房"，到改善城市"夹心层"和城市新居民居住条件的公共租赁房、共有产权住房，再到为吸引各类人才到城市工作而提供的人才住房。从城市住房保障方式演进来看，表现为从租赁住房、出售住房到共有产权住房。城市保障性住房的多形式、多层次特征能为更多住房困难的家庭提供基本的居住保障。[5]

党的十八大以来，党和政府坚持以人民为中心，坚持"房子是用来

---

[1] 李建伟：《社会事业全面发展 民生福祉不断增强》，《中国经济时报》2021年9月27日第T4版。

[2] 陈雪波、卢志坤：《住房建设这十年：保障性安居工程的奋进时代》，《中国经营报》2022年10月10日第B9版。

[3] 《住房和城乡建设行业2021年成就》，《中国建设报》2022年1月25日第4版。

[4] 陈雪波、卢志坤：《住房建设这十年：保障性安居工程的奋进时代》，《中国经营报》2022年10月10日第B9版。

[5] 肖绪文、黄宁：《中国建造的主要成就》，《建筑》2022年第15期。

住的，不是用来炒的"的明确定位，加快建立多主体供给、多渠道保障、租购并举的住房制度。① 党的十八大以来的十年是我国历史上保障性安居工程投资最多、建设规模最大的十年，棚户区改造得到大力实施，保障性住房建设实现稳步推进，城市住房保障能力不断增强。② 此外，包括城市保障性住房的准入与退出、使用与运营等管理机制以及土地、财税、金融等配套政策在内的城市保障性住房管理制度正日益完善。公共租赁住房、廉租房、共有产权住房等一系列保障性住房政策的实施使我国初步建成了世界最大的住房保障体系。③ 共有产权住房在2007年由江苏省淮安市进行试点，随后在江苏省其他城市进行推广；北京、上海等城市也开始实行该住房政策；辽宁省大连市和江苏省无锡市分别于2017年和2020年试行推广共有产权住房。④

（三）城市住房保障主要矛盾出现转变

中华人民共和国成立后的一段时间内，城市住房大多面积狭小，设施简陋。改革开放以来，城市住房商品化、市场化改革推动我国城市住房建设取得巨大成就，城市居民居住条件得到极大改善。与此同时，中央政府高度重视城市保障性住房建设。

相关案例：

1990年9月，《建设部、全国总工会关于印发解决城镇居住特别困难户住房问题的若干意见的通知》（建房字〔1990〕446号）要求有关大、中、小城市成立"解决住房困难问题领导小组"，争取在1992年基本解决城市住房特困户的居住问题。⑤

2007年8月，《国务院关于解决城市低收入家庭住房困难的若干

---

① 李建伟：《社会事业全面发展　民生福祉不断增强》，《中国经济时报》2021年9月27日第T4版。
② 张达：《住建部：持续完善住房保障体系》，《证券时报》2022年9月15日第A2版。
③ 陈雪波、卢志坤：《住房建设这十年：保障性安居工程的奋进时代》，《中国经营报》2022年10月10日第B9版。
④ 金双华、于征菁：《政府住房保障政策国际经验及借鉴》，《地方财政研究》2021年第6期。
⑤ 《建设部、全国总工会关于印发解决城镇居住特别困难户住房问题的若干意见的通知》，https://www.mohurd.gov.cn/gongkai/zhengce/zhengcefilelib/200110/20011029_157603.html.

意见》(国发〔2007〕24号)要求建设部、发展改革委、财政部、民政部、国土资源部等国务院有关部委,抓紧制定或完善城市保障性住房相关政策,尽快解决城市低收入家庭住房困难问题。[1]

在住房商品化、市场化改革过程中,面对不断攀高的城市房价,不少中低收入城市居民面临的住房困难现象成为各级政府亟须解决的重要公共问题。政府采取的及时制定城市保障性住房相关政策、积极开发建设保障性住房的举措并没有解决城市住房保障不足的问题。

党的十八大报告提出要建立"市场配置和政府保障相结合的住房制度"[2],明确了城市政府在保障性住房开发、建设和管理中的职责。党的十九大报告提出要"坚持房子是用来住的、不是用来炒的定位"[3]。党的十八大以来的十年是我国历史上保障性安居工程投资最多、建设规模最大的时期,累计投入资金14.8万亿元,建设5900多万套各类保障性住房和棚户区改造安置住房,基本实现低保、低收入住房困难家庭应保尽保,实现1.4亿多群众的安居梦。[4] 我国城市住房保障主要矛盾已经由保障性住房如何"住得了"向如何"住得好"转变。

二 城市保障性住房面临的现实挑战

(一)城市住房的保障属性需要进一步明确

党的十八大以来,中央提出"房子是用来住的,不是用来炒的"[5]和"要准确把握住房的居住属性"[6]的定位。可以说,目前人们还普遍认为,

---

[1] 《国务院关于解决城市低收入家庭住房困难的若干意见》,《中华人民共和国国务院公报》2007年第26期。

[2] 中共中央文献研究室编:《十八大以来重要文献选编》(上),中央文献出版社2014年版,第29页。

[3] 习近平:《决胜全面建成小康社会 夺取新时代中国特色社会主义伟大胜利——在中国共产党第十九次全国代表大会上的报告》,人民出版社2017年版,第47页。

[4] 丁怡婷:《人居环境改善 同圆安居梦想》,《人民日报》2022年9月15日第4版。

[5] 国务院研究室编写组:《十二届全国人大五次会议〈政府工作报告〉辅导读本》,人民出版社2017年版,第17页。

[6] 国务院研究室编写组:《十二届全国人大五次会议〈政府工作报告〉辅导读本》,人民出版社2017年版,第17页。

住房具有居住与投资双重属性。从居住属性来说，住房满足的是人们遮风避雨、生存繁衍的基本需求；从投资属性来说，住房可以为所有者带来一定的财产性收入。居住属性是住房的第一属性与基本属性，投资属性是住房的派生属性，它源于住房的居住属性。因此，投资属性不能"喧宾夺主"，挤占居住属性这个住房的基本属性。但在很多城市，住房政策一直体现为房地产政策，城市住房被当作投机炒作、赚钱谋利的工具，作为关系民生保障与社会稳定的城市住房变为只注重经济利润的产业，造成住房市场的"追涨杀跌"，加剧住房市场波动，导致城市发展相关资源的畸形配置。对城市住房居住与投资双重属性处理不当，甚至忽视住房的保障属性，直接导致城市住房不平等，进而拉大城市居民的贫富差距，影响城市社会的和谐与稳定。因此，城市政府应坚持"房住不炒"的定位，进一步明确城市住房的保障属性。

（二）城市新群体的住房保障问题比较突出

长期以来，偏市场化的城市住房政策导致城市住房结构失衡现象突出，商品化住房结构性过剩与保障性住房结构性短缺同时存在。城市尤其是大中城市的房价高，而城市务工人员、新就业大学生等新市民以及城市青年人属于收入不高的群体，他们在短期内买不起房。面对买不起的房子，他们只有"望房兴叹"，同时又没有足够的保障性住房供他们选择。对于新一代进城务工人员来说，他们与父辈不同，更倾向于在城市工作、生活而不是返回乡村，他们希望拥有稳定、廉价的居住场所，但高昂的城市商品性住房价格、绑定户籍或学历的保障性住房让他们难以获得低成本的稳定住房。[①] 对于新就业大学生和城市青年人，他们不但在乎"住得了"，而且在乎"住得好"；不但在乎"住有所居"，而且在乎"住有宜居"和职住平衡。城市住房保障有新需求的群体的居住问题严重影响到他们的工作、恋爱、婚姻、生育和子女教育，最终会导致他们"用脚投票"，离开所在的城市。这不仅造成人才的流失，也不利于城市的长远发展。

---

① 王丽艳、季奕、王振坡：《我国城市住房保障体系建设与创新发展研究》，《建筑经济》2019年第4期。

相关案例：

今年我和女友刚刚毕业，都留在 N 市工作，准备和女友在这个城市结婚并长期待下去。但了解下，市区的学区房均价都要 2 万元 1 平方米以上，偏远的地方都要 1 万元。我和女友两个人每月工资加起来还不到 1 万元，除掉吃饭、租房、购物等开支，剩的也不多了。我们都很喜欢 N 市，但如果买不起房，我们可能就回下面的城市工作，离父母也近，相互有个照顾。（访谈记录：N20221029，刚大学毕业参加工作的新市民 E）

（三）城市政府对保障性住房的投入不足

地方财政住房保障支出是城市保障性住房开发建设的重要支撑，是解决城市住房困难问题的重要资金来源。

2012—2016 年，我国地方财政住房保障支出从 4068.71 亿元逐年增长到 6338.77 亿元，4 年累计增长 2270.06 亿元，4 年累计增长 55.79%（见图 4—1）。2012—2016 年，我国地方财政支出从 107188.34 亿元逐年增长到 160351.36 亿元，4 年累计增长 53163.02 亿元，4 年累计增长 49.60%（见图 4—2）。地方财政住房保障支出增长率略高于地方财政支出增长率。

单位：亿元

2020年	6499.50
2019年	5839.35
2018年	6299.92
2017年	6131.82
2016年	6338.77
2015年	5395.84
2014年	4638.31
2013年	4075.82
2012年	4068.71

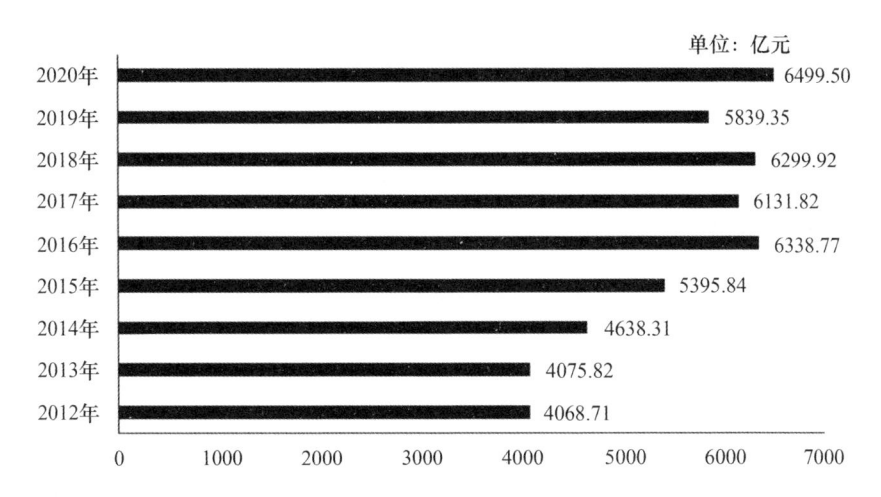

图 4—1　2012—2020 年地方财政住房保障支出情况

数据来源：作者根据国家统计局数据整理。

单位：亿元

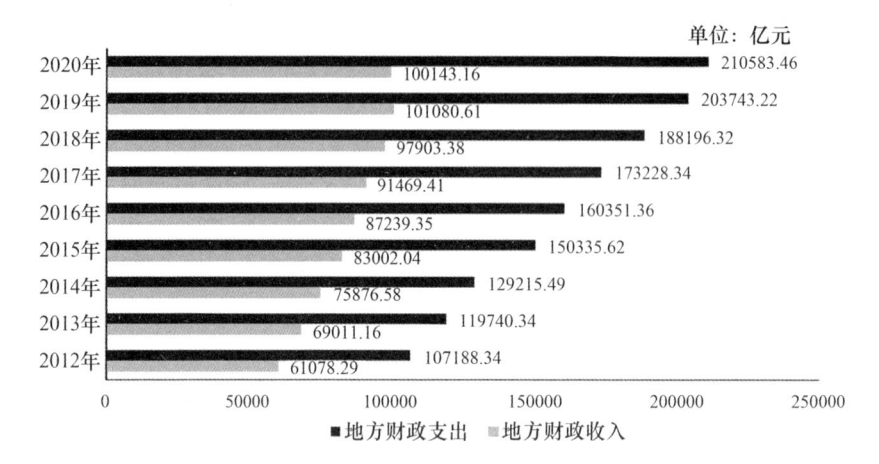

年份	地方财政支出	地方财政收入
2020年	210583.46	100143.16
2019年	203743.22	101080.61
2018年	188196.32	97903.38
2017年	173228.34	91469.41
2016年	160351.36	87239.35
2015年	150335.62	83002.04
2014年	129215.49	75876.58
2013年	119740.34	69011.16
2012年	107188.34	61078.29

图 4—2 2012—2020 年地方财政收支情况

数据来源：作者根据国家统计局数据整理。

2016—2020 年，我国地方财政住房保障支出从 6338.77 亿元增长到 6499.50 亿元，4 年累计仅增长 160.73 亿元，4 年累计仅增长 2.53%（见图 4—1）。但 2016—2020 年，我国地方财政支出从 160351.36 亿元增长到 210583.46 亿元，4 年累计增长 50232.10 亿元，4 年累计增长 31.33%（见图 4—2）。地方财政住房保障支出增长率远低于地方财政支出增长率。

令人意外的是，在 2016—2017 年、2018—2019 年，地方财政住房保障支出出现下降的现象。2016—2017 年，我国地方财政住房保障支出从 6338.77 亿元下降到 6131.82 亿元，下降 206.95 亿元，下降 3.26%。2018—2019 年，我国地方财政住房保障支出从 6299.92 亿元下降到 5839.35 亿元，下降 460.57 亿元，下降 7.31%。

可以说，"各级政府财权事权不匹配、缺乏持续稳定的财政投入是住房保障水平不均衡的重要原因"[①]。城市政府对保障性住房的财政支出力度不足甚至出现财政支出下降的现象，与中央政府进一步加强和改善民

---

① 梁城城：《我国城镇住房保障体系发展脉络与政策建议》，《中国国情国力》2022 年第 8 期。

生、完善社会保障体系、提高人民生活品质的要求是不相符的。

(四) 城市住房保障政策执行存在偏差

党的十八大以来,在中央强力反腐、地方拍蝇惩贪的政治环境中,保障性住房领域的腐败问题并不少见,城市保障性住房政策执行偏差现象还比较突出。2017年12月,审计署审计长胡泽君向全国人大常委会汇报审计工作查出问题的整改情况。其中有1363人次因涉及全国保障性安居工程而受到处理或处分,在被违规使用、套取、骗取、侵占的资金中,有13.74亿元已归还原渠道、上缴国库或移交司法机关进行处理。在保障性住房入住资格审查和后续监管方面,有8.49万户被取消申请保障性住房资格或调整相关保障待遇,有1.03亿元违规领取的补助补贴被追回。[1]

相关案例:

2018年12月,黑龙江省富锦市房地产管理局保障性住房管理办公室主任刘某受到政务警告处分。早在2014年,在对廉租房申请人的实际经济状况并未进行严格审核的情况下,刘某就批准了相关申请人的廉租房申请材料,导致2名不符合低保条件的申请人购买了共有产权住房。[2]

2020年2月,曾担任杭州市住房保障和房产管理局副局长达7年(从2012年7月至2019年8月)的许某,因严重违纪违法问题被杭州市纪委、监委立案审查调查。经过审查调查发现,许某利用担任杭州市住房保障部门领导等职务上的便利,非法占有巨额公共财物,非法收受他人巨额财物并为他人谋取不正当利益,决定给予许某开除党籍和公职处分,将其涉嫌犯罪问题与所涉财物一并移送检察机关审查起诉。[3]

---

[1] 《审计署:1363人次因保障性安居工程问题受处分》, http://www.gov.cn/xinwen/2017-12/23/content_5249791.htm.

[2] 《市纪委监委通报4起形式主义官僚主义典型问题》, http://www.jmsjjw.gov.cn/huanan/showinfo-16-650-0.html.

[3] 《杭州市住房保障和房产管理局原党组成员、副局长许云龙严重违纪违法被开除党籍和公职》, https://www.hzlz.gov.cn/detail/2020/02/19/43114.html.

2021年7月，甘肃省武威市凉州区纪委给予武威市中兴物业管理公司经理辛某党内严重警告处分，并收缴全部违纪资金。早在2015年8月，辛某在管护凉州区某小区政府保障性住房时，接受其亲属赵某及朋友任某的吃请和5000元的现金款，将2套保障性住房交给赵某与任某居住。直到2018年11月，辛某才将2套保障性住房收回。①

城市保障性住房政策的目标是解决城市低收入或者困难群体的住房问题，让他们住有所居，安居乐业。但在保障性住房政策执行过程中，出现政策执行偏差甚至是违法违纪的现象，影响了保障性住房政策的公正性，损害了城市相关居民的利益。

(五) 城市住房保障工作缺乏法律保障

法律是政策制定、政策执行、政策监督等政策过程的基本依据和可靠保障。为了让城市住房保障工作做到有法可依、有法必依，顺利推进城市保障性住房政策过程，需要制定和出台《住房保障法》等法律及系列法规。迄今为止，虽然我国城市住房保障政策体系已基本形成，但相关政策都是以政府文件或部门规章等形式发布，不具有法律的权威性、稳定性，缺乏法律的约束力、强制力，导致在城市住房保障工作中出现效率低下、公平缺失等问题。② 回顾和梳理历年国务院立法工作计划，据不完全统计发现：在2001—2007年的国务院立法工作计划中，没有住房保障方面的内容；在2008—2019年的国务院立法工作计划中，先后有"住房保障条例""住房保障法""基本住房保障法""基本住房保障条例""城镇住房保障条例"等立法项目。

相关案例：

2008年1月，《国务院办公厅关于印发国务院2008年立法工

---

① 《凉州区纪委监委通报6起群众身边腐败和作风典型问题》，http://wwsjjjc.gov.cn/html/lzqxxgk/jdpg/4445.html.

② 金双华、于征莆：《政府住房保障政策国际经验及借鉴》，《地方财政研究》2021年第6期。

作计划的通知》（国办发〔2008〕3 号）提到，"需要抓紧研究、待条件成熟时提出的立法项目"包括"住房保障条例（建设部起草）"。①

2009 年 1 月，《国务院办公厅关于印发国务院 2009 年立法工作计划的通知》（国办发〔2009〕2 号）提到，"需要抓紧研究、待条件成熟时提出的立法项目"包括"住房保障法（住房城乡建设部起草）"。②

2010 年 1 月，《国务院办公厅关于印发国务院 2010 年立法工作计划的通知》（国办发〔2010〕3 号）提到，国务院 2010 年立法工作中"需要抓紧研究、待条件成熟时提出的立法项目"包括"住房保障法（住房城乡建设部起草）"。③

2011 年 1 月，《国务院办公厅关于印发国务院 2011 年立法工作计划的通知》（国办发〔2007〕2 号）提到，国务院 2011 年立法工作计划中"需要积极研究论证的项目"包括"基本住房保障法（住房城乡建设部起草）"。④

2012 年 2 月，《国务院办公厅关于印发国务院 2012 年立法工作计划的通知》（国办发〔2012〕12 号）提到，国务院 2012 年立法工作计划中"需要抓紧工作、适时提出的项目"包括"基本住房保障条例（住房城乡建设部起草）"。⑤

2013 年 5 月，《国务院办公厅关于印发国务院 2013 年立法工作计划的通知》（国办发〔2013〕37 号）提到，国务院 2013 年立法工作计划中"预备项目"包括"城镇住房保障条例（住房城乡建设部

---

① 《国务院办公厅关于印发国务院 2008 年立法工作计划的通知》，《浙江省人民政府公报》2008 年第 13 期。
② 《国务院办公厅关于印发国务院 2009 年立法工作计划的通知》，《辽宁省人民政府公报》2009 年第 3 期。
③ 《国务院办公厅关于印发国务院 2010 年立法工作计划的通知》，《河南省人民政府公报》2010 年第 3 期。
④ 《国务院办公厅关于印发国务院 2011 年立法工作计划的通知》，《江西省人民政府公报》2011 年第 4 期。
⑤ 《国务院办公厅关于印发国务院 2012 年立法工作计划的通知》，《辽宁省人民政府公报》2012 年第 6 期。

起草)"。①

2014年2月,《国务院办公厅关于印发国务院2014年立法工作计划的通知》(国办发〔2014〕7号)提到,国务院2014年立法工作计划中"力争年内完成的项目"包括"城镇住房保障条例(住房城乡建设部起草)"。②

2015年4月,《国务院办公厅关于印发国务院2015年立法工作计划的通知》(国办发〔2015〕28号)提到,国务院2015年立法工作计划中"力争年内完成的项目"包括"城镇住房保障条例(住房城乡建设部起草)"。③

2016年3月,《国务院办公厅关于印发国务院2016年立法工作计划的通知》(国办发〔2016〕16号)提到,国务院2016年立法工作计划中"力争年内完成的项目"包括"城镇住房保障条例(住房城乡建设部起草)"。④

2017年2月,《国务院办公厅关于印发国务院2017年立法工作计划的通知》(国办发〔2017〕23号)提到,国务院2017年立法工作计划中"力争年内完成的项目"包括"城镇住房保障条例(住房城乡建设部起草)"。⑤

2018年3月,《国务院办公厅关于印发国务院2018年立法工作计划的通知》(国办发〔2018〕14号)提到,国务院2018年立法工作计划中"全面贯彻党的十九大精神,围绕统筹推进'五位一体'总体布局和协调推进'四个全面'战略布局安排政府立法项目"包

---

① 《国务院办公厅关于印发国务院2013年立法工作计划的通知》,《辽宁省人民政府公报》2013年第13期。
② 《国务院办公厅关于印发国务院2014年立法工作计划的通知》,《吉林政报》2014年第8期。
③ 《国务院办公厅关于印发国务院2015年立法工作计划的通知》,《中华人民共和国国务院公报》2015年第26期。
④ 《国务院办公厅关于印发国务院2016年立法工作计划的通知》,《中华人民共和国国务院公报》2016年第12期。
⑤ 《国务院办公厅关于印发国务院2017年立法工作计划的通知》,《中华人民共和国国务院公报》2017年第10期。

括"城镇住房保障条例（住房城乡建设部起草）"。①

2019 年 5 月，《国务院办公厅关于印发国务院 2019 年立法工作计划的通知》（国办发〔2019〕18 号）提到，国务院 2019 年立法工作计划中"拟制定、修订的行政法规"包括"城镇住房保障条例（住房城乡建设部起草）"。②

但在 2020—2022 年的国务院立法工作计划中，没有住房保障方面的内容。在省级政府层面，由于中央政府没有出台住房保障方面的法规，加上社会上就住房保障方面进行专门立法还存在一些不同看法，地方政府就没有制定和出台保障性住房的相关条例法规。

相关案例：
2014 年 5 月，在四川省十二届人大常委会第九次会议对《四川省城镇住房保障条例（草案）》进行第二次审议过程中，一些常委会组成人员认为，该《条例（草案）》所涉及的一些问题存在意见分歧，省级住房保障法规应在相关的上位法出台之后才能进行制定。③

在城市住房保障政策不断完善、体制日益成熟的过程中，如果在国家层面没有对城市住房保障立法事项予以积极推进，在省级层面和具体城市层面，城市住房保障工作就难以落实，更难以激发城市政府对住房保障工作的积极性。

---

① 《国务院办公厅关于印发国务院 2018 年立法工作计划的通知》，《中华人民共和国国务院公报》2018 年第 9 期。
② 《国务院办公厅关于印发国务院 2019 年立法工作计划的通知》，《中华人民共和国国务院公报》2019 年第 15 期。
③ 《制定条件不成熟　四川拟终止审议城镇住房保障条例》，https://www.sc.gov.cn/10462/10464/10797/2016/5/30/10382504.shtml。

第五章

城市保障性住房治理的主体协同

第一节 政府与市场关系视角下城市保障性住房治理

一 城市保障性住房治理困境与原因

（一）政府和市场关系的嵌入与脱嵌

嵌入是指某一事物进入另一事物中的过程或状态，主要包括两个要素：一是至少存在两个事物，这是嵌入能够发生和进行的前提；二是某一事物进入另一事物中是客观存在的事实，这是嵌入的过程或状态。[1] 20世纪40年代，匈牙利著名学者卡尔·波兰尼（Karl Polanyi）创造性地提出了嵌入与脱嵌等概念，并运用"国家—市场—社会"的整体框架来分析19世纪末到20世纪初西方社会大转型的过程机制。[2] 近年来，"嵌入—脱嵌"理论有效揭示了我国社会转型期各种问题的内在变化机理。借助卡尔·波兰尼在《大转型：我们时代的政治与经济起源》中的"嵌入—再嵌"的理论范式，有助于分析和呈现城市保障性住房政策演进中的政府与市场关系。

嵌入理论能够解释在组织运行过程中，组织关系以及政治、经济、文化、社会资本等内外各种因素对组织发展的影响逻辑和作用路径。因

---

[1] 范雅娜：《双向嵌入谱系：政府购买社会工作服务的一个分析框架》，《华东理工大学学报》（社会科学版）2021年第4期。

[2] Karl Polanyi, *The great transformation: The political and economic origins of our time*, Boston: Beacon Press, 2001, p. 25.

此，嵌入理论的内涵与外延有着广泛的延展性。① 嵌入理论是社会科学研究领域方法论的重要突破，为研究政治、经济、管理、社会等各方面的问题提供了崭新的理论分析视角。

脱嵌是与嵌入相对应的概念，是指某一事物脱离原有组织结构、社会关系和文化观念而独立运行或陷入静止的状态。② 真正、完全的脱嵌只是制度文本上的，在现实中往往是事物之间彼此纠缠或相互依存。③

政府和市场关系的嵌入包括政府嵌入市场和市场嵌入政府两种情况。政府嵌入市场是指政府参与市场运行过程并对市场运行过程进行指导、监督，对其中存在的问题进行匡正，督促市场各主体依法经营，促进市场良性发展。政府能与市场各个主体进行亲近但干净的交往，合作但不合流。市场嵌入政府是指发挥市场能高效配置资源的优势，市场各主体与政府进行合法合规的沟通与合作，对政府的政策制定提出建议，对政府的政策执行进行监督，督促政府以实现和维护城市居民的住房权为己任。

政府和市场关系的脱嵌包括政府脱嵌于政府与市场关系和市场脱嵌于政府与市场关系两个方面。从政府脱嵌于政府与市场关系来看，政府和市场关系的脱嵌是指政府压制甚至取代市场的作用，市场丧失了在资源配置中的决定性作用。从市场脱嵌于政府与市场关系来看，政府和市场关系的脱嵌是指市场与政府完全脱离关系，异化为与政府对立的力量。

西方国家的政府与市场经过上百年的竞争与磨合，政府和市场之间有着比较明确的行为准则和界限。我国的政府与市场是在计划经济基础上逐渐演变而来的，市场是由政府培育出来的，迄今只有30多年的历史。一方面，市场在政府眼里就像"长不大的孩子"，政府不敢放手，怕市场出乱子。即使强调市场在资源配置中起决定性作用，但政府依然对市场发挥重要影响力。另一方面，由于我国市场发展的历史较短，市

---

① 赵聚军、张哲浩：《干部挂职：基于政策目标变迁的"嵌入"问题三维呈现与发生机理》，《中国行政管理》2022年第8期。

② 李亚雄、安连朋：《脱嵌与嵌入：农村留守老人养老从家庭养老到互助养老的嬗变——以陕西省凤翔县Z村为个案》，《理论月刊》2021年第9期。

③ 管兵：《农村集体产权的脱嵌治理与双重嵌入——以珠三角地区40年的经验为例》，《社会学研究》2019年第6期。

场规则不够完善，各个市场主体的法治意识、规则意识、自律意识不够，市场在资源配置中的决定性作用发挥得并不充分。政府与市场之间并不明显的界限导致政府与市场并没有实现合理与规范的嵌入，反而呈现出政府脱嵌于政府与市场关系或市场脱嵌于政府与市场关系的现象。

（二）城市保障性住房治理困境产生原因

就城市保障性住房领域来说，政府和市场关系的脱嵌是导致城市保障性住房开发建设、运营管理出现问题的重要原因。

第一，政府脱嵌于政府与市场关系是指政府主体不重视保护城市住房保障对象的居住权益，不尊重城市保障性住房开发建设企业、商业银行的合理商业利润诉求，导致城市保障性住房开发建设分配等过程出现停滞、拖延等执行偏差问题。少数城市政府把城市商品性住房的开发建设作为拉动经济增长、提高财政收入的重要途径，在解决中低收入群体住房困难的城市保障性住房时，由于所在地段偏远、户型设计不合理、目标群体定位不清晰等因素，并没有让真正有着明确住房需求的中低收入群体受益。房地产开发建设企业等市场主体抓住政府提高城市政府财政收入等心理，垄断商品性住房开发建设的土地资源，不断推高房价，使得城市住房困难群体规模不断增加。如果再出现保障性住房开发建设相对不足等情况，这将损害城市居民的居住权益和城市的长远发展，影响城市社会的稳定，不利于构建公平、正义、和谐、包容的城市人文氛围。

第二，市场脱嵌于政府与市场关系是指城市保障性住房开发建设企业、商业银行、城市住房保障对象等市场主体没有按照政府制定的保障性住房政策要求采取合法、合规、合理的行动。例如，城市保障性住房开发建设企业并没有完全落实政府保障性住房政策，并没有以保障住房困难群体居住权为主要目标，而是利用城市保障性住房开发建设的机会，获取更多的企业利润。商业银行没有积极响应和落实政府关于支持城市保障性住房的信贷政策，把更多信贷资金用在商品性住房的开发建设，以获取更多的商业利润。投入城市保障性住房的贷款很少，导致城市保障性住房的开发建设因资金不足而发展迟缓。城市住房保障对象为了生育子女、子女学习、赡养老人，迫于住房压力，急于更快解决住房困难问题，于是没有时间等待城市政府提供的保障性住房，只有通过向商业银行进行贷款、向亲戚朋友借款等方式筹措资金购买商品性住房。这导致城市保障性住房政策存在落空的可能，影响城市政府制定、执行和进一步完善城市保障性住房政策的积极性。

二 城市保障性住房治理关系的重建

（一）政府和市场关系的再嵌入与互嵌

再嵌入是指对已经脱嵌的社会关系进行重新构造，目的是让这些社会关系与所处的时空条件能够契合，① 让脱嵌的个体重新嵌入原有社会关系之中②。

互嵌指的是某一事物根植于或产生于另一事物之中的现象，反映的是两种或两种以上事物之间相互联系的程度。③ 再嵌入是针对脱嵌而言的，可以是单一事物的再嵌入，也可以是多个事物的再嵌入。互嵌可以是没有任何联系的两个或两个以上的事物，也可以是有过脱嵌经历的两个或两个以上的事物。

从治理角度来说，互嵌是指组织相互嵌入对方结构体系或行为路径，目的是形成差异化的合作治理结构，实现合作治理控制权的分配、调整与优化。④ 互嵌的前提是在特定社会时空中有多元主体，并且只有多元主体之间保持力量的平衡和互动，才能实现有效的互嵌。互嵌既是一种有益的工作理念，也是一种有效的工作方法；既是一种动态治理方式，也是一个方法与目标不断调适的治理过程。⑤

需要明确的是，互嵌并不等于多元主体融为一体，互嵌关系中的多元主体依然保持各自独立的身份、完全的职责担当和明确的功能定位。

---

① ［英］安东尼·吉登斯：《现代性的后果》，田禾译，译林出版社2011年版，第69页。
② 张磊、伏绍宏：《移民再嵌入与后扶贫时代搬迁社区治理》，《农村经济》2021年第9期。
③ 周振超、黄洪凯：《条块关系从合作共治到协作互嵌：基层政府负担的生成及破解》，《公共管理与政策评论》2022年第1期。
④ 闵学勤：《互嵌共生：新场景下社区与物业的合作治理机制探究》，《同济大学学报》（社会科学版）2021年第1期。
⑤ 郭儒鹏、王建华、罗兴奇：《从"嵌入"到"互嵌"：民族地区贫困治理研究的视角转换——基于贵州省T县调研》，《贵州社会科学》2019年第11期。

互嵌是多元主体实现共同目标的过程而不是追求的结果，在多元主体共同目标完成之后，多元主体可以视目标完成状况和下一步任务情况决定是否脱嵌或再嵌入。

政府和市场关系的再嵌入是指政府或市场重新嵌入本应相互嵌入的政府和市场关系，主要包括政府再嵌入政府与市场关系和市场再嵌入政府与市场关系两种情况。

政府再嵌入政府与市场关系是指政府为了实现公共治理目标，重新建立与市场的密切联系，构建与市场协同合作的机制。市场再嵌入政府与市场关系是指市场重新接受政府公共政策的目标、任务等具体要求，在政府的指导下发挥资源配置的决定性作用，实现市场主体自身价值和社会公共价值的最大公约数。政府和市场的互嵌实际上是政府再嵌入政府与市场关系和市场再嵌入政府与市场关系这两种情况同时进行的过程。在政府和市场互嵌的过程中，政府和市场在实现共同目标时会进行沟通、协商甚至一定意义上的博弈，因此互嵌的过程不一定顺利，甚至可能出现曲折、反复和失败等状况。

（二）城市保障性住房治理中的政府与市场关系

政府和市场关系的脱嵌主要是因为政府与市场在城市保障性住房治理中功能定位不够清晰、职责担当不够明确，没有形成政府与市场各个主体之间分工明确、相互制衡的协同关系。政府和市场关系的脱嵌是导致城市保障性住房开发建设、分配入住、管理监督过程中出现问题的重要原因。就城市保障性住房领域来说，政府和市场关系的再嵌入和互嵌就是要做好以下两个方面。一方面，城市政府要更好发挥作用，把维护与实现城市住房困难群体的居住权益作为自身的行政责任，提高城市保障性住房政策制定科学性和执行效果，防止城市政府在城市保障性住房规划制定、开发建设、管理监督中缺位和失策。另一方面，市场各个主体要积极响应、支持和配合政府制定、出台的城市保障性住房政策，承担应该承担的社会责任，履行应当履行的社会义务。具体来说，从嵌入理论来看，城市保障性住房治理中的政府与市场关系包括以下三个方面。

第一，政府再嵌入政府与市场关系是指在住房商品化发展到一定程度、城市住房困难群体居住问题十分突出、城市住房保障任务日益繁重的情况下，政府主体承担起解决城市住房困难群体居住问题、实现城市美好生活的责任，制定城市保障性住房政策，加大对城市保障性住房开发建设的财政投入，扩大城市保障性住房的供给，为城市住房困难群体提供位置合理、设施齐全、租金（价格）合理的居住场所。

第二，市场再嵌入政府与市场关系是指城市保障性住房开发建设中的市场主体摒弃商业利润最大化的价值追求，承担一定的社会责任。例如，城市保障性住房开发建设企业通过积极参与保障性住房的开发建设，扩大企业在城市居民中的知名度和影响力，加强和改善与政府相关部门的关系，增强企业的软实力，有利于企业进一步开展房地产相关业务。商业银行通过积极为城市保障性住房的开发建设提供信用贷款，缓解政府在城市保障性住房领域的财政资金支出压力，建立和拓宽银行利润稳定增长渠道。城市住房保障对象理性看待城市住房商品化现象，坚持"房子是用来住的，不是用来炒的"，不盲目以背负沉重房贷负担的方式购置商品性住房，积极支持政府制定和执行城市保障性住房政策。

第三，政府与市场互嵌是指城市保障性住房开发建设中的政府主体和市场主体，为了实现城市保障性住房顺利开发建设、城市住房困难群体住房问题得到解决等目标，通过充分沟通、协商一致的方式，按着各自的身份特征、职能定位，履行自身的职责，在城市保障性住房开发建设、分配入住、管理监督等过程中照顾好、处理好各个主体的合理权益，促进城市社会和谐，创造城市美好生活。

第二节　城市保障性住房治理的政府与市场主体协同

城市保障性住房治理的政府与市场主体协同主要表现为中央政府、城市政府、城市保障性住房开发建设企业、商业银行、城市住房保障对象组成的三类协同关系，即政府各主体的协同、市场各主体的协同、政府与市场各主体的协同（见图5—1）。

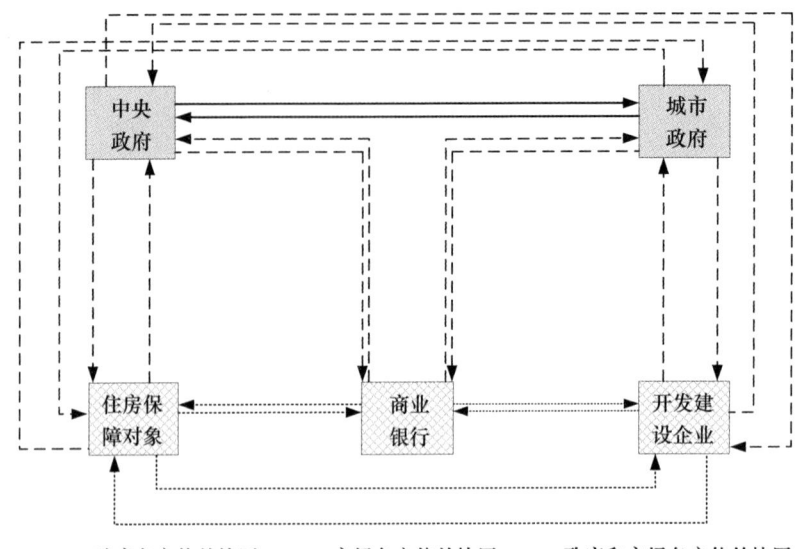

图5—1 城市保障性住房治理的政府与市场主体协同关系

资料来源：作者制作。

一 政府主体的协同

政府主要包括中央政府与地方政府，在本著作中，政府各主体的协同是指中央政府与城市政府的协同。

（一）中央政府和城市政府的目标选择

城市保障性住房政策的制定和执行过程实质上是中央政府和城市政府分别作为城市保障性住房政策的制定主体和执行主体，从各自的政策目标出发进行博弈。由于中央政府和城市政府政策目标存在差异，这一博弈行为可能导致"中央政府与地方政府在保障性住房政策执行过程中出现目标偏差"[①]。

第一，从工作目标任务来看。中央政府是以实现整个国家的现代化、全社会的和谐稳定、全体人民的共同富裕为目标，关注的是住房领域的

[①] 何元斌、王雪青：《保障性住房建设中中央政府与地方政府的博弈行为分析》，《经济问题探索》2016年第11期。

社会公平和广大群众的根本福祉等中长期的民生问题。上级政府对城市政府主要以城市辖区经济增长作为政绩主要考核依据，因此，城市政府更多是以城市GDP增长、财政收入增加为目标，关注的是近期和短期的经济增长问题。

第二，从对保障性住房的态度来看。对于中央政府来说，保障性住房对解决城市住房困难群体的居住问题、维护社会公正、实现社会和谐具有重要意义。因此，中央政府对保障性住房持积极态度，重视保障性住房政策的制定，重视对城市政府执行中央保障性住房政策的情况进行监督。对于城市政府来说，保障性住房的开发建设需要占用大量政府财政资金。即使保障性住房工作做得非常出色，但也没有经济增长和财政收入增加更能凸显城市政府的政绩。因此，城市政府对保障性住房的态度并没有中央政府积极，有些情况下甚至采取消极应付的态度。在"中央政府放任地方政府时，地方政府将大量土地进行商品性住房开发，GDP可能得到快速增长，但中低收入者买不起房，社会无法维持可持续发展"[1]。

第三，从对保障性住房开发建设的资金投入来看。中央政府一般是对城市政府的保障性住房开发建设给予适当的资金补助，主要通过制定住房政策、财政政策、金融政策支持各地区的保障性住房建设。中央政府的财政转移支付大多是专项使用，城市政府自身必要的行政支出、民生保障等方面的资金缺口，会给城市政府带来较大的财政压力。例如，2002—2021年，地方财政收入占财政收入的比例由45.0%上升到54.8%，上升了9.8个百分点，但地方财政支出占财政支出的比例由69.3%上升到85.8%，上升了16.5个百分点（见表5—1）。相对于财政收入增加比例来说，地方财政支出的压力不断增加。在事权不断增多的情况下，作为地方政府的城市政府投入保障性住房方面的资金就比较有限，"致使保障性住房政策的执行效率降低"[2]。

---

[1] 尚宇梅：《经济适用房建设中地方政府与中央政府的博弈分析》，《商业研究》2007年第10期。

[2] 何元斌、王雪青：《保障性住房建设中中央政府与地方政府的博弈行为分析》，《经济问题探索》2016年第11期。

表 5—1　　　　　　　2002—2021 年中央及地方财政收支情况

年度	财政收入总计（亿元）	中央财政收入总计（亿元）	占比（%）	地方财政收入总计（亿元）	占比（%）	财政支出总计（亿元）	中央财政支出总计（亿元）	占比（%）	地方财政支出总计（亿元）	占比（%）
2002	18903.64	10388.64	55.0	8515	45.0	22053.15	6771.7	30.7	15281.45	69.3
2003	21715.25	11865.27	54.6	9849.98	45.4	24649.95	7420.1	30.1	17229.85	69.9
2004	26396.47	14503.1	54.9	11893.37	45.1	28486.89	7894.08	27.7	20592.81	72.3
2005	31649.29	16548.53	52.3	15100.76	47.7	33930.28	8775.97	25.9	25154.31	74.1
2006	38760.2	20456.62	52.8	18303.58	47.2	40422.73	9991.4	24.7	30431.33	75.3
2007	51321.78	27749.16	54.1	23572.16	45.9	49781.35	11442.06	23.0	38339.29	77.0
2008	61330.35	32680.56	53.3	28649.79	46.7	62592.66	13344.17	21.3	49248.49	78.7
2009	68518.30	35915.71	52.4	32602.59	47.6	76299.93	15255.79	20.0	61044.14	80.0
2010	83101.51	42488.47	51.1	40613.04	48.9	89874.16	15989.73	17.8	73884.43	82.2
2011	103874.43	51327.32	49.4	52547.11	50.6	109247.79	16514.11	15.1	92733.68	84.9
2012	117253.52	56175.23	47.9	61078.29	52.1	125952.97	18764.63	14.9	107188.34	85.1
2013	129209.64	60198.48	46.6	69011.16	53.4	140212.10	20471.76	14.6	119740.34	85.4
2014	140370.03	64493.45	45.9	75876.58	54.1	151785.56	22570.07	14.9	129215.49	85.1
2015	152269.23	69267.19	45.5	83002.04	54.5	175877.77	25542.15	14.5	150335.62	85.5
2016	159604.97	72365.62	45.4	87239.35	54.6	187755.21	27403.85	14.6	160351.36	85.4
2017	172592.77	81123.36	47.0	91469.41	53.0	203085.49	29857.15	14.7	173228.34	85.3
2018	183359.84	85456.46	46.6	97903.38	53.4	220904.13	32707.81	14.8	188196.32	85.2
2019	190390.08	89309.47	46.9	101080.61	53.1	238858.37	35115.15	14.7	203743.22	85.3
2020	182913.88	82770.72	45.3	100143.16	54.7	245679.03	35095.57	14.3	210583.46	85.7
2021	202538.88	91461.80	45.2	111077.08	54.8	246322.00	35049.96	14.2	211271.54	85.8

数据来源：作者根据国家统计局、财政部数据整理。

（二）中央政府和城市政府的行为博弈

对于中央政府来说，中央政府制定和执行城市保障性住房政策具有重要的政治、经济和社会意义。

第一，从政治角度来看。制定和执行城市保障性住房政策、解决城市住房困难群体的居住问题体现了中央政府坚持以人民为中心的发展理念、坚持"房子是用来住的,不是用来炒的"① 政策定位、坚持为人民办实事好事难事的执政理念。"在中央政府看来,任何地区住房条件的改善、住房困难问题的解决,都意味着整个国家住房条件整体水平的提高,都是整个社会总体收益的增量;任何地区保障性住房建设所带来的积极效果,都归属整个国家。"②

第二,从经济角度来看。城市保障性住房的开发建设有助于解决一部分城市住房需求,减少对住房的恐慌性需求,抑制城市商品性住房市场的无序发展,防止商品性住房价格的非理性涨跌,有助于维持全国房地产相关资源价格的相对稳定,促进全国各个城市经济的高质量发展。可以说,城市保障性住房开发建设是中央政府稳地价、稳房价、稳经济预期的重要举措。此外,城市保障性住房开发建设,有利于"增强城市承载能力,提升城市生活水平,提高城镇化的质量,真正坚持以人为本的新型城镇化"③。

第三,从社会角度来看。坚持在发展中着力保障和改善民生体现了城市政府以人民为中心的价值追求。在我国城市居民的衣、食、住、行等基本生活需求方面,住得了、住得好的问题还没有完全解决,尤其是大中专毕业生、其他新进就业人员等城市新居民的住房困难问题还比较突出。城市保障性住房能满足城市住房困难群体的居住需求,帮助他们实现住有所居的美好城市生活愿望,促进全国城市社会和谐稳定。

对于城市政府来说,发展城市经济、增加城市财政收入与解决城市住房等民生问题、建设城市美好生活既有着密切的联系又存在一定的矛盾。解决城市住房等民生问题、建设城市美好生活需要城市政府有充裕的财政资金,充裕的财政资金离不开城市经济的高质量发展。但推动经济高质量发展需要政府加大投资,尤其是加大对高新技术等产业的投资。对于经济不够发达的城市来说,有限的财政资金往往用来投入经济建设

---

① 中共中央文献研究室编:《十九大以来重要文献选编》(上),中央文献出版社2021年版,第33页。

② 蔡冰菲:《保障性住房建设中地方政府与中央政府的博弈分析》,《社会科学家》2009年第12期。

③ 郭威、杨弘业:《完善新时代下保障性住房体系:意义、问题与政策措施》,《中国经贸导刊》2019年第2期。

领域，用在城市住房等民生领域的财政资金就相对较少。

在现有的行政制度、财政体制和考核机制下，城市政府往往从财政成本与政策收益的角度考虑和决定实施什么样的行政行为。虽然中央政府会给予一定的财政补贴，但城市保障性住房所需的资金大部分需要城市政府自行解决。即使通过发行债券等方式筹措保障性住房的部分开发建设资金，但缺口依然较大。城市商品性住房市场的发展带动相关产业甚至整个城市经济的发展，这是绝大部分城市实现经济快速增长的共同特征。城市政府担心如果加快保障性住房的开发建设，会影响城市商品性住房市场的发展，减少城市政府的财政收入，减缓城市经济的增长。因此，在保障性住房开发建设方面，城市政府整体上采取的是保守甚至是偏向消极应对的态度。

城市保障性住房供给不足的主要原因还在于一些城市政府对土地财政的过度依赖。目前，国有土地使用权出让收入及与土地相关的各种税费收入仍然是当前地方财政收入的重要来源，例如，在2021年前4个月，国有土地使用权出让收入为21383亿元，同比增长35%。[①]

由于许多城市对土地财政过度依赖，城市政府需要通过向房地产开发企业出售土地来筹措城市发展资金，这必然导致商品性住房市场的快速发展，进而挤占城市保障性住房的发展空间，导致城市住房困难群体选择保障性住房的余地十分有限，甚至出现无保障性住房可选的状况。少数城市住房困难群体为了养育子女、赡养老人只得通过到处借钱、向银行借贷的方式购买商品性住房，由此导致商品性住房市场不断扩大、保障性住房生存空间不断被挤压的循环。

城市政府选择"土地财政"也是迫于无奈，一些城市政府在安排住房、教育、卫生等公共事务时往往囊中羞涩。这是由于中央政府在给城市政府安排事权的同时并没有给予城市政府相应的财权，城市政府收支缺口日益扩大，甚至少数城市政府面临较为严重的财政困境。

城市土地是稀缺资源，城市政府通过土地出让收入弥补财政缺口必然导致"地王"频频出现，城市土地价格不断上涨必然不断推高城市商品性住房价格，由此导致城市住房困难群体不断扩大，城市政府解决居

---

① 亢舒：《摆脱土地财政过度依赖需实招硬招》，《经济日报》2021年6月9日第7版。

民住房等民生问题的压力更大。此外，地价和房价的不断上涨，导致大量资本向房地产行业集中，对实体经济产生一定的挤出效应，不利于经济的可持续发展。① 过于依赖土地财政，也让一些城市政府渐渐缺失推动实体经济产业升级与推进技术创新的动力。

城市经济的发展后劲不足和缺乏技术创新能力不利于城市经济的高质量发展，导致城市竞争力的减弱和财政收入的减少，最终影响城市政府在城市住房等民生领域的财政资金投入，城市住房困难群体的居住问题难以得到妥善解决。城市住房等民生问题持续得不到有效解决，住房保障对象等弱势群体的权益长期得不到有效保障，将会导致城市社会公正的缺失，产生和凸显城市社会矛盾，影响城市社会的和谐稳定。

(三) 中央政府和城市政府的协同治理

住房既涉及中央政府的顶层政策制定又因各地经济社会发展状态不同而因地制宜、因城施策，只依靠中央政府或城市政府是无法解决住房困难的。换言之，"住房问题，需要中央政府和各级地方政府协调起来共同解决"②。

在城市保障性住房领域，中央政府与城市政府并不是处于绝对对立的状态。二者之间既不是简单的命令与服从关系，也不是一直处于对立与零和状态。中央政府与城市政府可以凭借各自的优势，推动城市保障性住房的开发建设，促进城市保障性住房的公正分配与科学管理。

第一，以人民为中心是中央政府和城市政府共同遵循的基本理念。尊重和保障每一位城市居民的生存权、发展权，使改革发展的成果惠及包括城市住房困难群体在内的每一位城市居民，保障他们的居住权，这是中央政府和城市政府的共同责任。

中央政府要求城市政府树立以人民为中心的发展思想，积极支持城市政府承担本辖区保障性住房开发建设、分配入住、经营管理等职责，把解决城市居民特别是青年群体、大中专毕业生的住房问题作为政府重要工作任务予以优先安排。

---

① 亢舒：《摆脱土地财政过度依赖需实招硬招》，《经济日报》2021年6月9日第7版。
② 郭睿、余进泉：《保障性住房政策执行中的中央政府与地方政府关系研究》，《佛山科学技术学院学报》(社会科学版) 2017年第3期。

相关案例：

2021年6月，《国务院办公厅关于加快发展保障性租赁住房的意见》（国办发〔2021〕22号）要求，城市政府对辖区保障性租赁住房开发建设，解决新市民、青年人等群体住房困难问题负有主体责任。①

城市政府要全面理解、准确把握保障性住房政策的实质内容、价值取向和重要意义，提高保障性住房政策执行的主动性、自觉性，持续加大对城市保障性住房的投入力度，提高城市居民的住房水平，方便城市居民生活，满足城市居民对美好生活的向往，最终实现城市治理从注重效率到注重公平的转变。②

相关案例：

Q市作为中部地区的地级市，经济发展水平有限，财政收支压力较大。近年来，我们克服财政资金不足的困难，加大对城市保障性住房的投入力度，支持和鼓励国有企业、社会资本和民间资本参与城市保障性住房的开发建设、运营管理，开发建设了一些示范性的保障性住房项目。（访谈记录：Q20200811，Q市政府某部门工作人员F）

第二，中央政府依靠宪法和法律授予的行政权力和自身的政治权威，在住房政策制定、市场资源调配、生产要素配置等方面进行总体把控与合理调控，这有利于城市政府更好地开展保障性住房开发建设工作。

相关案例：

2021年6月，《国务院办公厅关于加快发展保障性租赁住房的意

---

① 《国务院办公厅关于加快发展保障性租赁住房的意见》，《中华人民共和国国务院公报》2021年第20期。

② 蔡冰菲：《保障性住房建设中地方政府与中央政府的博弈分析》，《社会科学家》2009年第2期。

见》（国办发〔2021〕22号）要求，城市人民政府要摸清辖区保障性租赁住房的需求状况和现有租赁住房供求情况，从城市具体实际出发，因城施策，通过采取新建住房、改建住房、改造住房、提供租赁补贴以及将政府闲置住房用作保障性租赁住房等方式，切实增加城市保障性住房的供给数量与质量，科学制定"十四五"时期城市保障性住房建设目标与年度建设计划。①

城市政府更了解辖区住房困难群体的具体居住条件和实际住房需求，能制定具有科学合理性和现实可行性的城市保障性住房开发建设规划，这有利于中央政府更好地实现住有所居的住房政策目标。

第三，中央政府要切实解决城市政府的后顾之忧，要明确划分中央政府与城市政府的财权与事权范围，建立财权与事权相适应的财政收支政策。要逐步改变城市政府事权越来越大于财权的现象，保持中央政府与城市政府之间财权与事权相对稳定与均衡，促进城市政府形成发展实体经济、推进创新创业、创造美好城市生活的行政风格。

相关案例：

2019年3月，按照《国务院办公厅关于对真抓实干成效明显地方进一步加大激励支持力度的通知》（国办发〔2018〕117号）的要求，住房和城乡建设部对安徽省阜阳市、河南省三门峡市、湖南省长沙市、江苏省徐州市、江西省上饶市、内蒙古自治区乌兰察布市、山东省潍坊市、陕西省延安市、四川省南充市、新疆维吾尔自治区乌鲁木齐市、浙江省温州市等2018年棚户区改造真抓实干成效明显城市进行了表扬和激励。②

2019年8月，财政部、住房城乡建设部印发的《中央财政城镇保障性安居工程专项资金管理办法》（财综〔2019〕31号）要

---

① 《国务院办公厅关于加快发展保障性租赁住房的意见》，《中华人民共和国国务院公报》2021年第20期。

② 《2018年棚户区改造工作拟激励城市名单公示》，https://www.mohurd.gov.cn/gongkai/fdzdgknr/tzgg/201903/20190313_239750.html。

求，省级财政部门分配专项资金时，可以适当向城镇保障性安居工程任务较重的资源枯竭型城市和三线企业比较集中的城市倾斜。①

2020年7月，《财政部 住房城乡建设部关于下达2020年中央财政城镇保障性安居工程补助资金用于发展住房租赁市场的通知》（财综〔2020〕34号）要求，各省、自治区财政部门会同同级住房城乡建设部门于接到补助资金后30日内，将中央财政城镇保障性安居工程补助资金一次性分配下达到试点城市财政部门。试点城市财政部门收到中央补助资金后，要按照有关规定统筹用于城市住房租赁市场，并及时拨付资金，实行分账核算，进行专项管理，确保资金专款专用。②

在中央政府的政策支持下，城市政府没有了"缺米少粮"的担忧，在中央政府以人民为中心的政策理念的感召下，城市政府就会积极贯彻落实中央政府保障性住房政策。

二 市场主体的协同

（一）城市保障性住房开发建设企业与城市住房保障对象的协同

虽然城市保障性住房开发建设企业与城市住房保障对象之间没有直接的沟通和联系，但他们分别作为城市保障性住房开发建设主体与居住主体，对城市保障性住房的开发建设与居住有着重要影响。大多数城市保障性住房开发建设企业本身就是房地产开发建设企业，大部分城市住房保障对象是在商品性住房市场观望并因无力购买商品性住房而申请保障性住房的购房者。

城市保障性住房开发建设企业与城市住房保障对象曾经围绕商品性住房价格进行了舆论的争执和利益博弈，最终结果是：城市保障性住房

---

① 《关于印发〈中央财政城镇保障性安居工程专项资金管理办法〉的通知》，http://zhs.mof.gov.cn/zxzyzf/zybzczbzxajgczxzj/201910/t20191012_3400746.htm.
② 《财政部 住房城乡建设部关于下达2020年中央财政城镇保障性安居工程补助资金用于发展住房租赁市场的通知》，http://www.mof.gov.cn/gp/xxgkml/zhs/202008/t20200817_3568634.htm.

开发建设企业遭受很大的舆论压力，但获得了丰厚的商业利润；城市住房保障对象获得广泛的道义同情和舆论支持，但被迫放弃购置商品性住房而申请城市保障性住房。

在城市商品性住房领域，城市保障性住房开发建设企业成为占明显优势地位的强势方，而人数以千万计的城市住房保障对象一直处于弱势地位。究其原因主要有：首先，对于城市保障性住房开发建设企业来说，如果城市房价降低，它们的商业利润会受到损失；如果房价持续上涨，它们就会共同受益。在面对城市住房保障对象要求降价的呼声中，城市保障性住房开发建设企业常常联合在一起并形成"价格同盟"。

其次，对于城市住房保障对象来说，在城市商品性住房领域，他们是一个成分复杂的群体。在购房动机上，有的人希望购房时价格便宜，买到房后对房价涨跌不怎么关注；有的人希望购房时价格便宜，买到房后希望房价涨得越高越好。因此，对于城市商品性住房"价格同盟"，城市住房保障对象并非想象中那样人数众多、意见统一。今天呼吁房价过高者，签了买房协议，转眼就可能成为祈盼房价上涨的主力。

在城市保障性住房领域，曾经在商品性住房市场有着严重对立情绪的两个主体却能成为情感相连的两个主体。城市保障性住房开发建设企业虽然在商品性住房开发建设时利用高房价的方式获取高额利润，让城市低收入群体望房兴叹。但在城市保障性住房领域，城市保障性住房开发建设企业在获取较低的商业利润的同时，主要是解决城市住房保障对象的居住问题。城市住房保障对象通过交付少量租金的方式，解决了在城市没有稳定居所的问题。通过保障性住房这个纽带，城市保障性住房开发建设企业和城市住房保障对象实现了情感的和解。

相关案例：

由于城市房价高，老百姓对房地产开发企业的印象都不太好，往往把买不起房的责任主要归咎于房地产开发企业从住房中获取了高额利润。近年来，一些房地产开发企业通过参与城市保障性住房开发建设和运营的方式，履行自身应当履行的社会责任，在一定程度上改变了这类企业在老百姓心目中的形象。（访谈记录：J20190522，地处 J 市某高校研究人员 G）

城市保障性住房开发建设企业与城市住房保障对象经过情感的和解，在城市保障性住房治理过程中开始进行协同。对于城市保障性住房开发建设企业来说，作为构建城市美好生活、实现民族复兴的成员，应肩负起一定的社会责任。要摒弃唯利是图的企业文化，像经营企业业绩一样经营企业形象。只有城市住有所居，全国人民安居乐业，国家才能富强，民族才能复兴，城市保障性住房开发建设企业的兴旺发达才有根本保障。

对于城市住房保障对象来说，房子不一定就是家，有爱才有家，如果暂时实在没有经济实力购买商品性住房，先租赁城市保障性住房不失为一种理性选择，没有必要为商品性住房价格的上涨推波助澜。随着我国人口出生率的下降，一些城市特别是中小城市的商品性住房有下降的可能，城市住房保障对象如果还有炒房的意图，可能面临着较大的投资风险。

（二）商业银行与城市住房保障对象的协同

经济十分困难特别是购买经济适用房的城市住房保障对象，需要通过在商业银行办理贷款的方式实现租赁或购买城市商品性住房的愿望，商业银行通过向城市住房保障对象发放贷款获得适当的商业利润。对于城市住房保障对象来说，由于保障性住房的银行贷款利息比较低，绝大部分城市住房保障对象都能承受得起。对于商业银行来说，相对于商品性住房贷款，城市保障性住房的个人贷款由城市政府提供隐性担保，有着风险小、还款预期稳定等优势，是商业银行一项重要的利润来源。

相关案例：

2022年2月，《中国银保监会 住房和城乡建设部关于银行保险机构支持保障性租赁住房发展的指导意见》（银保监规〔2022〕5号）要求，银行保险机构要以不断增强人民群众获得感、安全感、幸福感为工作的出发点，优化整合有关金融资源，积极对接保障性租赁住房开发建设、购买、装修改造等服务需求。[①]

[①] 《中国银保监会 住房和城乡建设部关于银行保险机构支持保障性租赁住房发展的指导意见》，https://www.mohurd.gov.cn/ztbd/bzxzlzfgz/zybmwj/202202/20220225_764651.html.

2022年3月,《中国银保监会 中国人民银行关于加强新市民金融服务工作的通知》(银保监发〔2022〕4号)要求,各省会(首府)城市中心支行、各副省级城市中心支行、各政策性银行、大型银行、股份制银行等金融机构坚持以人民为中心的发展思想,提升金融服务便利度与均等性。在优化住房金融服务方面,支持商业银行在保障性住房购买、装修改造等环节提供多元化、专业化的金融服务。支持商业银行为规模化、专业化的住房租赁企业提供信贷支持,降低住房租赁企业的资金成本,为缓解新市民住房压力提供支持。[①]

可以说,在"房住不炒"成为我国住房基本政策后,商业银行与城市住房保障对象的协同既能解决住房困难群体的居住问题,也能给商业银行带来稳定的商业利润。商业银行与城市住房保障对象应按照我国保障性住房政策要求,在实现城市保障性住房开发建设、购买分配、管理监督等过程中履行自身职责、发挥自身作用、规范自身行为,共同推动城市保障性住房工作顺利进行。

(三)城市保障性住房开发建设企业与商业银行的协同

自1998年实行住房商品化改革以来,城市住房开发建设的信用贷款就被商业银行当作优质业务来对待。城市住房开发建设的资金主要来自商业银行,商业银行为了扩大银行利润空间,积极主动将为城市住房开发建设企业发放贷款作为银行业务的重点。在商业银行贷款业务中,投入城市住房开发建设的资金占比较高。

城市保障性住房开发建设既有劳动密集型的特点又有资金密集型的特点,城市保障性住房开发建设企业在征地、拆迁补偿等方面都需要大量资金。商业银行由于资金量充沛,又有追求利润的企业特征,成为城市保障性住房开发建设企业的天然合作伙伴。

相关案例:

企业参与或承担城市保障性住房开发建设需要资金,银行需要

[①]《中国银保监会 中国人民银行关于加强新市民金融服务工作的通知》,http://www.cbirc.gov.cn/cn/view/pages/ItemDetail.html?docId=1041453&itemId=925&generaltype=0.

通过提供商业贷款而获得合理利润，住房开发建设企业与商业银行有着互补的合作基础。由于城市保障性住房有政府政策的支持，基本上没有开发建设和管理经营风险。近年来，和我行进行合作的城市保障性住房开发建设企业越来越多，既为企业的业务经营提供了雄厚的资金支持，也为银行培育了新的利润增长点。从更大的层面来说，推进了城市住房保障和社会事业的发展。（访谈记录：J20190523，某商业银行工作人员 H）

在城市保障性住房开发建设过程中，城市保障性住房开发建设企业与商业银行应建立合作互利、规范有效的协同关系，树立企业良好形象，打造企业过硬品牌，积极响应政府要求，为解决城市住房困难群体的居住问题、维护城市社会公正、创造城市美好生活作出贡献。

三 政府与市场主体的协同

（一）中央政府与城市保障性住房开发建设企业的协同

城市保障性住房开发建设企业是城市保障性住房建造者，在城市保障性住房开发建设过程中以获取适当利润为目标。在我国城市保障性住房建设中，城市保障性住房开发建设企业为改善城市居住条件、解决城市住房困难群体居住问题、促进城市经济社会发展、创造城市美好生活发挥了重要作用，中央政府对此一直十分重视。

相关案例：

2007 年 8 月，《国务院关于解决城市低收入家庭住房困难的若干意见》（国发〔2007〕24 号）强调，在积极发展住房租赁市场的过程中，要鼓励房地产开发企业开发建设面向社会出租的中小户型住房。[①]

2011 年 4 月，《关于积极参与保障性住房开发建设有关事项的通知》（国资厅发规划〔2011〕28 号）指出，中央企业要充分认识到

---

① 《国务院关于解决城市低收入家庭住房困难的若干意见》，《中华人民共和国国务院公报》2007 年第 26 期。

推进保障性住房开发建设的政治、经济与社会意义，把积极参与保障性住房开发建设作为中央企业履行社会责任的重要途径，发挥中央企业的带头作用，进一步加大对保障性住房开发建设的投入支持力度。[1]

2016年5月，《国务院办公厅关于加快培育和发展住房租赁市场的若干意见》（国办发〔2016〕39号）提出，鼓励房地产开发企业将库存商品性住房出租，支持房地产开发企业利用已建成或新建住房开展租赁业务，引导房地产开发企业与住房租赁企业合作，积极发展住房租赁市场。[2]

2021年6月，《国务院办公厅关于加快发展保障性租赁住房的意见》（国办发〔2021〕22号）要求，支持专业化规模化住房租赁企业建设和运营管理保障性租赁住房。[3]

对于中国这样的发展中大国而言，在发展生产力、提高综合国力的时期，用于解决住房等民生问题的财力比较有限。过于强调民生问题，经济发展可能无以为继，这是不得不作出的艰难选择，也是我国经济和社会发展不得不经历的特殊阶段。但我国社会主要矛盾已经转化为人民日益增长的美好生活需要和不平衡不充分的发展之间的矛盾，在中央政府推进的国家治理各项事务中，住房等民生问题所占权重渐渐赶上甚至超过经济发展所占的权重。利润比较丰厚、民生问题较为突出的城市住房领域必然成为国家治理的重点对象。

相关案例：

2022年2月，住房和城乡建设部办公厅印发《关于加强保障性住房质量常见问题防治的通知》（建办保〔2022〕6号）强调，保障

---

[1] 《关于积极参与保障性住房开发建设有关事项的通知》，http://www.sasac.gov.cn/n2588035/n2588320/n2588335/c20180434/content.html.

[2] 《国务院办公厅关于加快培育和发展住房租赁市场的若干意见》，《中华人民共和国国务院公报》2016年第18期。

[3] 《国务院办公厅关于加快发展保障性租赁住房的意见》，《中华人民共和国国务院公报》2021年第20期。

性住房的工程质量是实现城市居民居住条件从"有没有"向"好不好"转变的重要体现，关系到中央政府住房保障政策有效落实，是城市保障性住房建设管理的核心。①

城市保障性住房开发建设企业应认识到住房等民生问题在中央政府推进国家治理中的地位与权重越来越重要。在我国社会主要矛盾已经转化为人民日益增长的美好生活需要和不平衡不充分的发展之间的矛盾时，创造人民美好生活不仅是中央政府的治理理念，更是实实在在的治理行动。城市住房是城市居民美好生活需要的重要内容，实现住有所居不仅是政府的职责，也是城市保障性住房开发建设企业的义务。这既因为城市保障性住房开发建设企业是城市保障性住房开发建设的主体，也因为在以往几十年间，城市保障性住房开发建设企业在城市商品性住房的开发建设中获取了巨额利润，现在应该反哺社会、反哺国家、反哺人民。城市保障性住房开发建设企业应积极响应和执行中央政府的保障性住房政策，摒弃获取超额利润这一企业发展思路，通过积极参与城市保障性住房的开发建设，在解决城市困难群体住房问题、创造城市美好生活的同时，承担企业应尽的社会责任。这有利于改善企业的社会形象，让企业获得可持续发展的空间。

（二）中央政府与商业银行的协同

改革开放尤其是实行住房商品化制度以来，快速发展的城市住房建设需要大量资金。商业银行为住房建设提供信用贷款，解决了城市住房建设资金不足的问题，并从城市住房发展中获得丰厚的商业利润回报。一方面，商业银行对城市住房建设取得的成就作出了一定的贡献。另一方面，一些社会舆论和城市居民认为，商业银行应为城市住房存在的房价偏高、结构不合理、保障性住房比例低等问题承担一定的责任。

商业银行是受中央政府管制的金融机构，有着贯彻国家宏观经济政策、实现政府工作目标、促进经济高质量、维护社会公平正义的责任与

---

① 《住房和城乡建设部办公厅关于加强保障性住房质量常见问题防治的通知》，https：//www.mohurd.gov.cn/ztbd/bzxzlzfgz/zybmwj/202202/20220222_764573.html.

使命。商业银行只有在服务国家发展规划、创造人民美好生活的过程中才能实现企业自身发展和利润最大化。

相关案例：

2021年6月，《国务院办公厅关于加快发展保障性租赁住房的意见》（国办发〔2021〕22号）提出，支持银行业金融机构向保障性租赁住房自持主体提供长期贷款，支持银行业金融机构发行募集资金用于保障性租赁住房贷款投放的金融债券。[1]

2022年1月，中国人民银行、中国银行保险监督管理委员会发布的《关于保障性租赁住房有关贷款不纳入房地产贷款集中度管理的通知》（银发〔2022〕30号）要求，对于发放给持有保障性租赁住房项目认定书的保障性租赁住房项目贷款，银行业金融机构不得不纳入房地产贷款集中度管理。要按照风险可控、依法合规、商业可持续的原则，加大为保障性租赁住房提供金融产品和金融服务的支持力度。[2]

2022年2月，《中国银保监会 住房和城乡建设部关于银行保险机构支持保障性租赁住房发展的指导意见》（银保监规〔2022〕5号）要求，商业银行要对现有金融资源进行优化整合，按照风险可控、依法合规、商业可持续原则，为保障性租赁住房的开发建设、购买、装修改造以及运营管理等需求提供专业化、多元化的金融服务，向对存量房屋进行改建、改造并形成非自有产权保障性租赁住房的企业提供贷款，鼓励银行业金融机构通过银团贷款方式加大对保障性租赁住房项目的支持，支持银行保险机构参与基础设施领域不动产投资信托基金（REITs）。[3]

---

[1] 《国务院办公厅关于加快发展保障性租赁住房的意见》，《中华人民共和国国务院公报》2021年第20期。

[2] 《关于保障性租赁住房有关贷款不纳入房地产贷款集中度管理的通知》，http://www.gov.cn/zhengce/zhengceku/2022-02/10/content_5672858.htm.

[3] 《中国银保监会 住房和城乡建设部关于银行保险机构支持保障性租赁住房发展的指导意见》，https://www.mohurd.gov.cn/ztbd/bzxzlzfgz/zybmwj/202202/20220225_764651.html.

商业银行积极支持中央政府保障性住房政策的执行和落实,积极参与城市保障性住房的开发建设、分配入住、管理监督等过程,这在城市商品性住房利润下降的情况下,有助于商业银行获得稳定、长期的企业利润,履行自身应当承担的社会责任,塑造自身良好企业形象,拉近与城市市民之间的心理距离,促进中央政府"房住不炒"政策真正落实到位。

（三）中央政府与城市住房保障对象的协同

坚持以人民为中心的发展思想的关键是政府的一切工作都要坚持发展为了人民、发展依靠人民、发展成果由人民共享。"个人是住房权的最终受益者,也是住房权实现的第一责任主体。个人有义务通过劳动和奋斗来获取住房权益,并且这种住房权益有可能因为个人劳动和奋斗的不同而出现差别。"[①] 但"住房权与人身权、选举权等基本权利不同,后者只要国家不去主动侵犯就可以实现,因而它们对应于国家的消极义务;而住房权则对应于国家的积极义务,因为住房权无法自然实现,它必须通过国家的积极干预和有效推动,凭借法律途径消除各种不平等才能达成"[②]。

由于每个人的受教育程度、家庭经济情况、工作收入状况存在差异,个人解决住房的能力也有着较大的区别。中央政府制定的城市保障性住房政策的最终目标是解决城市住房保障对象的居住问题。对于城市住房困难群体来说,在城市有配套齐全、设施齐备、能长期居住的住房是养育子女、赡养老人的必备条件,是实现安居乐业、创造美好生活的基本需求,更是城市归属感的重要体现。但城市较高的房价让很多中低收入群体"望房兴叹",给他们带来了沉重的经济、心理和精神压力。[③]

改革开放以来,改善城市居民居住条件、解决住房困难群体的居住问题一直是中央政府推进住房制度改革、进行住房政策创新的主要目标。

[①] 汤林弟、林玲、李梓枫:《中国城市住房保障政府绩效评估报告（2012）》,广东高等教育出版社2014年版,第18页。

[②] 汤林弟、林玲、李梓枫:《中国城市住房保障政府绩效评估报告（2012）》,广东高等教育出版社2014年版,第18页。

[③] 常雪、苏群、周春芳:《房价、住房支付能力与刑事犯罪——基于中国省级面板数据的实证分析》,《上海财经大学学报》2018年第1期。

这是因为，满足人民群众最基本的居住需求是政府的职责所在，城市居民只有"安居"才能"乐业"，才能凝聚起进一步推进改革开放、促进经济可持续发展、构建和谐社会的力量。

相关案例：

1990年9月，《建设部、全国总工会关于印发解决城镇居住特别困难户住房问题的若干意见的通知》（建房字〔1990〕446号）要求，把解决城镇居住特困户的住房问题作为改进工作作风、密切联系群众、为人民办实事的重要内容，作为考核地方各级政府工作的重要指标，确保解困用房专房专用，只向居住特困户出售或出租。[1]

1991年6月，《国务院关于继续积极稳妥地进行城镇住房制度改革的通知》（国发〔1991〕30号）要求，新开发建设的公有住房优先向无房户和住房困难户出售或出租。[2]

随着商品性住房市场的非理性扩张，城市房价不断攀升，买不起房子的城市住房困难群体不断增加，各个城市开发建设的保障性住房远远满足不了城市住房困难群体的居住需求。城市居民对中央政府的信任水平比较高，[3] 但如果城市住房问题长期得不到有效解决，那么必然影响城市居民的幸福感、获得感，影响他们对所居住城市治理理念和人文环境的认同感。[4] 一些住房投机行为导致城市居民的贫富差距越来越大，住房成为造成社会阶层分隔的主要原因。如果中央政府不主动把握城市住房保障对象的心理变化，不采取行之有效的措施解决由住房问题导致的社会问题，那么就有可能影响社会和谐与稳定。

---

[1] 《建设部、全国总工会关于印发解决城镇居住特别困难户住房问题的若干意见的通知》，https://www.mohurd.gov.cn/gongkai/zhengce/zhengcefilelib/200110/20011029_157603.html。

[2] 《国务院关于继续积极稳妥地进行城镇住房制度改革的通知》，https://www.mohurd.gov.cn/gongkai/fdzdgknr/zgzygwywj/200107/20010725_155398.html。

[3] 刘军岭：《房价、住房产权条件与城镇居民社会信任》，《现代财经》（天津财经大学学报）2017年第2期。

[4] 卢海阳、郑逸芳、黄靖洋：《公共政策满意度与中央政府信任——基于中国16个城市的实证分析》，《中国行政管理》2016年第8期。

相关案例：

为了保障城市住房困难群体的居住权利，解决他们的住房问题，2007年8月，《国务院关于解决城市低收入家庭住房困难的若干意见》（国发〔2007〕24号）强调，各级地方政府要把解决城市低收入家庭住房困难作为政府公共服务的一项重要职责，作为城市住房制度改革的重要内容。要以城市低收入家庭为保障对象，改进和规范城市经济适用住房制度，建立和健全城市廉租住房制度，加大对棚户区和老旧住房区的改建和改造力度。上述文件还规定，要对城市廉租住房的保障对象和保障标准进行合理确定，对城市经济适用住房的供应对象进行有效规范，经济适用住房供应对象要与廉租住房保障对象衔接。[1]

城市住房保障对象的居住问题在中央政府的持续关怀下得到一定程度的缓解，但在城市化快速发展和商品性住房不断扩张的双重作用下，城市住房困难群体数量的迅速增加和城市保障性住房供给数量的相对不足之间的矛盾日益突出。对于节节攀升的房价，中央政府通过财政、货币与金融政策实施了必要的干预，出台了限购、限贷、公租房、保障性住房等一系列调控政策。

相关案例：

为了更好地解决城市住房困难群体的居住问题，进一步深化城市住房制度改革，2016年5月，《国务院办公厅关于加快培育和发展住房租赁市场的若干意见》（国办发〔2016〕39号）强调，新就业大学生、青年教师和青年医生等专业技术人员、在城镇稳定就业的外来务工人员等符合公租房准入标准的城市居民都应纳入公租房保障范围，支持城市公租房保障对象通过在市场租赁住房的方式解决居住问题，政府结合市场同类住房租金水平和保障对象的实际情况，对符合条件的保障对象给予适当的租赁补贴。该文件还规定，公租

---

[1] 《国务院关于解决城市低收入家庭住房困难的若干意见》，《中华人民共和国国务院公报》2007年第26期。

房的承租人要按时缴纳公租房的租金,并按照公租房租赁合同内容使用住房及其内部设施。①

2022年2月,住房和城乡建设部办公厅印发的《关于加强保障性住房质量常见问题防治的通知》(建办保〔2022〕6号)强调,要让城市住房困难群体"住得进""住得好",就必须切实解决城市保障性住房常见的质量问题,深刻认识提高城市保障性住房工程质量的必要性和重要性。②

但这些调控措施并没有减轻城市居民的住房压力,也没有真正解决城市的住房问题。③ 城市住房保障对象通过社会舆论、网络和纸质媒介等多种渠道向中央政府反映自身面临的住房困难问题。

(四)城市政府与城市保障性住房开发建设企业的协同

在城市保障性住房领域中,城市政府与城市保障性住房开发建设企业的关系较为复杂。城市保障性住房开发建设企业大多为商品性住房开发建设企业,在城市商品性住房领域,城市政府对财政收入的重视和商品性住房开发建设企业对商业利润的追求,使得城市政府和城市商品性住房开发建设企业成为关系融洽、合作紧密的共同体。城市政府通过在土地出让位置、土地出让价格、征地拆迁等方面给予城市商品性住房开发建设企业一定的便捷措施,收取土地出让金,增加城市政府财政收入。城市商品性住房开发建设企业在拿到土地之后,为了收回上交给城市政府的土地出让金,获得住房开发建设利润,就以远远高于成本的价格对外销售商品性住房。

城市政府与城市商品性住房开发建设企业之间的合作关系造成了以下两个方面的负面影响。一是损害了城市住房困难群体的正当权益。无论是城市政府卖地获得的土地出让金,还是城市商品性住房开发建设企

---

① 《国务院办公厅关于加快培育和发展住房租赁市场的若干意见》,《中华人民共和国国务院公报》2016年第18期。
② 《关于加强保障性住房质量常见问题防治的通知》,https://www.mohurd.gov.cn/ztbd/bzxzlzfgz/zybmwj/202202/20220222_764573.html.
③ 赵奉军、高波:《新时代住房问题内涵与长效机制建设》,《江苏行政学院学报》2018年第3期。

业赚取的巨额商业利润,最终都是以高房价的形式转嫁到城市住房保障对象身上,造成中低收入群体买房难和已购住房的城市居民身负沉重的还贷压力,降低了他们的幸福指数。二是损害了政府在城市居民心中的形象。在城市住房保障对象看来,城市政府是中央政府公共政策的执行者。城市房价过高、难以解决居住问题导致城市住房保障对象将对城市商品性住房开发建设企业的怨念转移给城市政府。

在我国社会矛盾转变为人民日益增长的美好生活需要和不平衡不充分的发展之间的矛盾的背景下,中央政府不可能再任由城市政府与城市商品性住房开发建设企业继续透支中央政府的治理权威与政策信誉。因此,城市政府与城市保障性住房开发建设企业应审时度势,树立以人民为中心的发展思想,构建"亲、清"新型政企关系。城市政府要引导和支持城市保障性住房开发建设企业参与经济适用房、廉租房等城市保障性住房的开发建设。

相关案例:

2008年3月,台州市人民政府印发的《台州市区廉租住房保障管理办法(试行)》(台政发〔2008〕20号)对房地产企业在保障性住房开发与建设中的行为作出了具体规定:取得国有土地开发、建设权限的房地产企业,应当根据国有土地出让合同和规划条件,与当地住房保障部门签订具体的回购协议。廉租住房与该地块商品性住房的建设标准必须相同(除室内装修以外),要坚持同步设计、同步施工、同步验收、同步交付的原则推进廉租住房的建设。房地产企业开发建设的廉租住房利润率不得高于3%,对通过验收的廉租住房,市住房保障部门要与房地产开发企业办理交接手续。[1]

2008年4月,楚雄州人民政府印发的《楚雄州解决城市低收入家庭住房保障工作实施方案》(楚政通〔2008〕25号)提出,要积

---

[1] 《台州市人民政府关于印发台州市区廉租住房保障管理办法(试行)的通知》,《台州政报》2008年第4期。

极鼓励房地产企业开发、建设小套型住房并向社会出售、出租。①

2010年11月，济南市人民政府办公厅印发的《济南市政府投资保障性住房建设资金管理暂行办法》（济政办发〔2010〕92号）明确规定：在每年第三季度，保障性住房建设单位要根据市政府下达的下一年度保障性住房工作计划编制项目预算，报市住房保障管理部门。保障性住房建设单位要确保按照规定用途使用保障性住房资金，在政府投资的保障性住房新建、改建竣工验收或完成收购后，及时将房屋移交市住房保障管理部门并办理权属登记手续。在每个季度结束的20日内，保障性住房建设单位应向市住房保障管理部门报告本单位承建的保障性住房建设情况报表及分析说明。对保障性住房建设单位虚报年度工程实绩的行为，市财政部门将取消安排该建设单位的保障性住房资金资格。②

2022年7月，宿迁市人民政府颁发的《市政府关于加快发展保障性租赁住房的实施意见》（宿政规发〔2022〕3号）指出，支持房地产开发企业、国有平台公司、专业化规模化住房租赁企业建设、运营和管理保障性租赁住房。③

城市保障性住房开发建设企业要认识到，依靠建立政企同盟的方式维持高额利润的商业模式已经不合时宜。城市保障性住房开发建设企业只有树立正确的义利观，妥善处理好追求商业利润与增进社会福祉的关系，在维持企业平均利润的同时，积极参加城市保障性住房建设，才能为企业的未来创造更为稳定和广阔的空间。

（五）城市政府与商业银行的协同

城市政府发展经济、解决住房等民生问题，离不开商业银行提供的资金支持，商业银行在合理配置城市资源、推动城市经济高质量发展、

---

① 《楚雄州人民政府关于印发楚雄州解决城市低收入家庭住房保障工作实施方案的通知》，《楚雄政报》2008年第3期。
② 《济南市人民政府办公厅关于印发济南市政府投资保障性住房建设资金管理暂行办法的通知》，《济南政报》2010年第23期。
③ 《市政府关于加快发展保障性租赁住房的实施意见》，《宿迁市人民政府公报》2022年第7期。

促进城市社会良性运转中起着极为重要的作用。商业银行包括全国性的商业银行和受城市政府管理的城市商业银行，它们在控股主体、资本构成、投资方向、业务范围等方面存在一定差异。因此，城市政府与这两类商业银行的协同方式也有着一定的差别。

第一，城市政府与全国性商业银行没有直接的行政隶属、股权控制与人事任免关系，在城市保障性住房开发建设中，全国性商业银行相对而言有较多的独立性和自主性，但这并不表示全国性商业银行的城市分行或支行不受城市政府的影响。全国性商业银行的城市分行或支行要开展保障性住房领域的金融业务，离不开城市政府的支持和配合。

第二，城市政府对城市商业银行有较大的控制力，不少城市政府持有城市商业银行较高比例的股份，有着城市商业银行的人事任免权、经营方向决定权。城市商业银行在城市保障性住房开发建设中担负着政府融资平台的重要角色。

城市政府与商业银行的协同实质上是"政"与"财"的合作，是人与钱的博弈。城市政府要坚持以人民为中心的发展思想，坚持"亲""清"新型政商关系原则处理和商业银行之间的合作，促进城市保障性住房开发建设实现高质量发展。

相关案例：

2018年12月，《葫芦岛市人民政府办公室关于印发葫芦岛市加快建立多主体供给多渠道保障租购并举住房制度工作方案的通知》（葫政办发〔2018〕179号）提出，要积极引导银行机构创新贷款方式，加大对城市住房租赁企业的信贷投入，部分商业银行要安排适当的贷款额度，对从事城市租赁住房开发建设企业提供贷款支持。[1]

2022年1月，贵阳市人民政府办公厅印发的《市人民政府办公厅关于加快发展保障性租赁住房的实施意见》（筑府办发〔2022〕1号）要求，引导政策性银行和商业银行向保障性租赁住房项目提供

---

[1] 《葫芦岛市人民政府办公室关于印发葫芦岛市加快建立多主体供给多渠道保障租购并举住房制度工作方案的通知》，http://www.jianchang.gov.cn/xxgk_3511/zfxxgk/fdzdgknr/ggzy/tdfcgk/201906/t20190612_832791.html.

贷款支持。①

2022年6月，《青岛市人民政府办公厅关于加快发展保障性租赁住房的实施意见》（青政办发〔2022〕3号）提出，支持商业银行以市场化方式向城市保障性租赁住房自持主体长期提供贷款服务。②

2022年9月，《新乡市闲置商业用房、公寓等非住宅改建租赁住房加快发展保障性租赁住房（长租房）实施意见》（新政办〔2022〕72号）提出，鼓励商业银行在对城市住房租赁企业提高金融服务时要创新服务方式，优化服务内容。③

（六）城市政府与城市住房保障对象的协同

城市政府是城市公共政策的执行者，"对于任何一个城市政府来说，公共政策都是一定时期内为了实现一定的城市发展目标所采取的政治行动或所规定的政治行为准则"④。城市政府作为城市保障性住房开发建设、分配居住、管理监督的直接责任主体，承担着实现中央政府"住有所居"政策目标、解决辖区住房保障对象居住问题的重要任务。

相关案例：

2001年11月，青岛市人民政府印发的《青岛市城镇最低收入居民家庭住房保障管理办法》（青政发〔2001〕104号）明确了为城镇最低收入居民家庭提供廉租住房、发放租金补贴、减免现住公房租金等住房保障方式。⑤

2005年9月，南京市人民政府印发的《南京市城镇最低收入家

---

① 《市人民政府办公厅关于加快发展保障性租赁住房的实施意见》，https://www.mohurd.gov.cn/jigou/sjjg/jgzfbzs/bzsgzxx/202205/20220520_766239.html.

② 《青岛市人民政府办公厅关于加快发展保障性租赁住房的实施意见》，https://www.mohurd.gov.cn/jigou/sjjg/jgzfbzs/bzsgzxx/202207/20220722_767295.html.

③ 《新乡市闲置商业用房、公寓等非住宅改建租赁住房加快发展保障性租赁住房（长租房）实施意见》，http://www.xinxiang.gov.cn/sitesources/xxsrmzf/page_pc/zwgk/zfwj/szfwj/articlead0e3ac2b89d48409c3e39affe2afa3e.html.

④ 刘志鹏：《公共政策运行中的信息不对称及其治理》，《城市问题》2011年第2期。

⑤ 《关于印发〈青岛市城镇最低收入居民家庭住房保障管理办法〉的通知》，http://www.qingdao.gov.cn/zwgk/zdgk/fgwj/zcwj/szfgw/2001/202010/t20201019_491132.shtml.

庭廉租住房保障实施细则》（宁政发〔2005〕173号）规定，该市实行以发放租赁住房补贴为主，以租金核减、实物配租为辅的廉租住房保障方式。文件对该市住房保障对象申请租赁住房补贴、实物配租的条件、标准、程序等也作出了具体规定。①

2006年6月，成都市人民政府印发的《成都市城市最低收入与低收入家庭住房保障实施细则》（成府发〔2006〕51号）界定了成都市最低收入家庭、低收入家庭条件：原有住房人均面积不超过规定的面积控制标准，家庭成员中拥有两个（含两个）以上本市五城区（锦江、青羊、金牛、武侯、成华区）正式户口并取得本市户籍3年以上。②

但是，"在我国，市民与城市政府沟通的正式渠道少而且效率低下"，"政策信息难以通过多种渠道在政策主体与目标群体之间进行交流"，"政策信息在传输过程中容易失真，信息损失严重，政策沟通不畅通，加剧了我国城市政府与市民间的政策信息不对称"。③ "如果政府凭借其在政策过程中的特殊地位来追求自身利益，则必然导致政策偏离公正目标。"④ 城市房价长期偏高导致城市住房困难群体居住问题得不到有效解决，这将会使人们对少数城市政府执行中央政府保障性住房政策的决心和能力产生怀疑。这容易透支城市居民的信任，有可能导致个别城市政府产生信任危机。⑤

城市政府承担着解决城市住房保障对象居住问题的行政责任，中央政府对此一直都有着明确要求，多次颁布相关文件要求城市政府把解决城市住房困难群体的居住问题作为维护群众利益的重要工作和政府公共

---

① 《市政府关于印发〈南京市城镇最低收入家庭廉租住房保障实施细则〉的通知》，《南京市人民政府公报》2005年第9期。
② 《成都市人民政府关于印发〈成都市城市最低收入与低收入家庭住房保障实施细则〉的通知》，《成都政报》2006年第7期。
③ 刘志鹏：《公共政策运行中的信息不对称及其治理》，《城市问题》2011年第2期。
④ 俞海山、周亚越：《公共政策何以失败？——一个基于政策主体角度的解释模型》，《浙江社会科学》2022年第3期。
⑤ 马永强、麻宝斌：《住房压力和社会公平感对政府信任的影响研究》，《哈尔滨工业大学学报》（社会科学版）2019年第1期。

服务的一项重要职责。

相关案例：

为了进一步督促城市政府做好住房保障工作，2007年8月，《国务院关于解决城市低收入家庭住房困难的若干意见》（国发〔2007〕24号）指出，解决城市低收入家庭住房困难是城市政府的重要责任，城市政府要把解决城市低收入家庭住房困难问题摆上重要议事日程。要抓紧时间对低收入家庭住房状况进行详细调查，及时建立城市低收入住房困难家庭住房情况档案，制定能切实解决城市低收入家庭住房困难的工作目标、发展规划和年度计划并向社会公布。在每年向人民代表大会所作的《政府工作报告》中，城市政府要报告解决城市低收入家庭住房困难问题年度计划的完成情况。[①]

在社会主要矛盾已经转化为人民日益增长的美好生活需要和不平衡不充分的发展之间的矛盾的背景下，民生福利和纯公共产品等公平绩效正在赶上并超越经济增长的影响。[②] 为了消除城市居民对少数城市政府在住房保障问题上产生的信任危机，城市政府应树立以人民为中心的发展思想，严格执行中央政府保障性住房政策，加大保障性住房开发建设力度，提高城市住房保障范围。

相关案例：

2007年12月，西宁市人民政府印发的《西宁市城镇最低生活保障家庭廉租住房实施细则》（宁政〔2007〕142号）要求，全市每年廉租住房建筑面积（包括新建和政府出资收购）不低于当年新建住房总量的3%，分别按新建廉租住房建设造价的1%和旧住房收购价

[①]《国务院关于解决城市低收入家庭住房困难的若干意见》，《中华人民共和国国务院公报》2007年第26期。

[②] 孟天广、杨明：《转型期中国县级政府的客观治理绩效与政治信任——从"经济增长合法性"到"公共产品合法性"》，《经济社会体制比较》2012年第4期。

款的 10% 收取廉租住房维修基金。①

2010 年 6 月,《郑州市人民政府关于进一步扩大廉租住房保障覆盖面的通知》(郑政文〔2010〕155 号)提出,要进一步降低廉租住房申请门槛,扩大廉租住房申请对象的范围及补贴标准,将具有郑州市城镇常住户口、家庭人均月收入低于郑州城市居民最低生活保障标准 2.5 倍,并且人均住房建筑面积低于 16 平方米(含)的家庭纳入廉租住房的保障范围,确保实现符合条件的低收入住房困难家庭应保尽保。②

2020 年 11 月,邯郸市保障性住房管理中心发布的《关于主城区办理公租房、廉租房等有关问题的声明》强调,城市保障性住房是为了解决新就业职工、外来务工群体和城市中低收入家庭的住房困难,只要符合申请条件并提供真实有效的申请材料,申请者不花一分钱就可以申请。③

---

① 《西宁市人民政府关于印发〈西宁市城镇最低生活保障家庭廉租住房实施细则〉的通知》,《西宁政报》2007 年第 12 期。
② 《郑州市人民政府关于进一步扩大廉租住房保障覆盖面的通知》,《郑州市人民政府公报》2010 年第 6 期。
③ 《邯郸市保障性住房管理中心关于主城区办理公租房、廉租房等有关问题的声明》,http://fgj.hd.gov.cn/html/tongzhigonggao/3107.html。

第 六 章

城市保障性住房治理的维度协同

第一节 过程维度的城市保障性住房治理

一 城市保障性住房治理的基本过程

过程是指事物所构成的相关因素在一定的时间和空间之内相互作用、相互影响的发展经历和变化历程。具体来说,"过程呈现为一个持续适应或再生产的循环,通常以一个或多个反馈环来表示。复现模式的潜在假设是事物的发展并没有在研究时间窗口的终点结束,而会持续进行下去"[1]。"过程充满着价值、意图和目标"[2],过程的不同因素持续相互作用会导致过程一直处于稳定与不稳定交替往复的动态变化中,这是过程内在生命力的外在体现。因此,过程研究被赋予政治科学研究方法论的重要地位,过程功能则是制定政策、执行政策、反馈政策效果所必须具备的功能。"过程产品是在输入和输出两个阶段上生产出来的,它包括公共政策制订中的参与及公共政策执行和实施中的服从和司法程序上的公正。"[3]

过程维度的城市保障性住房治理是指注重在住房治理过程中,根据实际情况制定城市保障性住房政策和实施方案,优化城市保障性住房资

---

[1] 王凤彬、张雪:《用纵向案例研究讲好中国故事:过程研究范式、过程理论化与中西对话前景》,《管理世界》2022年第6期。

[2] [美]加布里埃尔·A. 阿尔蒙德、小G. 宾厄姆·鲍威尔:《比较政治学:体系、过程和政策》,曹沛霖、郑世平、公婷、陈峰译,东方出版社2007年版,第407页。

[3] [美]加布里埃尔·A. 阿尔蒙德、小G. 宾厄姆·鲍威尔:《比较政治学:体系、过程和政策》,曹沛霖、郑世平、公婷、陈峰译,东方出版社2007年版,第417页。

源配置，调整城市保障性住房治理措施，凝聚政府与市场主体合力，实现城市保障性住房治理目标。过程维度的城市保障性住房治理表现为中央政府、城市政府、城市保障性住房开发建设企业、商业银行、城市住房保障对象等相关主体对立与合作、封闭与交流、争锋与让步这一互动性、动态性、持续性的历程。

第一，互动性是城市保障性住房治理过程的生命。城市保障性住房治理过程之所以能够开始并不断进行下去，是因为城市保障性住房治理过程中的各个主体之间不断发生以信息、资金、技术等资源要素为内容的互动行为，促使城市保障性住房治理过程不断产生新的资源要素组合。

第二，动态性是城市保障性住房治理过程的动力。互动性作为城市保障性住房治理过程的内在运行特征，表现为城市保障性住房治理过程中各个主体的相互关系、各自地位、相应观点不断处于动态变化过程中。

第三，持续性是城市保障性住房治理过程的表征。城市保障性住房治理各主体发生内在互动作用的驱动，使得城市保障性住房治理过程表现为有着自身特征的、持续性的治理历程。

从过程维度分析城市保障性住房治理中政府与市场的协同行为，能够看到鲜活的治理案例和生动的治理实践，并从这些治理案例和治理实践中提炼出城市保障性住房治理中的共性问题，为进一步完善城市保障性住房治理提供有益的经验。从过程维度来看，城市保障性住房治理是政府过程与市场过程的统一，是政府与市场各主体之间交互作用的过程。

政府过程是指政府在公共事务治理中的政策执行、信息传输、业务监督等活动过程，是针对传统政治理论单纯强调制度与结构的局限而出现的。[1] "任何实际运行中的政府，都不仅是一种体制、一个体系，而且是一个过程。"[2] 可以说，"任何国家政策在自上而下执行过程中，都面临一个具体化、在地化过程"[3]。

市场过程是指市场各个主体、各个要素发挥自身优势、抢占优质资

---

[1] ［美］普拉诺：《政治学分析辞典》，中国社会科学出版社1986年版，第381页。
[2] 朱光磊：《当代中国政府过程》，天津人民出版社2008年版，第3页。
[3] 陈辉、陈讯：《精准扶贫实践中的政策执行偏差及其调适》，《中共福建省委党校学报》2018年第9期。

源、获取更多利益的动态过程。市场最早作为交易的场所，给人们的最初和最多印象是固定、静态的空间概念。但在当代社会，作为配置资源的决定性因素，市场并不是一个地方、一件东西或一个集体的存在。市场是形形色色的个人在分工合作的过程中形成的。[1] 市场过程必然是竞争性的，每一个市场主体都致力于向市场提供比其他竞争者更具有吸引力的机会。[2]

二 城市保障性住房治理的过程协同

（一）政府负责和市场缺位的治理过程（1949—1977年）

中华人民共和国成立初期，人民群众的生活还十分困难，衣食住行等问题都比较突出。1950年，全国城市人口为6169万，但城市住房存量总面积只有4亿平方米，人均住房面积仅为5.5平方米，住房严重短缺。[3] 党和政府十分重视解决人民群众的住房问题，但由于城市获得解放的时间不长，住房接管过程较短，存在住房占有和分配不均衡等不合理现象，给城市居民的工作、生活带来很多的不便。解决现有城市住房的接管、分配和入住等问题，对城市管理者的治理能力和治理水平是一个新的考验。

> 相关案例：
>
> 上海在被市人民政府接管时原有公共房屋约2万幢，但实际上被接管的只有8000多幢，另外1万多幢被少数机关单位占有。主要原因是上海地区在被接管时，由于城市较大、情况复杂，不少机关单位找到房子就住进去，导致以下不合理的现象：有的机关单位占了太多房子，一个人住了几间房子，甚至有人把多余的房子拿出来出租；有干部职工因为分到的房子太远而不愿去住，还要雇人专门看管。但与此相反，有些机关单位因为没有房子就让干部职工住在

---

[1] ［奥］路德维希·冯·米塞斯：《人的行为》，夏道平译，上海社会科学院出版社2015年版，第254页。

[2] ［英］柯兹纳：《竞争与企业家精神》，刘业进译，浙江大学出版社2003年版，第79页。

[3] 陈杰：《新中国70年城镇住房制度的变迁与展望》，《国家治理》2019年第14期。

招待所或旅馆，给国家增加了额外费用支出，也浪费了干部职工用在通勤上的时间和精力。

为了解决机关单位干部职工的住房问题，华东编制委员会组成一个包括干部在内共40余人的房屋检查工作队，对上海各公共机关住房情况进行检查与调整，并按照以下计划40—60天完成工作任务。一是进行思想动员，要求干部职工自行申报登记，同时做好调查和统计工作。二是进行检查，对不主动报告和登记的，予以处分。三是根据各个机关单位编制情况和工作需要提出调整住房分配方案。四是设立统一的专门负责公共房屋的管理修补工作的房产管理委员会。①

解放初期的上海市机关干部住房保障工作是由华东编制委员会成立专门组织进行检查、调整实现的，当时没有住房市场，其他市场要素处于缺位状态并且也无法发挥作用。在由多种经济成分并存的新民主主义经济向单一公有制的计划经济过渡的过程中，国家开始大规模的经济建设，我国国民经济得到快速发展，提高了城市化水平，促进了城市人口的快速增长，导致城市住房需求大幅增加。为解决我国城市居民基本住房短缺问题，党和政府对城市住房的投资、建设、分配、入住进行集中统一管理，形成了城市居民福利住房制度，并延续在整个计划经济时期。

相关案例：

解放初期，北京旧城内遗留下来的住房，六成以上都是危旧房。中华人民共和国成立后，北京作为首都，机关干部职工等城市居民数量始终在不断增长，导致出现严重的"房荒"问题。为此政府投资建造了很多住房，极大地改善了干部职工的居住条件。但由于发展生产、推动大规模经济建设是当时城市的重点任务，政府对于城市住房的投资整体上呈逐年下降趋势。

1953—1955年，城市居民的住房建设投资在全部新增固定资产投资中的占比分别为12.4%、9.3%、6.6%，新增住房固定资产占

---

① 周子芹：《合理调整公共机关住房 华东开始住房检查》，《人民日报》1950年4月15日第3版。

全部新增固定资产的比重分别为12.6%、11.4%、7.1%。据统计，北京市人口在1949年只有209万人，到1956年增加到400多万人，增加了91%；住房面积在1949年为1374万平方米，到1956年增加到2046.47万平方米，增加了49%。

1956年9月，北京市工会联合会对全市563272名职工进行了综合调查，结果显示：有150220名职工迫切需要解决住房，约占被调查职工总数的27%，所需住房面积为136.1635万平方米。其中，需要单身宿舍的职工为80145人，占缺房职工总数的53%，如果以人均居住面积为3平方米来计算，所需住房面积合计为24.0435万平方米；缺家属住房的职工为70075户，如果以户均居住面积为16平方米来计算，所需住房面积合计为112.12万平方米。

虽然北京市政府一直在推进城市住房投资和建设工作，但随着经济社会的发展，城市居民人数不断增加，住房供给始终满足不了住房需求的增长。北京城市居民住房的供需矛盾还比较突出，住房还处于短缺状态。[1]

在上述案例中，北京城市居民住房需求很大，虽然政府努力扩大住房建设投资，但城市住房相关市场要素缺位。为了更快解决城市居民的住房问题，党和政府加大了支持力度。1955年7月，李先念同志在第一届全国人民代表大会第二次会议上对住房建设情况作了汇报：国家完成了面积为1300万平方米的城市住房投资建设，如果以每户占用24平方米计算，新建住房可以解决54万户城市居民的住房问题。1955年，中央各部在完成为职工修建的1100万平方米住房任务之后，职工的居住条件得到进一步改善。[2] 在第一个五年计划时期，国家为职工兴建了9454万平方米的住房，1958年又为职工兴建了2642万平方米的住房，大大改善了城市居民的居住条件。[3]

---

[1] 徐雪晴：《1956—1957年北京解决城市职工住房问题研究》，《当代中国史研究》2020年第3期。

[2] 《关于一九五四年国家决算和一九五五年国家预算的报告》，人民出版社1955年版，第16页。

[3] 《中华人民共和国成立十周年纪念文集》，人民出版社1959年版，第239页。

到党的十一届三中全会之前，由于"四人帮"对我国城市住房工作造成了巨大的破坏，城市居民住房条件长期得不到改善。但，我国城市人口不断增长，导致城市两三代人在小房子里同吃同住成为普遍现象。在改革开放前夕，全国190个城市的人均居住面积仅为3.6平方米，低于中华人民共和国成立初期的4.5平方米。现有的城市存量住房包含大量危房和棚户区住房，住房质量较差。这一时期新建的城市住房建筑质量比较低劣，相关配套设施简陋不全，严重影响城市居民的工作和生活，城市住房问题亟待解决。[①] 粉碎"四人帮"后，全国开始加速实现四个现代化进程，解决住房问题被提上党和政府的重要议事日程。

相关案例：

在"四人帮"被粉碎之后，上海市委、市政府十分重视加快城市住房建设、改善城市居住条件，并在财力、人力、物力上尽力给予保证。为了加强对城市住房工作的领导，及时解决住房建设过程中出现的各种矛盾和问题，协调各部门、各领域之间的关系，上海整顿和加强了市和区两级住房建设办公室，成立了住房建设总公司，并实行统一规划、统一投资、统一设计、统一施工、统一分配、统一管理的"六统一"模式。

统一规划是指根据改造旧城区、适当疏散市区人口的原则，对工厂与居民区混杂等不合理的城市住房布局进行调整，将城市住房建设与城市改造、改善城市居民居住条件和改善城市面貌结合起来。

统一投资是指各单位将建设住房的钱统一交给相关机构使用，住房建好后按照比例分配相应面积的住房，这样有利于避免各个单位因为自行建设住房而浪费大量土地资源、人力资源和财政资源，有利于政府统一规划和建设城市住房的相应市政工程和配套设施。

统一设计是指全市的住房建设80%以上都按照上海民用建筑设计院完成的三种型号的住房定型进行设计，这样可以把住房建造得更经济、更美观、更适用，既统一了住房设计标准，又加快了住房建设速度。

---

① 陈杰：《新中国70年城镇住房制度的变迁与展望》，《国家治理》2019年第14期。

统一施工是根据上海市建委的统一安排，上海市住房建设办公室编制统一的季度施工计划并下达给各个土建、配套等施工单位进行施工。这样既可以让施工队伍集中力量推进工程进度，又可以让供电、供气、供水和下水道等配套工程的施工单位和土建单位紧密配合，交错作业，防止住房建设工程和配套工程脱节，影响新建住房的及时交付和使用。

统一分配是指上海市为了克服由房屋主管部门直接将住房分配到户的缺点和弊病，按照"条块结合，以条为主"的原则和方法，由住房管理部门制定住房分配方案，报上海市委审批后，按不同系统把新建住房分配给各个单位，由各个单位按住房政策要求和职工实际住房情况，通过民主协商和充分沟通，将住房分配给单位职工。对于职工迁入新居后腾让出来的空房可以在本单位内部自行调剂。

统一管理是指由上海城市住房主管部门对统一建造的住房进行统一管理，按照上海城市统一标准收取住房租金并负责住房维修等事项。[1]

（二）政府为主和市场为辅的治理过程（1978—1991年）

党的十一届三中全会召开之后，由于对城市住房投入历史欠账较多、改革开放之后城市化进程加快、城市人口增多等因素，城市住房短缺现象愈加严重，计划经济时期实行的福利性分房制度已经不能满足日益增长的城市住房需求，城市住房制度改革势在必行。[2] 在党和政府的领导下，我国开启了对城市福利住房制度的改革并进行了实践探索。例如，1979年在西安、南宁、柳州、梧州等城市试点由政府出资建设住房并以土建成本价格向城市居民出售。[3]

1980年4月，邓小平同志就我国城市住房政策问题提出了指导性意见。他指出，建设住房是为人民生活服务的，制定长期规划必须把建筑

---

[1] 《加快住宅建设　改善人民居住条件　上海实行住宅建设"六统一"》，《人民日报》1978年9月16日第2版。

[2] 裴凌罡：《从民生视角看新中国城市住房供给制度变迁》，《中国经济史研究》2017年第5期。

[3] 陈杰：《新中国70年城镇住房制度的变迁与展望》，《国家治理》2019年第14期。

业放在重要地位，建筑业发展起来，既能更好地满足城乡人民住房的需要，又可以解决大量人口的就业问题，还能带动建材工业的发展。建设住房可以鼓励公私合营或民建公助，也可以让私人自己想办法，要适应不同的地区、不同居民的需要。城区和郊区的住房、繁华市中心和偏僻地方的住房、交通方便地区和不方便地区的住房，租金要有所区别。① 从1979年至1981年，全国新建城市职工和居民住房共计2.2亿平方米。②

相关案例：

为了解决城市居民住房困难问题，江苏省无锡市委和市政府拿出地方财政的近30%的开支用于住房建设。市委和市政府负责人深入现场进行调查研究，亲自过问住房建设规划、住房用地征迁、建筑材料选用等问题，为有关部门及时解决困难，提供具体帮助。市委和市政府明确规定，市有关部门对各企业、各单位自筹资金兴建职工住房要进行统一规划和合理安排。对于使用自筹资金兴建住房的企业和单位，要坚持谁建设谁使用的原则，上级部门不得随意调剂和占用，建设住房所需要的水泥等建材由市里帮助解决，市住房主管部门要在通水、通电、通路等方面积极给予协助。

上述措施提高了各企业、各单位建设住房的积极性。三年全市有162个企业和单位自筹自建了34.6万多平方米住房，占全市新建住房总面积的55%以上。无锡市住房主管部门在市委和市政府的领导下，在各部门、各方面的配合下，用三年时间解决了8000多户职工的缺房问题，修缮了65万多平方米的严重破损住房，改善了无锡市职工住房的短缺状况。在不影响城市建设规划的原则下，无锡市住房主管部门允许城市居民扩建和翻建房屋，所需建筑材料由市建材部门按价拨付。全市三年共有1300多户私房得到翻建，扩大了近6万平方米的住房。③

---

① 《邓小平同志关于建筑业和住宅问题的谈话》，《人民日报》1984年5月15日第1版。
② 中共中央文献研究室编：《三中全会以来重要文献选编》（下），人民出版社1982年版，第1203页。
③ 冯春江：《多种途径解决住房困难》，《人民日报》1980年2月12日第3版。

在党中央、中央人民政府的关怀和支持下，各个地区大力支持城市住房建设，国家还拨出用于基本建设投资的专款，同地方政府和企业的财力合在一起，共同用于建设职工住房。① 据统计，1979 年全国新建 6256 万平方米职工住房，比 1978 年增长 66%，这是中华人民共和国成立以来新建职工住房最多的一年。② 1980 年上半年职工住房施工面积为 7371 万平方米，比 1979 年同期又有所增长。③

1982 年 11 月，国务院在第五届全国人大第五次会议上作的《关于第六个五年计划的报告》提出，在"六五"（1981—1985 年）期间，全国城镇全民所有制单位 5 年合计建成住房 31000 万平方米，平均每年 6200 万平方米，等于 1953—1980 年 20 多年，平均每年建成住房面积的 2.6 倍。④ 1982 年 12 月，第五届全国人民代表大会第五次会议通过的《中华人民共和国国民经济和社会发展第六个五年计划（1981—1985）》提出，在"六五"期间，要发挥中央、地方、企业以及个人等各方面的积极性，利用多种渠道、多种方式筹集住房建设资金，有计划地推进城市住房建设，进一步改善城市居民的居住条件。⑤

为了更快解决城市居民住房困难问题，部分城市试行"三三制"补贴售房政策，所谓"三三制"即由政府、企业和个人分别承担住房售价的三分之一。⑥ 由于政府财政压力和单位住房支持过大，"三三制"补贴售房政策没有完全落实下去，但这次探索对于如何更好地做好城市保障性住房工作有着重要的探索意义。

---

① 《中华人民共和国第五届全国人民代表大会第三次会议文件》，人民出版社 1980 年版，第 28 页。
② 《中华人民共和国第五届全国人民代表大会第三次会议文件》，人民出版社 1980 年版，第 9 页。
③ 《中华人民共和国第五届全国人民代表大会第三次会议文件》，人民出版社 1980 年版，第 9 页。
④ 《中华人民共和国第五届全国人民代表大会第五次会议文件》，人民出版社 1983 年版，第 85 页。
⑤ 《中华人民共和国国民经济和社会发展第六个五年计划（1981—1985）》，人民出版社 1983 年版，第 150 页。
⑥ 陈杰：《新中国 70 年城镇住房制度的变迁与展望》，《国家治理》2019 年第 14 期。

相关案例：

湖北省沙市将由国家投资建设的36套住房以公开补贴方式出售，已有107人报名认购。沙市将国家统建统分的住房逐步改为国家统建和补贴出售相结合，是对我国城市住房分配制度的一次重要改革。这项住房分配制度有利于发挥国家、地方、企业和个人的积极性，推动城市住房建设加快发展。

沙市第一批出售的36套新建住房平均面积为61平方米，室内设施完备，每套住房都有客厅、厨房、卧室、厕所、阳台以及垃圾道。国家为每套住房承担的建设成本为10080元，售给城市居民的价格每套为3360元，剩余款项由国家和企业进行补贴。对于一次付清房款的个人购房者，实行20%的优惠；一次不能付清房款的个人购房者，先付三分之一，剩余款项可分5年、10年、15年付清。个人购买的享受补贴的住房产权归个人购房者，允许个人购房者的合法继承者继承，不需要的情况下也可以出售给房屋主管部门。房屋主管部门发给住房产权证书并受国家法律保护。[1]

最早试行将住房补贴出售给城市居民个人的城市除了湖北省沙市，还包括河南省郑州市、江苏省常州市和吉林省四平市。到1983年年底，这4个城市向个人出售1619套住房，面积共计8.32万平方米，还有近千套共5万平方米住房正在出售中。上述4个城市试行的向个人购房者补贴出售住房的实践吸引了全国60多个城市派人前往参观学习，不少城市表示准备试行住房补贴出售办法。

国家城市住房主管部门认为，实行住房向个人购房者补贴出售，是对我国城市现行住房分配制度和房产经营办法的一次重要改革，是从我国基本国情和现实国力出发，尽快缓解城市居民住房紧缺状况的有效办法，有利于充分调动国家、地方、企业和个人的积极性，加快城市住房建设。[2]

---

[1] 《沙市改革住房分配制度　公建住房　补贴出售》，《人民日报》1983年3月11日第1版。

[2] 葛大星：《改革现行住房分配制度和房产经营办法　郑州等四城市住宅补贴出售受欢迎》，《人民日报》1984年2月25日第1版。

国家对城市住房投资的力度不断加大,一方面,改善了城市居民的住房困难问题;另一方面,城市居民住房困难问题并没有因为国家加大投入而得到根本解决。1986年进行的全国城镇房屋普查结果显示,全国城镇居民人均居住面积只有6.36平方米,在房屋普查总户数中,缺房户的占比为26.5%。这表明:中华人民共和国成立以来,尽管国家用于住房建设的资金累计为1500多亿元,但城镇住房困难问题仍然很突出。[1]城市住房问题难以解决的根本原因在于长期以来推进的、由国家统筹统建统分的福利住房制度。

福利住房制度在解决我国城市住房困难、维护城市居民居住权平等、提高城市居民生活水平、体现社会主义制度优越性等方面发挥着重要作用,但也面临着政府投资建设住房的财政负担过大、福利分房领域不正之风突出等严重问题。随着我国城市化快速发展和城市人口急剧增加,城市住房需求和供给之间的矛盾越来越突出,实行了40多年的城市福利住房制度越来越不适应城市化发展的要求。我国城市住房制度改革应在坚持保障城市居民基本住房权利的同时,引入市场资源和商品理念,改变政府大包大揽的传统做法。1986年,国务院成立住房制度改革领导小组,选定山东省烟台市、江苏省常州市、安徽省蚌埠市、河北省唐山市、广东省江门市为城市住房制度改革试点。

相关案例:

山东省烟台市是第一个出台全国住房制度改革的试点城市,该市的改革实践和经验,引起人们极大的关注。经批准,烟台市以"提租发券、空转起步"为特征的住房制度改革试行方案于1987年8月起开始试行。

"提租发券"包括"提租"和"发券"。"提租"是指把现行较低的住房租金提高到每平方米1.28元的标准租金,新的住房租金占住房成本租金的83.7%,是原住房租金的6.8倍多。由于住房的质量、地段、朝向、楼层和室内设施存在差异,因此采取"标准租金

---

[1] 孙维:《改革住房制度的重要一步:住宅商品化》,《人民日报》1986年12月24日第5版。

加减法"计算租金,平均下来全市住房租金约为每平方米 1.17 元。"发券"是指按标准工资乘以发券系数(新增租金占平均基本工资的比例)向租用公共住房的城市居民发放住房券,然后通过租房的居民交纳住房租金的方式收回住房券。

"空转起步"是指对住房改革前的旧房,实行"一手发出去,一手收回来"的"空转"办法,即发券单位承担减免补助的费用,但并不增加大量新的费用支出,住房产权单位并没有获得收益。发给职工的住房券进入财政体制和企业成本,收回的租金除一部分进行统筹之外,其余部分归住房产权单位所有。旧住房则通过筹集住房基金和分步纳入成本等途径,逐步由"空转"过渡到"实转",进而实现新房全部能够"实转"的良性循环。

通过"提租发券、空转起步"的改革方案,城市住房制度改革能够控制在国家、地方政府和企业财力允许的范围之内。通过这次住房制度改革,用经济手段刹住了以往住房分配过程中出现的不正之风。①

城市住房制度改革是一项涉及中央、地方、单位和城市居民个人的系统工程,牵动面广,影响范围大,情况复杂,任务艰巨。以山东省烟台市等为代表的试点城市进行的住房制度改革实践是对住房商品化的一次探索,这在我国城市住房制度改革历程中具有重要意义。但这次改革提出的"特别注意打破住房是社会主义优越性的福利观念""牢固树立住房的商品观念"②,在一定程度上否定了住房的民生保障属性,反映了这次住房制度改革存在急于求成、过于否定住房福利性质等局限性。

(三)政府重视和市场参与的治理过程(1992—2000 年)

1992 年邓小平同志南方谈话发表以后,我国对外开放步伐不断加快,市场化改革推动了我国经济快速发展。在国民经济快速增长的背景下建设城市保障性住房,一方面,引入市场要素有利于以市场竞争方式消除传统福利住房制度存在的各种弊端,激活城市住房领域的存量资源;另

---

① 高新庆:《烟台试行住房制度改革方案》,《人民日报》1987 年 8 月 3 日第 1 版。
② 高新庆:《烟台试行住房制度改革方案》,《人民日报》1987 年 8 月 3 日第 1 版。

一方面，住房市场化的快速增长和房地产市场的快速扩张在住房政策、政府财力等方面挤压城市保障性住房的发展空间。

在城市住房制度改革过程中，政府坚持稳中推进、小步推动的原则，并没有将保障性住房全部推向市场，而是在继续重视解决城市困难群体住房困难、改善城市居民居住条件的同时，鼓励市场主体积极参与城市保障性住房的开发和建设。

> 相关案例：
> 广东省广州市坚持政府、单位和个人共同承担的原则，把解决城市住房困难和房地产开发以及城市住房制度改革结合起来，找到了建设城市解困房、促进住房消费商品化的新路。广州市政府通过直接划拨土地、拨出专款建房，支持有建设用地但资金周转困难的住房单位、企业自行建设解困房等办法向全市住房困难户提供4700多套解困房。广州市还采取多种途径鼓励城市住房困难户购房，以加快回收"解困"资金，用于建设新住房。对有一定购买能力住房困难户实行优先选购，对无法一次性付款的住房困难户，允许分期支付购房款。
>
> 广州市坚持政府主导，鼓励企业和城市居民等市场主体积极参与城市保障性住房建设。到1992年6月底，广州市全部解决了原有的1.2万户特困户居住问题，使他们的人均住房面积由不到2平方米提高到7.2平方米，户均面积达48—52平方米，实现了住房困难问题的一次性解决，还在全市解困房建设方面基本上做到资金的收支平衡。[①]

与广州市政府发挥企业和城市居民等市场主体积极参与解决城市住房困难问题类似，一些地方政府坚持政府主导和市场参与相结合，灵活处理城市住房发展过程中出现的商品房滞销和保障房不足的两难局面，既能在一定程度上解决城市居民住房困难问题，也能促进商品房市场的有序发展。

---

① 李四清：《广州靠房改解决特困户住房》，《人民日报》1992年8月19日第2版。

相关案例：

价格较高的商品房超过城市大多数居民的购买能力，四川省一些城市出现商品房大量滞销的情况。据统计，到 1996 年 9 月底，全省商品房空置约为 200 万平方米，是全国 9 个空置房超过百万平方米的省（直辖市）之一。但与此相对应的是，全省城镇人均居住面积仅为 8.15 平方米，并且还有 40 万的住房困难户。针对上述情况，四川省政府决定，把盘活空置商品住房与实施安居工程（广厦工程）结合起来予以推进，采取有效措施将空置商品住房转换成微利住房，用于安居工程（广厦工程）的用房，以促进城市住房解困解危。在具体操作过程中，首先对于成幢、成组团的商品住房进行成本构成核算和价格认定，将空置商品住房转换成微利房或安居工程（广厦工程）的成本价住房，向中低收入家庭特别是其中的无房户、危房户和住房困难户出售。

为了更好地做好盘活空置商品住房和促进城市住房解困解危工作，四川省政府制定了相应税费减免等扶持措施：一是对于被转换成微利住房的商品房，按实际面积比照安居工程（广厦工程）的优惠政策，核定应减免的税费，待该住房开发企业新开发其他住房项目时进行减免或冲抵。二是对于商品住房销售营业税、投资方向调节税、城建配套费等部分税费实行减少、免缴和缓缴，降低现有商品住房价格。[①]

此外，为了更好地解决城市居民住房困难问题，为城市中低收入家庭提供住房保障，一些城市政府通过减少征收相关行政性收费、控制城市住房开发利润、单位自行筹资建设住房等方式鼓励城市经济适用房建设。

相关案例：

1998 年 10 月，北京市政府批准和确定的第一批 19 个经济适用住房项目在北京房地产交易中心进行认购。这些经济适用住房项目

[①] 成建：《四川空置商品房转成微利房》，《人民日报》1997 年 2 月 4 日第 1 版。

大多位于北京四环附近，交通比较便利。北京市政府为了降低住房建设成本，采取划拨方式供应住房建设用地，并对21项行政事业收费减半征收，将经济适用住房项目利润控制在3%以内。

在19个经济适用住房项目中，除了4个单位自建和联建项目只能向本单位职工出售外，其余15个项目面向社会公开销售，中央在京单位、驻京部队、北京市属各系统、国有企事业单位以及北京市中低收入家庭都可以参加、认购。经北京市有关部门审核批准，第一批经济适用房大部分价格在每平方米2000—4000元，最高售价不能超过每平方米4500元。15个公开向社会销售的经济适用房项目平均价格大约比同地段商品住房价格每平方米低600元。[①]

（四）政府主导和市场支持的治理过程（2001—2011年）

进入21世纪，我国改革开放事业取得更大进步。2001年7月，北京成功申办奥运会；2001年12月，我国正式加入世界贸易组织。党和政府在不断扩大对外开放的同时也加快推进国内市场经济的发展，注重发挥市场在资源配置中的作用，在城市住房领域主要体现为初步建立了廉租住房、经济适用住房和棚户区改造制度。

廉租住房是指政府向符合所居住城市居民最低生活保障标准并且面临住房困难的家庭提供的具有保障性质的住房。与福利住房管理和分配制度相比，廉租住房制度的创新之处主要表现为租金补贴和实物配租。租金补贴是指政府按照一定的标准，以货币补贴的方式由符合条件的城市住房困难家庭或个人自行在住房市场租赁住房。实物配租是指政府按照一定的衡量标准，为符合条件的住房困难家庭提供限定套型、面积和租赁价格的住房。

相关案例：

不久前，在北京市举行的廉租住房首次摇号活动中，有98户家庭中号，其中30多户家庭找到了合适的廉租住房，住在宣武区潘家胡同90号的王建国一家就是其中的一员。通过房屋中介机构，王建

[①] 赖仁琼：《北京首批经济适用住房今起认购》，《人民日报》1998年10月29日第2版。

国一家与住房出租人签订了《北京市城镇廉租住房租赁合同》，很快就能搬到新的住处。王建国一家三口现在住的房子的使用面积只有9.5平方米，这间房子是1985年王建国所在单位分给他的。王建国每月工资只有600多元，现在他儿子已经9岁多了，妻子王丽欣患病多年，一直没有工作，领取城市最低生活保障金已有多年。王建国最后看中了离上班地点和孩子学校都很近、使用面积为12平方米的房子。王建国说："如果没有这项政策，我们自己没有能力改变居住状况。我们打心底里感谢政府！"

据测算，在北京城区，像王建国一家这样符合北京市城市最低生活保障金待遇或具有北京非农业常住户口、持有北京市民政部门认定的优抚对象身份证明、家庭人均住房面积7.5平方米以下的家庭，约有1万户。2001年8月，北京市政府出台了《北京市城镇廉租住房管理试行办法》，目的是让类似王建国一家的住房困难家庭能够通过申请廉租房来改善居住条件。

按照北京市的相关规定，王建国一家享受政府提供的廉租房补贴为每月295元，加上将原有住房出租给另一廉租户所得的租金，新住房的租金基本得到了解决。目前已经和出租人签订了住房租赁合同的30多个廉租住房户，大多与王建国一家一样，采用的是租金补贴方式。对极少数烈士家属、重度残疾人、孤独无依的老人等特殊人群，北京市政府一般采取实物配租的方式解决他们的住房困难。[①]

经济适用住房是指列入政府规划，由政府组织房地产企业或职工所在单位建设，以政府指导价向城市中低收入家庭出售的住房。经济适用住房具有经济性、实用性和保障性的特点。经济性是指经济适用住房由政府统一划拨土地并免收土地出让金，对各类费用进行减半征收，按照保本微利的原则确定出售价格。适用性是指经济适用住房在户型设计、面积设定、建筑标准等方面强调实际居住效果，但并不会为了节减成本而降低设计标准和建筑质量。保障性是指经济适用住房主要是向住房困

---

① 于燕文：《为"双困"户构筑住房保障网——北京实施廉租房制度侧记》，《人民日报》2001年12月31日第2版。

难家庭这一特定对象提供，以保障他们的基本居住权。

相关案例：

内蒙古包头市政府把解决城市中低收入家庭的住房困难作为一项重要工作来抓。一是通过各种方式降低城市住房建设成本，加快经济适用住房建设进度。二是继续以划拨方式向拆迁改造原有经济适用住房供应土地，或以低价出让使用权形式供应新增经济适用住房建设用地。三是对住房开发企业的销售价格和利润进行控制，维护城市中低收入家庭的利益。

包头市政府通过多方筹资、加快建设，全市经济适用住房面积已达到1300万平方米，占城市住房总量的近50%，人均建筑面积已经达到22.4平方米，共解决20万无房户和住房困难户的住房问题，基本实现了城市中低收入家庭居者有其屋。为了改善中低收入家庭的居住环境、完善物业服务功能，包头市通过多方筹资，新建了一批经济适用住房配套项目，累计投入1.5亿元对全市70%的旧住房小区进行了改造，全市推行物业管理的住房小区已达到全市住房小区的60%。2001年7月，因解决城市中低收入家庭住房项目，包头市获得首届"中国人居奖"。[1]

城市棚户区是指城市建成区内建筑结构简易、楼栋间距狭小、房屋质量较差、人均面积较小、配套设施不全、使用年限较长、安全隐患较多、居住环境脏乱、交通不够便捷的区域。棚户区改造是城市政府为改造城市危旧住房、改善住房困难家庭居住条件的民生工程和民心工程，有利于完善棚户区项目周边教育、商业、交通、娱乐等基础设施，提高城市居民居住环境质量。

相关案例：

2007年以来，山东省济南市按照"扩大覆盖一批、改造提升一

---

[1] 吴坤胜：《多方筹资　强化服务　包头解决中低收入家庭住房困难》，《人民日报》2002年8月12日第4版。

批、收购整合一批、加快建设一批"的思路,通过开展棚户区改造、发放廉租住房补贴、加快经济适用房和拆迁安置房建设、推动中低价位普通商品房建设等举措,积极改善城市居民住房条件,维护城市居民住房权益,确保全市人民实现安居乐业。

在棚户区改造方面,济南市政府目前已启动了17个项目,预计在3年内可以基本完成旧城棚户区改造任务,让全市3万户家庭共计10万城市居民从中受益。在棚户区改造的整个过程中,济南市政府始终遵循"不下达经济指标,不谋求政府收益,不把群众安置在边边角角"的基本原则。目前,总建筑面积为40万平方米的奥体中心棚户区改造安置房绝大部分已经封顶,总建筑面积为38.2万平方米的美里新居的一期工程(总建筑面积为29.7万平方米)已经进入竣工收尾阶段。

济南市推进的棚户区改造等城市住房保障措施有效缓解了城市居民住房困难,改善了城市居民的居住条件,对济南市商品性住房价格起到了明显的平抑作用。济南市房管局的信息显示,2007年上半年,全市商品性住房登记均价为3430元每平方米,价格增幅比当年年初回落了10.7个百分点,比2006年同期回落了1.4个百分点。[①]

随着城市廉租住房、经济适用住房和棚户区改造制度的初步建立,政府与市场在保障性住房领域的地位、作用不断明确,政府主导和市场支持的城市保障性住房治理机制逐渐完善。各个城市政府积极发挥主导作用,鼓励房地产企业、银行、城市居民等市场主体踊跃参与保障性住房的开发、建设、分配和管理过程,尽最大努力扩大城市保障性住房供给,解决城市居民住房困难。

相关案例:

山东省烟台市政府通过引进房地产开发企业承担保障性住房建设,创新了保障性住房建设模式。这一建设模式包括"联动建设"和"集中建设"。"联动建设"是指政府在出让国有土地进行商品房

---

① 宋光茂:《济南破解低收入群众住房难》,《人民日报》2007年10月12日第1版。

开发的项目中，按照一定比例选择部分项目进行经济适用住房建设，由房地产开发企业承担经济适用住房建设任务。"联动建设"模式有利于实现经济适用房建设由"一点"变为"多点"，畅通并拓宽了城市保障性住房的房源筹集渠道。"集中建设"是指政府从国有储备土地中划拨相应的地块，由城市住房主管部门牵头进行保障性住房项目的开发、建设。

通过"联动建设"和"集中建设"的模式，烟台市初步建立起多渠道解决城市居民住房问题的住房保障体系和高、中、低收入群体全覆盖的住房供应结构。截至2009年12月，烟台市已经建成59个保障性住房项目，总建筑面积达到580万平方米；向1.8万户城市低收入家庭提供了经济适用住房。城市居民人均住房面积达到29.9平方米，户均住房面积达到81.78平方米。①

安徽省实现了全省所有城市住房困难家庭住房保障应保尽保，在此基础上，积极将住房保障向城市低收入家庭拓展。为确保保障性住房的资金和房源，安徽省坚持政府主导和市场运作相结合，政策支持和群众参与同助力的原则，积极推进、统筹安排棚户区改造等城市保障性住房建设。例如，城市政府鼓励相关企业积极参与和共建廉租住房等保障性住房，支持企业利用自有的存量土地资源参与城市保障性住房建设，解决企业内部职工的住房困难问题。此外，城市政府还通过向住房市场购买、租赁住房等方式，增加城市保障性住房的房源。

截至2010年年底，安徽省城镇累计建设810多万平方米廉租住房，已建成廉租住房7.21万套，在建廉租住房9.3万套；建设1万多套公共租赁房，经济适用住房建设规模达到300多万平方米，启动和实施棚户区改造约22.6万户。2010年，安徽省城镇享受到廉租房保障的低收入家庭有20.9万多户。②

吉林省是我国老工业基地，工矿棚户区数量较多、范围较大，住房困难问题比较突出。对于像通化这样的老工业城市或资源枯竭

---

① 刘成友：《烟台创新住房保障模式》，《人民日报》2009年12月3日第9版。
② 朱磊：《安徽省大力推动保障性住房建设》，《人民日报》2011年1月20日第8版。

型城市，由于经济欠发达，政府财政支持力度有限，用于保障性住房的资金不足，故而导致推进工矿棚户区改造时间较晚。

早在2003年，通化市二道江区就试图通过招商引资等市场运作的方式，对五道江镇2万平方米棚户区进行改造。由于居民购买能力有限和棚户区位置偏僻等原因，虽然改造后的商品性住房价格较低，但销售情况很差，导致开发商赔本。这说明，通过市场开发推进棚户区改造，进而解决住房困难的路子行不通。

经过数年的积极探索，通化市最终找到"政府主导，市场运作"的棚户区改造模式。在棚户区改造资金筹措上，通化市采取"国家给一点、省市补一点、财政出一点、施工单位垫一点、工程省一点、银行贷一点、政策免一点、百姓掏一点"的"八点"策略。

以通化市二道江区为例，二道江棚户区改造安置房的综合造价约为每平方米1380元，2010年中央财政对工矿棚户区改造补助金额为每户13000元，吉林省和通化市分别支持的金额均为每平方米200元，棚户区改造安置房受益家庭平均承担的改造成本为每平方米300元，二道江区政府支持的金额为每平方米400元，通过银行贷款的为每平方米200元。

通过政府和市场等多渠道筹集棚户区改造资金，基本满足了大幅增长的棚户区改造资金需求。2006—2011年，吉林省改造完成保障性安居工程总投资为1402亿元，建设住房的总面积为1.17亿平方米，受益达211.5万户、共计630万人，住房条件得到明显改善的人口占全省总人口近四分之一。①

2011年，在政府主导和市场各方面的支持下，城市住房保障工作得到进一步加强，为改善民生和促进经济发展起到了重要作用。据统计，全国基本建成430万套保障性住房，比2010年增加了60万套。投资12万亿余元用于保障性安居工程，约占城镇住房总投资的25%，投资增长了30%左右。一大批保障性住房的建设和入住，既改善了城市住房困难家庭的居住条件，也带动了建材、装修、家电、家具等消费支出，从投

---

① 王炜：《吉林通化　工矿棚改破三难》，《人民日报》2011年2月10日第8版。

资和消费两方面促进了我国经济的发展。城市大规模保障性住房的建设，既增加了城市住房的供给总量，改善了城市住房的供应结构，又抑制了城市商品性住房价格的过快上涨，稳定了城市居民的居住预期。① 此外，各个地区在保障性住房土地供应方式上进行了一些创新。例如，广东省率先创建了保障性住房用地单独储备制度；北京市采取的土地划拨和商品房配建等方式，使得2010年供应保障性住房用地超过住房用地供应总量的一半。②

（五）政府与市场协同的治理过程（2012年至今）

解决我国城市保障性住房问题，提高城市住房困难群体的居住条件，既要立足国情制定切实可行的城市住房发展规划，又要与时俱进调整城市保障性住房政策。进入新时代，我国城市住房结构发生了巨大变化，城市住房从全面短缺走向相对不足。就不同类型的城市住房来说，一方面，商品性住房由量少价低走向量足价高，一些房地产开发建设企业获得的利润越来越少；另一方面，由于较长时间受到城市商品性住房在住房市场中的挤压，城市保障性住房还比较短缺。受到政府的鼓励和支持以及市场经济内在规律的影响，一些房地产开发建设企业、商业银行等市场主体将相关资源要素转入城市保障性住房领域，由此形成政府与市场协同推进城市保障性住房开发建设的新局面。妥善处理好政府与市场之间的关系，"明确政府和市场的各自责任，引导具有微利综合经营理念和经营能力的企业进入保障房市场"③，这是决定新时代保障性住房建设成效的关键。

相关案例：

2014年10月，《住房城乡建设部　国家开发银行关于进一步加强统筹协调用好棚户区改造贷款资金的通知》（建保〔2014〕155号）提出：各地区可以依据城市棚户区改造计划和本地存量商品住

---

① 国务院研究室编写组：《十一届全国人大五次会议〈政府工作报告〉辅导读本》，人民出版社、中国言实出版社2012年版，第67页。

② 《从怎么看到怎么办——理论热点面对面·2011》，学习出版社、人民出版社2011年版，第46页。

③ 杨燕绥：《社会保障法》，人民出版社2012年版，第165页。

房供应规模,将户型合适和小户型存量商品性住房纳入棚户区改造安置房房源。在充分尊重棚户区居民意愿的前提下,以政府组织棚户区居民自主购买、政府购买存量房源等方式,加快实现棚户区居民住进新的安置房。商品性住房库存量较多的城市要将存量商品性住房作为安置房的重要房源,城市政府要通过减免相关税费、鼓励住房开发企业适当让利等措施,推动把存量商品性住房转为棚户区改造安置房,进而推进城市住房保障工作。[①]

2015年1月,《住房城乡建设部关于加快培育和发展住房租赁市场的指导意见》(建房〔2015〕4号)提出:培育和发展住房租赁市场,有利于完善住房供应体系,解决不同需求居民住房问题;有利于拓宽公共租赁住房房源渠道,完善住房保障体系。保障性住房要逐步从实物保障为主转向建设和租赁补贴并重,"补砖头"与"补人头"相结合。鼓励和支持符合公共租赁住房保障条件的家庭,通过租赁市场解决住房问题,政府按规定提供货币化租赁补贴。[②]

公共租赁住房是政府与市场共同发力、协同治理,打通城市保障性住房和商品性住房之间通道的新生事物和创新成果。这说明,要实现城市住房保障任务,建设保障性住房只是手段之一,还可以有类似公共租赁住房等其他更有效的利用现有住房资源、更快捷让城市住房困难群体入住新房的保障方式。

对于城市政府来说,打通城市保障性住房和商品性住房之间的通道,可以化解商品性住房在商业银行中的贷款风险,减轻城市政府建设新的保障性住房项目带来的财政支出、建设成本和管理压力。

对房地产开发商来说,打通城市保障性住房和商品性住房之间的通道,有利于减轻商品性住房去库存的压力,加快企业投资回款速度。

对商业银行来说,打通城市保障性住房和商品性住房之间的通道,

---

① 《住房城乡建设部 国家开发银行关于进一步加强统筹协调用好棚户区改造贷款资金的通知》,http://zjt.shanxi.gov.cn/fwzl/zfbz/zcfg/bwjwj/201607/t20160707_1878281.shtml.

② 《住房城乡建设部关于加快培育和发展住房租赁市场的指导意见》,http://www.gov.cn/xinwen/2015-01/14/content_2804042.htm.

有利于加快向房地产开发商发放贷款的回收速度。

对于城市住房保障对象来说，打通城市保障性住房和商品性住房之间的通道，意味着有更多的保障性住房可供选择，减少等待保障性住房分配、入住的时间，还能享受好于廉租房、经济适用住房的物业服务和居住环境。

相关案例：

规范和发展城市公共租赁住房市场，建立租购并举的住房制度，是解决住房困难群体居住问题、实现住有所居的民生工程。近些年来，以青年人为主的新就业大学生、外来务工人员等新市民对户型不大、交通便捷、设施齐全类住房的需求越来越大，推动了城市公共租赁住房市场快速发展。城市公共租赁住房主要包括两种情况，一种是由政府参与投资并引入社会资本经营，另一种是在政府指导和监督下由社会资本投资和经营。住房和城乡建设部房地产市场监管司有关负责人表示，企业投资经营城市公共租赁住房，对于规范城市住房的租赁行为、稳定城市住房租赁关系和租金水平、提升城市住房租赁品质起到了积极的作用。

冰箱、空调、洗衣机等家电一应俱全，沙发等家具也很齐备，住房旁边就有商业街、健身房、图书馆，每月租金也只有1500元。小张是来自广州的一名刚毕业的大学生，住在某品牌租赁住房里，他对自己的住处感觉很好：既省钱又省心，还能交到一些好朋友！

该品牌租赁住房项目是由国内某个大型房地产开发企业投资，在全国14个城市开展业务，共有1.2万间房间，客户定位为以青年为主的城市新市民，该品牌租赁住房租金与周边小区住房的租金接近，有着较高的性价比，常年保持90%以上的出租率。该品牌租赁住房项目在广州已经营业8年，有300多套房间，深受广州新市民的青睐，2016年全年平均出租率达到96%。

上海市的城市公共租赁住房已经实现了对在沪稳定就业和常住人口的全覆盖，截至2016年年底，上海市累计供应10.5万套城市公共租赁住房，已入住约有8.6万套、共计19.6万户。

城市公共租赁住房良好的发展前景还吸引了国有企业的积极参

与。广东省属国企正合力组建专业化的城市住房租赁平台,已通过审定相关方案决定,住房租赁平台首期项目总投资约50亿元,运营规模约70万平方米,涵盖广东全省11个市。此外,一些房地产中介机构也正积极通过租赁等方式筹集房源作为城市公共租赁住房。

为保障公共租赁住房建设,中央政府鼓励各地区将新建公共租赁住房纳入本地区住房发展规划,并在本地区年度住房建设计划和住房用地供应计划中予以统筹安排;鼓励地方政府盘活现有存量土地,增加城市公共租赁住房的用地供应。

为了对城市公共租赁住房的租赁行为、租赁关系进行规范和监管,城市政府制定了相关文件。2014年5月,上海市印发《关于加强本市住宅小区出租房屋综合管理工作的实施意见》,大幅提高了对城市公共租赁住房出租人、转租人、承租人以及房地产经营机构、中介机构违规租赁行为的处罚标准。广东省广州市、深圳市对不报送租赁信息的物业企业和不办理房屋租赁合同网签的中介机构予以曝光并进行严厉处罚。[①]

根据相关住房开发企业的分析发现,即使政府政策要求保障性住房利润只有3%—5%,不到商品性住房的10%,但建设保障性住房几乎没有任何政策风险,是住房投资资金快速回笼的有效途径。在当前商品性住房面临销售困境的情况下,一些具有一定实力的大型房地产企业表现出转向城市保障性住房建设的积极倾向。[②]

2022年3月,在第十三届全国人民代表大会第五次会议上,《政府工作报告》提出:"坚持房子是用来住的、不是用来炒的定位,探索新的发展模式,坚持租购并举,加快发展长租房市场,推进保障性住房建设。"[③] 2022年10月,党的二十大报告强调:"坚持房子是用来住的、

[①] 刘志强:《多措并举发展住房租赁市场 让租房省钱更省心》,《人民日报》2017年1月16日第9版。

[②] 董小君:《金融危机博弈中的政治经济学》,人民出版社2019年版,第265页。

[③] 国务院研究室编写组:《十三届全国人大五次会议〈政府工作报告〉辅导读本》,人民出版社、中国言实出版社2022年版,第24页。

不是用来炒的定位,加快建立多主体供给、多渠道保障、租购并举的住房制度。"①

充分发挥政府和市场两个方面的主动性,调动市场主体建设公共租赁住房特别是长租房等保障性住房的积极性,增加城市保障性住房供给总量,解决城市住房困难群体的居住问题,改善广大城市居民的居住条件,这是当前和今后一段时期加强城市住房保障工作、推进城市保障性住房治理的重要内容。

相关案例:

广西壮族自治区住房城乡建设厅近日与国家开发银行广西分行、中国农业发展银行广西分行、中国银行广西分行、中国建设银行广西分行等7家金融机构,就城市保障性租赁住房、棚户区改造等住房和城乡建设事项,签订了一系列城市保障性租赁住房合作备忘录和投融资合作协议。预计在"十四五"期间,广西全区的城市保障性租赁住房和棚户区改造融资总额达到800亿元,其中,2022年投放100亿元贷款。

近年来,广西坚持以人民为中心的发展思想,加快建立多主体供给、多渠道保障、租购并举的住房制度,全区累计实施267.53万套城镇保障性安居工程,共帮助840多万住房困难群众实现了"安居梦"。

2021年以来,为了切实增加城市保障性住房房源的供给,广西在南宁市、柳州市、桂林市等10个设区市建设保障性租赁住房。按照供需匹配原则,广西在"十四五"期间计划建设22.35万套保障性租赁住房。

截至2022年10月,广西共落实7.52万套保障性租赁住房,预计可解决约15万名青年人等新市民的住房问题。②

---

① 《中国共产党第二十次全国代表大会文件汇编》,人民出版社2022年版,第40页。
② 庞革平:《广西加大保障性住房建设力度》,《人民日报》2022年12月6日第13版。

第二节　利益维度的城市保障性住房治理

一　城市保障性住房治理的主要利益

过程维度的分析模式主要是通过描绘事实、分析政策揭示城市保障性住房的协同治理机制，但还不能解释城市保障性住房治理中的复杂博弈关系。马克斯·韦伯（Max Weber）曾说："利益（物质的与理念的），而不是理念，直接控制着人的行动。但是，'理念'创造的'世界观'常常以扳道工的身份规定着轨道，在这些轨道上，利益的动力驱动着行动。"① 过程是表象的，所有过程维度的艰难探索归根结底都源于利益维度的复杂博弈与合作。

随着我国改革开放事业的不断推进与社会主义市场经济体制的建立与发展，整个国家和社会愈加显示生机与活力，但也出现了一些利益冲突现象。② 就城市商品性住房来说，其"利益相关者主要包括国务院、中央部委、地方政府及其职能部门、房地产开发商与建筑商、投机购房者、投资购房者、商业银行、自住购房者、专家学者、媒体精英等"③。就城市保障性住房来说，利益维度的住房治理实质上是对城市保障性住房领域中不合理的利益格局进行调整，对不完善的利益关系进行重新分配，维护城市保障性住房领域的公平正义。在同一城市的同一时段，城市保障性住房领域的利益总量是固定的，有利益增加的，就有利益受损的。由于"人们为之奋斗的一切，都同他们的利益有关"④，从利益维度审视城市保障性住房各个主体的利益需求是解释城市保障性住房相关问题的较好视角。

城市保障性住房涉及政府与市场两大主体，其中，政府主体包括中央政府（国家、社会与人民的公共利益代表者）、城市政府（城市居民与

---

① ［德］马克斯·韦伯：《世界宗教的经济伦理：儒教与道教》，王容芬译，中央编译出版社2012年版，第54页。
② 向春玲：《推进国家治理体系现代化》，中共中央党校出版社2015年版，第7页。
③ 谢启秦：《房地产政策利益相关者的行动逻辑及其政策产出》，《公共管理与政策评论》2021年第3期。
④ 《马克思恩格斯全集》第1卷，人民出版社1995年版，第187页。

城市政府的自身利益代表者),市场主体包括城市保障性住房开发建设企业、商业银行、城市住房保障对象。城市保障性住房治理的政府与市场主体协同主要表现为上述五个主体之间的两两协同,这是因为,城市保障性住房涉及多方面的政策、多层次的利益。在城市利益关系特别是住房等民生领域利益关系比较突出的背景下,不可能期望一蹴而就地解决全部问题,只有先妥善处理好两个主体之间的关系,才能为处埋好全部主体关系奠定良好的基础。

上述五个主体形成了错综复杂的利益冲突、利益博弈与利益合作的关系,组成了中央政府与城市政府、中央政府与商业银行、中央政府与城市住房保障对象、中央政府与城市保障性住房开发建设企业、城市政府与城市住房保障对象、城市政府与城市保障性住房开发建设企业、城市政府与商业银行、城市保障性住房开发建设企业与商业银行、城市保障性住房开发建设企业与城市住房保障对象、商业银行与城市住房保障对象的基本利益关系(见图6—1)。

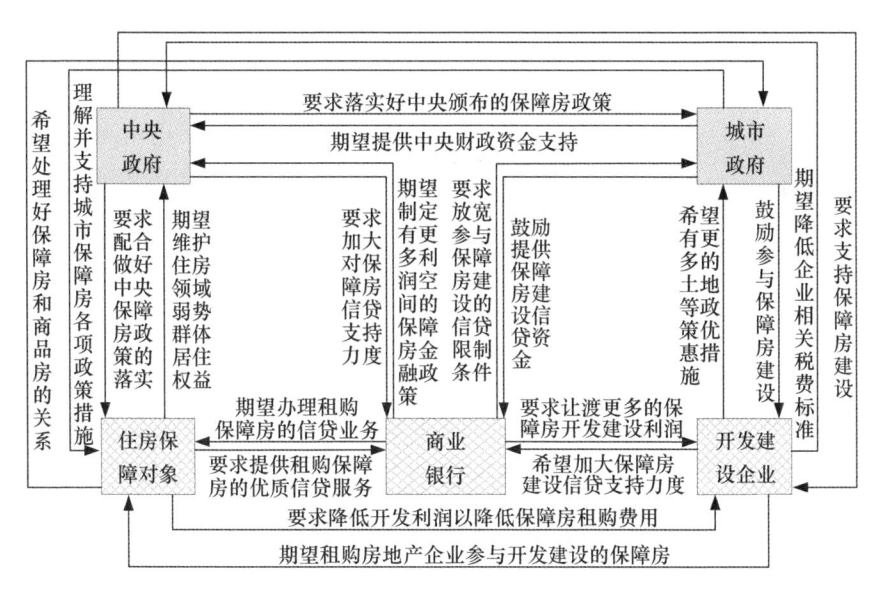

图6—1 城市保障性住房协同治理中政府与市场各主体利益关系
资料来源:作者制作。

这十组基本利益关系构成城市保障性住房利益博弈的基本单元,最终以城市保障性住房政策的形式初步完成利益的重新分配。为了推进城市保障性住房建设，解决城市住房困难群体居住困难，实现城市居民住有所居的目标，中央政府、城市政府、城市保障性住房开发建设企业、商业银行、城市住房保障对象应加强沟通、进行协调、凝聚共识，在上述十组基本利益关系中实现利益维度的协同。

二 城市保障性住房治理的利益协同

（一）中央政府与城市政府的利益协同

公共政策的制定和执行过程实质上是不同的利益主体就各自的利益诉求进行博弈、协调、妥协与合作的过程。中央政府和城市政府分别作为城市保障性住房政策制定主体和执行主体，会从各自的利益出发，在城市保障性住房政策制定和执行过程中进行博弈，导致"中央政府与地方政府在保障性住房政策执行过程中出现目标偏差和局部利益的冲突"[①]。

我国是单一制国家，这决定了中央政府拥有对城市政府进行命令、监督、约束的绝对权威。在高度集中的计划经济时代，中央政府与城市政府之间是领导与服从、命令与执行的关系。对于中央政府颁布的各项政策，城市政府只有不折不扣贯彻执行的责任，不能出于城市政府自身利益而与中央政府讨价还价。

自改革开放特别是1994年我国开始实行分税制改革以后，城市政府开始扮演双重角色、承担双重职能。一方面，作为国家的一级行政机构，要向中央政府和上级政府负责，执行中央政府的政策，行使城市治理的权力。另一方面，城市政府作为城市利益的代表，承担着发展城市经济等职责。城市政府官员面对以经济发展为政绩考核重要标准的政治晋升锦标赛，唯有不断创造新的政绩才能脱颖而出，由此导致城市政府难以有更多行政资源用来提高城市居民生活水平、维护城市社会公平正义。

作为城市保障性住房协同治理的重要主体，中央政府与城市政府既

---

① 何元斌、王雪青：《保障性住房建设中央政府与地方政府的博弈行为分析》，《经济问题探索》2016年第11期。

有不同的利益分歧，也有共同的利益诉求。不同的利益分歧主要体现为：中央政府是从事关根本、全局和长远角度出发，维护和实现的是广大城市居民的住房利益和居住权益。城市政府是从所管辖城市和当前情况出发，维护和实现的是所管辖城市短期的经济发展和社会稳定，城市居民住房问题在城市政府所有工作中所占的权重并不是很大。共同的利益诉求体现在：中央政府与城市政府都希望有更多保障性住房供给，有更完善的住房保障体系，能尽快解决城市住房困难群体的居住问题，让城市全体居民实现住有所居的梦想，体现人民政府为人民的根本宗旨和以人民为中心的发展思想。

基于让城市全体居民实现住有所居的梦想这一共同利益，中央政府与城市政府在城市保障性住房治理中就有协同的可能性。我国各级政府都是为人民服务的人民政府，从这一点来说，中央政府与城市政府在城市保障性住房治理中就有协同的必要性。一方面，中央政府要求城市政府执行好、落实好中央颁布的各项保障房政策。另一方面，尽管中央政府经常采取转移支付等财政措施增加城市政府的财力，但面对日益增多的公共服务支出，城市政府总是感觉财政拮据、财力不足，城市政府期望中央政府提供更多中央财政资金以支持城市保障性住房建设。

相关案例：

2019年4月，《财政部　住房城乡建设部关于下达2019年中央财政城镇保障性安居工程专项资金预算的通知》（财综〔2019〕14号）表示：国务院为了对在2018年城市棚户区改造中真抓实干并取得明显成效的城市进行表扬激励，特下达2019年中央财政城镇保障性安居工程专项资金，这些城市包括湖南省长沙市、新疆维吾尔自治区乌鲁木齐市、浙江省温州市、陕西省延安市、江苏省徐州市、山东省潍坊市、安徽省阜阳市、江西省上饶市、四川省南充市、河南省三门峡市、内蒙古自治区乌兰察布市等。[①]

2021年6月，《国务院办公厅关于加快发展保障性租赁住房的意

[①]《财政部　住房城乡建设部关于下达2019年中央财政城镇保障性安居工程专项资金预算的通知》，《中华人民共和国财政部文告》2019年第4期。

见》（国办发〔2021〕22号）要求：城市政府要摸清城市保障性租赁住房的需求以及城市存量房屋资源和土地情况，结合现有保障性租赁住房品质状况和供求情况，实事求是，因城施策，通过采取新建、改建、发放租赁补贴以及将政府闲置住房改为城市保障性租赁住房等方式，切实增加城市保障性租赁住房供给，科学确定"十四五"时期城市保障性租赁住房的建设规划、目标任务和具体措施，及时制订"十四五"时期城市保障性租赁住房年度建设计划并向社会公开。

城市政府要建立健全保障性住房租赁管理服务平台，加强对城市保障性租赁住房建设、出租和运营管理全过程的监管和督查，强化对城市保障性租赁住房建设工程质量的监查。明确要求不得将城市保障性租赁住房上市销售或进行其他形式的变相销售，严格禁止以保障性租赁住房的名义进行违规经营或骗取国家优惠政策。

城市政府要切实对本市发展保障性租赁住房，解决青年人、新市民等群体居住困难问题负起主体责任。

住房城乡建设部要加强对发展城市保障性租赁住房工作的指导、协调和督促，并会同中央政府有关部门做好对城市保障性租赁住房开发、建设等情况的监测和评价，及时总结和宣传城市保障性租赁住房工作的好经验、好做法。国家发展改革委、财政部、人民银行、银保监会、自然资源部、税务总局、证监会等部门要加强政策协调和工作衔接，强化业务指导、专题调研和工作督促。中央各有关部门要按职责分工，加强协作、形成合力，确保城市保障性住房的各项政策落实到位。[①]

（二）中央政府与商业银行的利益协同

我国商业银行具有双重角色和双重功能。一方面，商业银行负有执行中央政府及中国人民银行、中国银监会等相关部门要求的维护经济稳

[①] 《国务院办公厅关于加快发展保障性租赁住房的意见》，《中华人民共和国国务院公报》2021年第20期。

定、防范金融风险、支持地方经济发展的职责；另一方面，作为金融企业，以最小的成本获取最多的利润是商业银行天然的追求。相对于其他信用贷款而言，有中央政府支持的城市保障性住房开发建设贷款和城市住房保障对象购房贷款虽然利润相对较少，但非常稳定，可以说是没有任何风险的优质信贷项目。从利益维度来说，中央政府要求商业银行加大对城市保障性住房的信贷支持力度，这有助于实现中央政府的保障性住房政策目标；商业银行期望中央政府制定有更多利润空间的保障房金融政策，这有利于商业银行提高企业盈利能力，增强企业在金融市场的竞争力和影响力。

国际经验表明，城市保障性住房开发建设的资金不能完全依赖政府财政支出，要大力发展政策性住房金融，通过政府主导，实现国家信用与市场机制有效结合，引导民间资金进入保障性住房领域，构建城市保障性住房融资的长效机制，使国家财政资金与市场资金形成有效合力，为保障性住房开发建设资金提供有效的金融制度保障。[①]

相关案例：

2021年6月，《国务院办公厅关于加快发展保障性租赁住房的意见》（国办发〔2021〕22号）要求：支持银行业金融机构发行金融债券，募集资金用于保障性租赁住房贷款投放。[②]

2022年1月，《中国人民银行 中国银行保险监督管理委员会关于保障性租赁住房有关贷款不纳入房地产贷款集中度管理的通知》（银发〔2022〕30号）要求：一、自本通知印发之日起，银行业金融机构向持有保障性租赁住房项目认定书的保障性租赁住房项目发放的有关贷款不纳入房地产贷款集中度管理。二、银行业金融机构要加大对保障性租赁住房的支持力度，按照依法合规、风险可控、商业可持续的原则，提供金融产品和金融服务。三、银行业金融机

---

① 徐蔚冰：《2022年保障性住房建设将进一步提速》，《中国经济时报》2022年3月16日第2版。
② 《国务院办公厅关于加快发展保障性租赁住房的意见》，《中华人民共和国国务院公报》2021年第20期。

构要严格执行人民银行、银保监会有关统计制度,确保数据真实准确。①

2022年2月,《中国银保监会 住房和城乡建设部关于银行保险机构支持保障性租赁住房发展的指导意见》(银保监规〔2022〕5号)表示:支持商业银行提供专业化、多元化金融服务。商业银行要优化整合金融资源,积极对接保障性租赁住房开发建设、购买、装修改造、运营管理、交易结算等服务需求。②

(三) 中央政府与城市住房保障对象的利益协同

我国中央政府是代表最广大人民根本利益的政府,中央政府制定保障性住房政策,从根本上说,是为了解决城市住房困难群体的住房问题,让广大城市居民实现住有所居的愿望,维护他们的生存权、发展权和追求幸福美好生活的权利。中央政府希望城市住房保障对象能理解支持中央的保障性住房政策,能配合相关部门做好中央保障房政策的落实。

相关案例:

2019年4月,《财政部 住房城乡建设部关于下达2019年中央财政城镇保障性安居工程专项资金预算的通知》(财综〔2019〕14号)要求,该专项资金是用于向在住房市场租赁住房的、符合相关条件的城镇住房保障家庭发放住房租赁补贴。③

2021年6月,《国务院办公厅关于加快发展保障性租赁住房的意见》(国办发〔2021〕22号)指出,青年人等新市民群体的住房困难问题仍然比较突出,城市保障性租赁住房主要是用来解决符合条件的青年人等新市民群体的住房困难,目的是推进以人为核心的新

---

① 《中国人民银行 中国银行保险监督管理委员会关于保障性租赁住房有关贷款不纳入房地产贷款集中度管理的通知》,http://www.cbirc.gov.cn/cn/view/pages/govermentDetail.html?docId=1036936&itemId=861&generaltype=1.

② 《中国银保监会 住房和城乡建设部关于银行保险机构支持保障性租赁住房发展的指导意见》,https://www.mohurd.gov.cn/ztbd/bzxzlzfgz/zybmwj/202202/20220225_764651.html.

③ 《财政部 住房城乡建设部关于下达2019年中央财政城镇保障性安居工程专项资金预算的通知》,《中华人民共和国财政部文告》2019年第4期。

型城镇化，让全体人民实现住有所居的愿望。①

2022年2月，财政部 住房城乡建设部《关于印发〈中央财政城镇保障性安居工程补助资金管理办法〉的通知》（财综〔2022〕37号）指出，本办法所称补助资金，是指中央财政安排用于支持符合条件的城镇居民保障基本居住需求、改善居住条件的共同财政事权转移支付资金。②

城市住房保障对象期望中央政府能提高保障性住房补贴标准并改善住房补贴发放机制，完善保障性住房市场，健全保障性住房开发建设、分配管理机制，提高保障性住房的质量和安全性，切实维护城市住房领域弱势群体的居住权益。

（四）中央政府与城市保障性住房开发建设企业的利益协同

中央政府是包括城市居民在内的全国人民根本利益的代表，全心全意为人民服务是中央政府的职责和使命。中央政府要求城市保障性住房开发建设企业承担一定的社会责任，坚持正确的义利观，处理好企业利润和社会贡献之间的关系，把解决城市住房困难问题作为企业重要工作来推动落实，大力支持城市保障性住房的开发建设。

相关案例：

2016年5月，《国务院办公厅关于加快培育和发展住房租赁市场的若干意见》（国办发〔2016〕39号）提出，要鼓励房地产开发企业开展住房租赁业务，支持房地产开发企业拓展业务范围，利用已建成或新建住房开展租赁业务，鼓励房地产开发企业将库存商品住房出租，引导房地产开发企业与住房租赁企业合作，积极发展租赁地产。③

---

① 《国务院办公厅关于加快发展保障性租赁住房的意见》，《中华人民共和国国务院公报》2021年第20期。

② 财政部、住房城乡建设部：《关于印发〈中央财政城镇保障性安居工程补助资金管理办法〉的通知》，http：//zhs.mof.gov.cn/zhengcefabu/202203/t20220311_3794670.htm。

③ 《国务院办公厅关于加快培育和发展住房租赁市场的若干意见》，《中华人民共和国国务院公报》2016年第18期。

2019年8月,《财政部 住房城乡建设部印发关于印发〈中央财政城镇保障性安居工程专项资金管理办法〉的通知》(财综〔2019〕31号)要求,项目实施单位应当严格按照本办法规定使用专项资金,不得挪作他用①。

2021年6月,《国务院办公厅关于加快发展保障性租赁住房的意见》(国办发〔2021〕22号)要求,支持专业化规模化住房租赁企业建设和运营管理保障性租赁住房。②

2021年,虽然大型房地产企业参与城市保障性租赁住房的规模不大,但仍有部分房地产企业积极与政府合作。2021年11月和2022年2月,住房和城乡建设部先后两次发布了《发展保障性租赁住房可复制可推广经验清单》,已有多家房地产企业通过成立合资公司、整租后开展运营、委托经营管理等方式参与城市保障性租赁住房建设。③

城市保障性住房开发建设企业往往从能获得多少利润角度考虑参与保障性住房开发建设的事宜,希望中央政府出台相关政策,降低企业相关税费标准,以激励住房企业参与城市保障性住房开发建设的积极性和主动性。

(五)城市政府与城市住房保障对象的利益协同

城市政府与城市住房保障对象是城市保障性住房领域利益关系最密切的两个主体。城市政府是保障性住房政策的执行者,城市住房保障对象是保障性住房政策的受益者。城市政府希望城市住房保障对象理解并支持城市保障房各项政策措施,城市住房保障对象希望城市政府处理好保障性住房和商品性住房的关系。

一段时间以来,商品性住房价格上涨并远高于普通市民的购买力,

---

① 财政部、住房城乡建设部:《关于印发〈中央财政城镇保障性安居工程专项资金管理办法〉的通知》,http：//zhs. mof. gov. cn/zxzyzf/zybzczbzxajgczxzj/201910/t20191012_3400746. htm.

② 《国务院办公厅关于加快发展保障性租赁住房的意见》,《中华人民共和国国务院公报》2021年第20期。

③ 庄灵辉、卢志坤:《满足新市民青年人住房需求 保障性租赁住房建设再提速》,《中国经营报》2022年6月20日第B12版。

以及城市保障性住房供给总量严重不足，导致城市住房保障对象因居住困难而对他们的工作、子女教育和赡养老人都产生了负面影响。城市政府应坚持以人民为中心的发展思想，把解决城市居民住房困难作为重要的政府工作予以推进，通过加大城市保障性住房开发建设力度、改革城市保障性住房供给结构等有效措施，在实现"居者有其屋"的基础上尽最大努力实现"居者优其屋"。

相关案例：

2020年11月，对于一些"中介"人员等不法分子打着代办申请保障性住房的名义收取高额代办费的情况，邯郸市保障性住房管理中心为了维护城市住房保障对象的住房权益，发布了关于办理公租房、廉租房的声明：

一、城市保障性住房是为了解决城市中低收入家庭、新就业职工、外来务工群体住房困难的问题，只要符合政策文件规定的申请条件，并提供真实有效的申请材料，不用花一分钱即可申请。

二、为方便符合条件的城市居民申报，邯郸市保障性住房管理中心简化了申报程序，创新了申报机制，建立线下与线上两个申报途径。

三、对于符合条件的城市住房保障对象，邯郸市保障性住房管理中心按照轮候顺序分配住房。在整个申请、分配过程中不对城市住房保障对象收取任何费用，也不会委托任何部门或个人进行代办，请切勿相信所谓"交钱就能办保障房"的谣言，以免因上当受骗而蒙受经济损失！[①]

2022年1月，贵阳市人民政府办公厅印发的《市人民政府办公厅关于加快发展保障性租赁住房的实施意见》（筑府办发〔2022〕1号）要求，新建保障性租赁住房应充分考虑保障对象就业和生活实际，选择交通便利、公共服务配套完善、地铁上盖物业等区域布点规划，集中新建保障性租赁住房须配套建设卫生、托幼、便民生鲜

[①] 《邯郸市保障性住房管理中心关于主城区办理公租房、廉租房等有关问题的声明》，http://fgj.hd.gov.cn/html/tongzhigonggao/3107.html.

超市等公共服务设施，满足入住家庭出行、入学、就医、购物等基本生活需要。①

2022年5月，天津市人民政府办公厅印发的《天津市加快发展保障性租赁住房实施方案》（津政办规〔2022〕7号）指出，城市保障性租赁住房主要是为了解决青年人、新市民等住房困难群体的居住问题，具有天津市户籍并在租住区没有自有住房和不具有天津市户籍但在天津正式就业且在租住区没有自有住房的都可以申请。城市保障性租赁住房重点为从事公交、环卫、快递、家政等基本公共服务的群体提供保障。

天津市中心城区、滨海新区核心区以及各区建成区可以通过城市更新等方式，优先将现有存量住房转化为保障性租赁住房。对于住房需求较大的城市商业地段和商务区域，政府部门可以通过改建周边非居住存量房屋等方式提供保障性租赁住房，以满足城市住房保障对象的居住需求。②

（六）城市政府与城市保障性住房开发建设企业的利益协同

在城市保障性住房问题上，城市政府与城市保障性住房开发建设企业相互之间有着天然的合作基础，在尊重和实现彼此合法合理利益的基础上进行合作是他们最优的选择。对于城市政府来说，城市保障性住房的开发建设需要住房开发建设企业进行施工和建设并缴纳相关税费，这样既促进了城市保障性住房建设，又增强了城市政府改善和发展民生的财力。

城市政府鼓励住房开发建设企业特别是本市的大型国有住房开发建设企业参与城市保障房建设，因为大型国有住房开发建设企业有着较强的社会责任感，有着充裕的资金和通畅的融资渠道，能够确保障性住房项目得以顺利推进。

---

① 《市人民政府办公厅关于加快发展保障性租赁住房的实施意见》，https：//www.mohurd.gov.cn/jigou/sjjg/jgzfbzs/bzsgzxx/202205/20220520_766239.html。

② 《天津人民政府办公厅关于印发天津市加快发展保障性租赁住房实施方案的通知》，《天津市人民政府公报》2022年第10期。

相关案例：

2021年12月，天津市国资委将位于河西区解放南路西江道上的一块面积达1.8万平方米的地块纳入城市保障性租赁住房项目的建设用地。该住房项目是天津市首个利用企事业单位自有土地开发建设的保障性租赁住房项目，预计在2024年可为天津市青年人和新市民提供保障性租赁住房1000多套。

天津市国资委在市委、市政府领导下，指导并推动以TDKG为代表的国有企业开发建设城市保障性租赁住房，计划建设城市保障性租赁住房1万套。国有企业开发建设城市保障性住房有利于天津市吸引人才、引进人才、留住人才，为在天津市就业安家的青年人和新市民改善住房条件作出贡献，对完成城市住房保障体系有着重要意义。

TDKG旗下天津TD城市综合开发投资集团有限公司党委书记、董事长刘德胜表示，保障性住房建设为引进人才、留住人才提供坚实居住保障，对深化供给侧结构性改革、完善城市住房保障体系建设具有重大意义和深远影响。①

2022年1月，贵阳市人民政府办公厅印发的《市人民政府办公厅关于加快发展保障性租赁住房的实施意见》（筑府办发〔2022〕1号）要求，鼓励引导、积极支持国有企业参与新建、改建保障性租赁住房，对符合国家规定的保障性租赁住房项目，免收城市基础设施配套费等行政事业性收费和政府性基金。②

2022年4月，《上海市普陀区人民政府关于同意由上海中环优创企业管理有限公司作为普陀区桃浦科技智慧城W06-1401单元117-01地块保障性租赁住房项目建设主体的批复》（普府〔2022〕35号）原则同意，上海中环投资开发（集团）有限公司下属全资子公司上海中环优创企业管理有限公司，是普陀区桃浦科技智慧城W06-

---

① 《我市国企开建保障性租赁住房　该项目可为新市民和青年人提供1000余套住房》，《天津日报》2022年1月4日第5版。
② 《市人民政府办公厅关于加快发展保障性租赁住房的实施意见》，https：//www.mohurd.gov.cn/jigou/sjjg/jgzfbzs/bzsgzxx/202205/20220520_766239.html.

1401 单元 117-01 地块保障性租赁住房项目建设的主体，并要求该项目在建成之后所提供的租赁住房不得少于 633 套。[①]

2022 年 7 月，宿迁市人民政府颁发的《市政府关于加快发展保障性租赁住房的实施意见》（宿政规发〔2022〕3 号）指出，支持企业向社会购买房屋或利用社会租赁房源，经政府认定同意并集中承租后作为保障性租赁住房向住房保障对象出租，支持房地产开发企业、国有平台公司、专业化规模化住房租赁企业建设、运营和管理保障性租赁住房。[②]

对于城市保障性住房开发建设企业来说，支持、配合和参与城市政府组织实施的城市保障性住房建设，有利于搞好与城市政府之间的关系，并获得稳定、几乎没有风险的开发建设利润。城市政府与城市保障性住房开发建设企业在城市保障性住房领域的利益协同有利于更好地解决城市住房困难群体的居住问题，促进城市社会和谐稳定。

（七）城市政府与商业银行的利益协同

在城市保障性住房开发建设和分配管理过程中，城市政府和商业银行之间存在着密切的联系。城市政府鼓励商业银行为城市保障性住房开发建设提供信贷资金，为城市住房保障对象租购保障性住房提供个人贷款，以实现城市政府改善城市居民居住条件、解决城市中低收入群体住房困难的公共政策目标。

相关案例：

2022 年 1 月，贵阳市人民政府办公厅印发的《市人民政府办公厅关于加快发展保障性租赁住房的实施意见》（筑府办发〔2022〕1

[①] 《上海市普陀区人民政府关于同意由上海中环优创企业管理有限公司作为普陀区桃浦科技智慧城 W06-1401 单元 117-01 地块保障性租赁住房项目建设主体的批复》，《上海市普陀区人民政府公报》2022 年第 3 期。

[②] 《市政府关于加快发展保障性租赁住房的实施意见》，《宿迁市人民政府公报》2022 年第 7 期。

号）要求，引导政策性银行和商业银行提供贷款支持①。

2022年11月，西安市住房和城乡建设局与国家开发银行陕西省分行、中国建设银行陕西省分行、中国银行陕西分行、民生银行陕西分行、招商银行陕西分行、兴业银行陕西分行、西安银行签订了《发展保障性租赁住房战略合作协议》。上述7家银行表示，银行将与西安市住房和城乡建设局紧密合作、密切配合，以更高标准谋划和支持西安市保障性租赁住房建设，拓宽筹资渠道，创新融资模式，推动金融与财政、专项债等资金紧密衔接，并承诺在"十四五"期间将对我市保障性租赁住房提供不少于2100亿元的贷款、债券等金融支持。

针对城市保障性租赁住房存在的前期资金需求大、资金平衡难度大、投资回收期长等特点，上述7家银行提供长达25年的长期信贷产品。此外，7家银行将更多金融资源和优惠政策引向西安市政府关心的项目，支持西安市政府盘活存量保障性住房资产，积极解决新增保障性住房项目的资金需求。西安市住房和城乡建设局负责人表示，这次与7家银行签订战略合作协议，为西安市加快发展保障性租赁住房奠定了坚实基础，标志着西安市保障性租赁住房工作迎来新的发展机遇。据统计，2022年以来，7家银行已累计向西安市保障性租赁住房建设提供350.23亿元预授信额度，审批153.87亿元贷款，发放72.26亿元贷款。②

对于商业银行来说，目前包括城市政府在内的地方政府对商业银行参与城市保障性住房的开发建设和分配管理限制较多，能被城市政府接受和许可的大多是国有大型商业银行，城市商业银行和合资银行很难进入城市保障性住房领域开展信贷业务。但由于城市保障性住房的利润较小，国有大型商业银行对参与保障性住房开发建设往往缺乏兴趣。由此

---

① 《市人民政府办公厅关于加快发展保障性租赁住房的实施意见》，https://www.mohurd.gov.cn/jigou/sjjg/jgzfbzs/bzsgzxx/202205/20220520_766239.html.

② 梁璠：《我市保障性租赁住房建设将获得2100亿元以上金融支持》，《西安日报》2022年11月16日第4版。

导致城市政府与商业银行在城市保障性住房领域开展合作比较有限。大部分商业银行希望城市政府放宽对商业银行参与保障性住房开发建设的信贷限制条件。

（八）城市保障性住房开发建设企业与商业银行的利益协同

城市保障性住房开发建设企业与商业银行是城市治理中对利润最为看重、最为敏感的两个市场主体。首先，城市保障性住房开发建设企业与商业银行都希望从政府对保障性住房的财政拨款和城市住房保障对象的购房款中获得更多的利润，它们在这方面的利益是一致的。其次，城市保障性住房开发建设企业与商业银行之间既有利益博弈也有利益合作。就二者之间的利益博弈来说，城市保障性住房开发建设企业希望商业银行加大对企业开发建设保障房的信贷支持力度，商业银行则希望城市保障性住房开发建设企业能让渡更多的保障房开发建设利润。就二者之间的利益合作来说，城市保障性住房开发建设企业可以为商业银行拓展信贷业务、获取商业利润提供机会，商业银行可以为城市保障性住房开发建设企业提供信贷资金，帮助企业扩大保障性住房开发建设的业务规模。

当然，商业银行也不会无视保障性住房可能存在的风险而盲目发放信贷资金。以公共租赁住房为例，虽然有着城市政府相关政策支持和保障，但由于投资成本需要较长周期才能收回，商业银行在参与城市保障性住房开发建设过程中，将信贷风险与城市保障性住房开发建设企业付出的贷款成本结合起来，以确保商业银行信贷资金的安全。[①]

相关案例：

2021年以来，中国建设银行发挥自身资金优势，满足城市保障性租赁住房项目的合理融资需求，为城市保障性租赁住房项目共提供近120亿元的融资，助力新增12万套城市保障性租赁住房。目前，中国建设银行保障性租赁住房项目的贷款授信金额超过1150亿元，投放505亿元，支持筹集超过40万套（间）保障性租赁住房房源。中国工商银行北京市分行出台了支持城市保障性租赁住房的具体指

---

① 贾帅帅、徐滇庆：《多维视角下的公共租赁住房建设与保障》，《财政研究》2017年第3期。

导意见，与优质住房开发建设企业开展深层次合作。截至2022年6月末，中国工商银行北京市分行累计支持35个、共计404亿元的公共租赁住房项目，为北京建设筹集6.17万套公共租赁住房。[①]

2023年1月，中国建设银行与国内某大型房地产企业WK公司共同投资设立规模为100亿元的"JW住房租赁投资基金"，这是中国建设银行首次与房地产企业成立合作住房租赁基金，其中，中国建设银行方面出资额占比为80%，WK公司认缴出资额占比为20%，后续或开放不超过30亿元的额度向社会资本进行市场化募集。

WK公司负责人表示，发展租赁住房、"租购并举"对企业及至整个社会都有着重要意义。租赁住房独有的经营管理特点，决定了各个市场主体需要通力合作才能推动该领域的发展。"JW住房租赁投资基金"主要将WK公司及相关方的存量商办物业、自持住房等资产用来作为城市租赁住房。从股权结构上看，"JW住房租赁投资基金"没有控股股东和实际控制人。

WK公司负责人表示，参与投资"JW住房租赁投资基金"是公司积极践行"城市建设服务商"的战略定位，落实国家"租购并举"住房政策的重要举措，有助于盘活公司的长租公寓存量资产，扩大长租公寓业务管理规模。目前，WK公司与中国建设银行的第一批合作项目已经确定，涉及北京、上海、武汉和成都的6个已运营的长租公寓项目，合作规模约为24亿元，第二批合作项目后续将快速启动。

中国建设银行负责人表示，在"十四五"时期将会有1亿新市民进城，通过扩大市场租赁住房的供给，可以满足城市不同群体的差异化住房需求，让广大创业者、青年人和新市民等在城市能拥有温暖的家，推动城市居民住房消费理念实现从"为我所有"向"为我所居"的转变。[②]

[①] 许予朋：《新市民住房金融服务亮点满满》，《中国银行保险报》2022年10月13日第5版。

[②] 陈婷、赵毅：《探路"租购并举"房企深度布局住房租赁市场》，《中国经营报》2023年2月6日第B11版。

（九）城市保障性住房开发建设企业与城市住房保障对象的利益协同

城市住房保障对象虽然人数众多，但由于彼此关系疏远、联系分散，在城市住房市场中往往被视为被动接受的弱势主体。从利益冲突角度来看，城市保障性住房开发建设企业与城市住房保障对象之间有着明显不一致的利益诉求。对于城市保障性住房开发建设企业来说，以最小的投资成本获取最大的利润是企业的本能追求。对于城市住房保障对象来说，以较低的租赁价格实现城市安居梦是作为城市居民的正常生活需求。

从利益合作角度来说，随着商品性住房市场的逐渐饱和以及利润率的不断下降，城市保障性住房开发建设的利润虽然较低但很稳定，基本上没有风险。一些房地产开发建设企业积极参与城市保障性住房项目，在获得合理企业利润的同时也为维护住房保障对象的住房权益作出了一定的贡献。我国国有企业有着较高的社会责任感，由国有房地产开发企业参与城市保障性住房的开发建设，有利于有效和高水平地完成城市保障性住房的开发建设，最终为城市中低收入群体提供适宜居住的保障性住房。[①]

相关案例：

2021年12月，作为产城融合开发建设运营商的贵阳投控集团表示，将认真贯彻落实中央、贵州省和贵阳市关于住房保障工作的重要部署和重大决策，积极探索城市各类保障性租赁住房的开发建设模式，不断完善人才服务保障工作，努力将WK城项目建设为城市保障性租赁住房的示范性项目，打造有温度的国有企业人才服务品牌。

为了积极建设WK城保障性租赁住房示范性项目，贵阳WK积极推进人才公寓"设计标准化、生产工业化、装修一体化、管理信息化、应用智能化"的装修体系化输出，提高工程质量，强化过程把控，为各级各类人才打造户型多样、设施齐备、安全舒适、交通便捷的保障性租赁住房。

在"十四五"时期，贵阳贵安计划筹建不少于10万套（间）保

[①] 秦远海：《国有房地产开发企业进行保障性住房开发建设的思考》，《房地产世界》2021年第2期。

障性租赁住房，其中70%用于各类人才住房保障，特别是针对即将毕业的高校大学生，推出面积以45平方米左右为主的小户型，租金按市场租金的80%左右确定，同时由政府给予租房人租金补贴，吸引人才租赁住房。[①]

2023年1月，深圳市人才安居集团与宝安区签订战略合作框架协议，在宝安高位开展城市保障性住房的建设筹集工作。

深圳市宝安区既是人口大区又是人才大区，很多来到宝安区工作与生活的新市民、新青年都面临着住房贵、居住难的问题。围绕如何解决新市民、青年人的住房困难问题，深圳市人才安居集团及其控股子公司利用自身在公司品牌、企业管理、过程运营等方面的优势，2023年内将对每个街道的2个城中村开展提升改造试点（全区共20个改造试点）项目，全力探索城中村改造城市保障性租赁住房的"宝安模式"。

深圳市人才安居集团将紧紧围绕宝安区"四个一批"的住房建设战略，深度参与到宝安区的保障性住房建设、产业配套宿舍建设与改造、城中村住房改造提升等工作中。未来两年内，深圳市人才安居集团及其控股子公司将在宝安辖区开工建设多个城市保障性住房项目，建设一批代表深圳先行示范区发展方向的人才安居社区。[②]

住房困难的城市户籍人口、新就业大中专毕业生、符合条件的外来务工人员等城市住房保障对象对保障性住房开发建设企业有着复杂的情感。一方面，城市住房保障对象认为，住房开发建设企业获取的高额利润是城市商品性住房价格高企的根本原因，由此导致他们无力购买商品性住房。另一方面，城市保障性住房的开发建设需要企业的参与、支持和承担，城市住房保障对象对此也不得不承认，并在中央政府的支持和城市政府的资助下，以低廉的资金租购住房开发建设企业建造的保障性住房。

[①] 李黎明：《筹建10万套（间）保障性租赁住房》，《贵阳日报》2022年1月26日第T42版。

[②] 《宝安落笔"住有宜居"助推高质量发展》，《深圳商报》2023年1月31日第A03版。

（十）商业银行与城市住房保障对象的利益协同

商业银行是城市保障性住房开发建设所需资金的主要支持者，也是城市住房保障对象租购住房所需贷款的提供者。对于城市住房保障对象来说，因为他们工作时间较短或收入较低，所以没有购置商品性住房的能力，甚至租购保障性住房都有困难，商业银行能帮助他们解决资金不足又想早点解决住房困难的难题。

对于大型商业银行来说，由于城市保障性住房个人贷款利润低、城市住房保障对象偿还能力弱，大型商业银行没有提供信贷业务的积极性和主动性，导致个人贷款难。但城市住房保障对象往往对大型商业银行比较信任，从而要求其加大提供租购保障性住房的优质信贷服务。

对于城市商业银行、合资银行等中小型商业银行来说，虽然服务比较周到，贷款利率相对较低，但由于银行营业网点较少，社会影响面有限，导致城市住房保障对象不太愿意向中小型商业银行申请租购保障性住房的贷款资金。中小型商业银行为了拓展业务，希望城市住房保障对象更多地来办理租购保障房的信贷业务。

相关案例：

中国建设银行惠州市分行为了助力解决城市居民住房难、房难找等问题，近年来主动履行国有大型商业银行的使命担当，坚持"以人民为中心"的企业信念，积极发挥自身优势，积极推出多项功能强大、方式灵活的金融创新产品，致力为全市百姓带来新金融体验。

近年来，中国建设银行践行"房住不炒"的理念，致力成为助力圆百姓安居梦的先行者，坚定不移地响应国家号召、肩负社会责任、满足百姓需求。在这个背景下，中国建设银行惠州市分行结合市情，以"我为群众办实事"为思想引领，努力探索住房租赁新型金融服务，为城市居民实现安居计划保驾护航。

以往市民在申请公租房符合条件后，需要在线下准备好纸质材料前往居委会或配租中心进行现场办理，在材料审核工作完成之后进入配租流程，工作程序烦琐、等待时间久、所需纸质材料多、申请流程长。中国建设银行惠州市分行积极应用科技手段，实现在公租房App的"三端突破"：从前端线上申请公租房，在中端查看申请进度与公示的名单，到后端实现银行代扣租金、缴交水电费以及房屋维修等后勤保障。①

2022年8月，北京银行作为独家运营账户开户行并参与战略配售的"华夏北京保障房中心租赁住房封闭式基础设施证券投资基金"正式发行，标志着全国首单公租房公募REITs项目开始运营。为了服务好2000余户承租人，北京银行作为全国首家提供保障性住房公募REITs运营账户管理的银行，专门成立了由总分支行业务骨干及律师组成的保障团队，处理出租人变更、承租人信息完善等事宜。②

---

① 刘炜炜、朱小婵、杨若晨：《推住房租赁新型金融服务助力百姓安居》，《惠州日报》2021年6月30日第C2版。
② 夏晖：《北京银行深化住房金融供给侧改革创新》，《首都建设报》2022年8月22日第2版。

第 七 章

城市保障性住房治理的国外经验与借鉴

第一节 亚洲国家城市保障性住房治理经验

一 城市保障性住房治理的新加坡经验

（一）政府主导：成立建屋发展局

新加坡在19世纪20年代成为英属殖民地，国际贸易量的不断增长促使新加坡转变为国际贸易港口城市，吸引大量外来移民，导致城市住房短缺问题日渐明显，但并没有引起当时管理部门的重视。一直到1927年，新加坡改良信托局的成立标志着殖民政府开始对城市住房问题进行干预。新加坡改良信托局通过为被拆除房屋的城市居民提供住房、新建和拓宽城市道路等措施改善城市居住环境和生活环境。第二次世界大战之后，大批移民涌入新加坡，导致城市住房急剧短缺，在新加坡自治之前，200万人口中有80%以上面临着住房困难，这对新加坡社会稳定产生了巨大挑战，增加城市住房数量和提升城市住房质量成为新加坡政府需要解决的重要问题。[①] 1959年新加坡自治之后，1960年在改良信托局的基础上成立了建屋发展局，专门负责城市公共住房的规划、建设和管理，包括城市住房的规划设计、征地拆迁、建设、出租、出售和管理等工作。[②]

[①] 吴雅馨、蒋卓君：《"新加坡模式"："组屋"体系下的可支付宜居住房——以淡滨尼新镇为例》，《住区》2020年第4期。

[②] 李英健：《国外公共住房政策演变及其启示——以英国、美国、新加坡为例》，《城市住宅》2021年第4期。

新加坡建屋发展局是代表政府行使权力、提供城市公共住房的唯一部门和独立的非营利机构。[1] 建屋发展局为新加坡绝大部分居民解决了住房问题，使新加坡成为世界上住房拥有率最高、住房条件最好的国家之一。建屋发展局既完全改变了新加坡住房短缺状况，又赢得了广泛的国际赞誉。1991年，联合国向新加坡建屋发展局颁发了"世界人居奖"，以表彰该机构在振兴城市社区、创立模范城市过程中的卓越创新。[2]

虽然新加坡是市场经济国家，但其坚持由政府负责主导解决居民的城市住房问题。建屋发展局局长兼任住房决策委员会主席，决策委员会包括10名委员，包括政府官员（占3席）、行业领袖（占4席）、利益集团代表（占2席）、学者（占1席）。所有委员均由政府任命，这有助于提升城市住房政策制定的效率，提高决策科学性、民主性，但低收入家庭因在决策委员会缺乏利益代言人而缺少一定的话语权。[3]

（二）法制保障：制定保障性住房法律法规

为了更好地促进城市保障性住房规划设计、征地拆迁、改造建设、分配管理、融资贷款等事宜，新加坡相继制定和颁布一系列法律法规，为顺利推进城市保障性住房工作提供了法制保障。

1953年，新加坡颁布《中央公积金法》，规定由中央住房公积金局负责城市住房公积金的征缴、支付、管理等，这一法律有利于解决居民购买住房的资金困难，维持了新加坡社会的稳定。[4] 自20世纪60年代起，新加坡相继制定并实施了《住房发展法》《土地征用法》《特别物权法》《房屋发展商法》《建筑管制法》等法律以及《住房手册》《住房公约》等规章，用法律和规章的形式对城市住房领域的权责关系进行了详细规定。例如，《住房发展法》明确建设城市住房的目的是实现"居者有其屋"，城市住房的职能定位是"自住为主"，城市住房"在购买5年内不

---

[1] 王微微、张鲁青：《面向青年群体的共有产权房制度设计——基于国外经验及中国政策选择》，《中国青年社会科学》2019年第5期。
[2] 张诗雨：《美国、新加坡公共住房政策与制度》，《发展》2015年第12期。
[3] 魏宗财、陈婷婷、李郇、钱前：《新加坡公共住房政策可以移植到中国吗？——以广州为例》，《城市规划》2015年第10期。
[4] 金双华、于征莆：《政府住房保障政策国际经验及借鉴》，《地方财政研究》2021年第6期。

得用于商业性经营,也不能转售,购置了新住房必须退出原有的住房"。①

随着新加坡经济的快速发展,居民对城市住房的需求越来越大。为了保障城市住房建设所需的土地资源,新加坡政府分别于1988年、1993年、1995年和2007年对《土地征用法》进行了四次修订,规定政府征地价格要以土地在某个特定时间的价值计算。例如,2007年的《土地征用法修订案》规定,政府须以土地现行市值征收土地,但仍然要以未开发的地价征收(见表7—1)。②

表7—1 新加坡住房保障的相关法律法规

名称	内容	意义
《中央公积金法》	实行强制性储蓄计划;对中央公积金局的职责和义务进行规定;对政府相关机构的职责进行约束,避免出现缺位、越位等现象	减轻新加坡政府住房保障负担,对新加坡经济腾飞和社会发展起到巨大推动作用
《住房发展法》	对住房保障机构在城市住房领域的职责进行规定;制定了城市住房建设的第一个"五年计划"	拉开了新加坡保障性住房建设的序幕
《土地征用法》	规定政府有权为了城市住房等公共事务征用私人土地,有权调整被征用土地的价格	为大规模建设城市保障性住房提供了所需的土地资源
《中央公积金修正法案》	允许住房购买者使用中央公积金来购买住房	提高了新加坡居民购买住房能力

资料来源:作者根据相关资料整理。

(三)资金投入:实施中央公积金制度

1955年,新加坡政府成立中央公积金局,开始施行强制居民进行储蓄的中央公积金制度,要求无论是政府机构还是私营企业中的雇主和雇员都必须按照法定的公积金缴纳率,以雇员的薪金为基数,将个人月薪

---

① 王晓燕、李美洲:《美德英新等国房地产市场发展和管理经验教训及其对我国的启示》,《西南金融》2019年第12期。
② 谢宝富:《新加坡组屋政策的成功之道与题外之意——兼谈对中国保障房政策的启示》,《中国行政管理》2015年第5期。

的一部分存入中央公积金局的个人账户，中央公积金局负责对公积金的筹集、分配与管理等事项进行统一规划和监督。中央公积金会员主要分为普通账户、医疗账户和特别账户，其中普通账户资金主要用于购买住房。[1] 中央公积金局的成立和中央公积金制度的设立有助于实现公积金的管理规模效应，提升公积金的管理效能，从而避免资金的过度分散并进一步提升城市住房建设资金的稳定性。[2]

新加坡住房公积金采用存贷分离、高存低贷的政策。中央公积金局负责住房公积金的征缴、支付、管理、保值、增值等业务，建屋发展局负责住房公积金的发放、信贷等业务。居民按照市场化利率获得缴存住房公积金的利息，并以低于市场的利率贷出购买住房的资金。这样既能避免城市住房公积金运行中可能存在的制度漏洞，又能保证城市住房公积金得到公正使用。[3] 中央公积金为城市保障性住房建设提供了持续、稳定的资金来源，为购买城市住房的居民提供贷款，是新加坡保障性住房金融的核心。[4]

1968年，新加坡政府颁布《中央公积金修正法案》，允许中低收入群体使用公积金购买住房，提高了这一群体购买住房的支付能力。随后，政府逐渐放宽公积金制度的覆盖对象和使用范围，公积金的缴纳率也不断扩大，可以使用公积金购买的城市住房种类也呈现多样化趋势。这些举措明显降低了城市居民的住房支出负担，更好地满足了城市居民的住房需求。[5] 为了让公积金实现保值和增值，中央公积金局成立了国有投资公司对资金进行投资和管理。国有投资公司每年将公积金存款利率的一部分上缴给中央公积金局，剩余收益部分归国有投资公司所有，亏损部

---

[1] 谢宝富：《新加坡组屋政策的成功之道与题外之意——兼谈对中国保障房政策的启示》，《中国行政管理》2015年第5期。

[2] 金双华、赵薇：《新加坡中央公积金制度：个人责任与政府保障》，《中国社会科学报》2022年6月22日第3版。

[3] 韩喜平、赵晓涛：《破解保障性住房难题的国外经验及启示》，《社会科学家》2018年第8期。

[4] 谢义维、江峰：《发达国家住房保障制度体系比较研究》，《江西社会科学》2014年第9期。

[5] 吴雅馨、蒋卓君：《"新加坡模式"："组屋"体系下的可支付宜居住房——以淡滨尼新镇为例》，《住区》2020年第4期。

分则由政府进行补贴。①

中央公积金制度在居民租购城市住房过程中发挥着巨大作用，居民既可以用公积金普通账户的存款缴纳租购城市住房所需的资金，也可以以优惠的贷款利率向建屋发展局或银行申请城市住房贷款，以每月提取公积金的方式分期偿还购房贷款。政府还会为符合购房条件的居民提供丰厚的公积金购房津贴。对于少数低收入购房者，新加坡政府还会提供额外或特别的公积金购房津贴。② 在中央公积金的支持下，80%以上的新加坡家庭住进了经济适用的住房。新加坡中央公积金制度总体呈现"效率优先、机会平等、兼顾公平"的特征，重视将政府保障与个人责任完美结合起来，通过向国民提供多样化、全方位的社会保障服务，既提高了经济效率，也提升了国民的福利水平。③

（四）组屋计划：实现居者有其屋

为了实现居者有其屋的目标，"新加坡政府将解决住房问题作为一项基本国策，实施组屋计划"④。通过建屋发展局实现政府主导的模式，新加坡组屋计划以完善的规划设计和科学的管理模式，为近80%的居民建设了买得起的住房，较好地解决了城市居民住房保障问题。⑤ 新加坡政府还通过制定和颁布《土地征用法》，明确建屋发展局可以在为居民建造和提供组屋的情况下征用土地，降低了组屋开发和建设的难度。⑥

1. 在组屋的户型结构方面。新加坡政府本着量力而行、循序渐进、分类提供的原则推进组屋建设。早期组屋建设主要以中小户型和廉租住房为主，主要目的是解决城市住房短缺问题。随着新加坡经济的快速发

---

① 谢义维、江峰：《发达国家住房保障制度体系比较研究》，《江西社会科学》2014年第9期。

② 谢宝富：《新加坡组屋政策的成功之道与题外之意——兼谈对中国保障房政策的启示》，《中国行政管理》2015年第5期。

③ 金双华、赵薇：《新加坡中央公积金制度：个人责任与政府保障》，《中国社会科学报》2022年6月22日第3版。

④ 连宏萍、杨谨顿、李金展：《社会文化视角下新加坡住房政策的成功历程与新探索——兼谈对我国住房政策的启示》，《中国行政管理》2019年第9期。

⑤ 金双华、于征莆：《政府住房保障政策国际经验及借鉴》，《地方财政研究》2021年第6期。

⑥ 曾岳婷：《新加坡社会保障体系建设带给我国的启示》，《特区经济》2022年第10期。

展，政府财力和居民购买力随之不断提高，组屋建设由以提供廉租住房为主转变为以提供购买型住房为主，由中小户型为主转变为以注重居住品质的大中户型为主。[①] 具体来说，新加坡组屋包括一房式、二房式、三房式、四房式、五房式及双层公寓式六个等级。由新加坡政府投资建造的组屋虽然价格低廉，但附近的运动设备、停车场、商场、巴士转换站等公共设施齐全。为方便居民出行，政府在更大的组屋社区建设了轻轨站。[②]

2. 在组屋计划方面。针对居民婚姻等情况的区别，新加坡政府推出了相应的组屋计划，主要包括单身公民计划、未婚夫妻计划、非居民配偶计划、非居民家庭计划和孤儿计划等。针对处于不同人生阶段的居民，新加坡政府也作出了组屋计划安排：如年轻家庭可以获得额外公积金购屋津贴，帮助他们尽快获得并搬进组屋；小康家庭（中年家庭）可以通过特别公积金购屋津贴实现小房换大房的愿望；老龄家庭可以通过参加"大屋换小屋"（出租额外房间或养老套现）计划实现原地养老。[③]

3. 在组屋购买资格认定方面。为了保护本土公民的居住权，新加坡政府规定，只有年满 21 岁的本国公民或永久居民才有资格提出购买组屋的申请。[④] 如果不是第 1 次购买组屋，已经有房产的居民只能购买二手的组屋。如果售卖现有房产，则要在 30 个月之后才可以购买新的组屋。[⑤] 为了保障普通的工薪阶层能够买得起组屋，新加坡政府按照居民的不同收入水平制定了相应的组屋购买准入政策，并随着经济的发展相应调整收入上限。新加坡政府按照该政策确定居民享受住房保障补贴的级别，

[①] 谢宝富：《新加坡组屋政策的成功之道与题外之意——兼谈对中国保障房政策的启示》，《中国行政管理》2015 年第 5 期。

[②] 孙涵琦：《人口老龄化视野下新加坡组屋建设对我国的启示》，《住宅与房地产》2022 年第 24 期。

[③] 蔡真、池浩珲：《新加坡中央公积金制度何以成功——兼论中国住房公积金制度的困境》，《金融评论》2021 年第 2 期。

[④] 金双华、于征莘：《政府住房保障政策国际经验及借鉴》，《地方财政研究》2021 年第 6 期。

[⑤] 曾岳婷：《新加坡社会保障体系建设带给我国的启示》，《特区经济》2022 年第 10 期。

并且在购买组屋的首付款、还款额和还款方式方面都有所不同。① 组屋购买准入政策覆盖社会各个收入阶层,保证了大多数中低收入群体能够购买到与他们收入相适应的廉价组屋,有效解决了社会"夹心层"的住房问题。②

4. 在组屋的维护和改造方面。1988年5月,新加坡国会通过了成立市镇理事会的法令,决定全国设有16个市镇理事会,市镇理事会负责管理组屋的物业维护等事务,市镇理事会主席必须是国会议员。为了缩小新城镇和老社区之间的差距,有必要对旧组屋进行翻新,对社区进行必要的改造,政府提供92%的翻新或改造资金,其余则由居民个人承担。1990年以来,新加坡政府对组屋实施了"主体升级计划"。2001年,新加坡政府开始实施"电梯升级计划"。自2002年起,新加坡政府陆续实施"临时升级计划""周围重建计划""选择性全部重建计划"。③ 此外,新加坡政府还每7—8年定期对组屋进行重新粉刷、增设电梯、更换污水管等维护,政府基本上承担了全部费用。④

5. 在组屋的转售方面。新加坡政府提出了严格的要求:一是只有新加坡居民才能购买转售的组屋。二是1个家庭只能拥有1套组屋,不允许同时拥有两套及以上组屋。如果要重新购买新组屋,必须先出售旧组屋。四是组屋转售必须在建屋发展局按完整流程进行登记。⑤

6. 在组屋监管方面。在组屋建造完备之后,建屋发展局按照相关规定制定与调整组屋的出售价格,以防止发生人为哄抬房价的情况。⑥ 建屋发展局除了对组屋的申请、交易、补贴的相关条件和规则进行了详细的

---

① 王微微、张鲁青:《面向青年群体的共有产权房制度设计——基于国外经验及中国政策选择》,《中国青年社会科学》2019年第5期。
② 宋博通、赖如意:《发达国家和地区公共住房准入线制定方法比较及深圳的现实选择》,《特区经济》2019年第7期。
③ 蔡真、池浩珲:《新加坡中央公积金制度何以成功——兼论中国住房公积金制度的困境》,《金融评论》2021年第2期。
④ 孙涵琦:《人口老龄化视野下新加坡组屋建设对我国的启示》,《住宅与房地产》2022年第24期。
⑤ 王微微、张鲁青:《面向青年群体的共有产权房制度设计——基于国外经验及中国政策选择》,《中国青年社会科学》2019年第5期。
⑥ 曾岳婷:《新加坡社会保障体系建设带给我国的启示》,《特区经济》2022年第10期。

规定,还确定了2—3年的定期回访机制,对购买组屋居民的收入和财产情况实行动态监管,对提供虚假的收入和财产资料的居民进行严厉处罚。新加坡政府通过制定严格细致的准入与准出机制,保障组屋分配的公平和公正。[1] 准出机制则规定了组屋的转让以及出售的相关制度,无论是准入还是准出,只要出现违反制度的行为,居民就将会受到罚款或者监禁等惩罚措施。[2]

新加坡组屋体系在满足城市居民住房需求中有着重要的主导作用。在城市住房供给方面,截至2018年年末,由建屋发展局供应和管理的组屋分布在全国24个新镇和3个靠近中心城的居住区中,共有106.24万套。在城市住房需求方面,自20世纪80年代开始,有将近70%的新加坡居民居住在建屋发展局提供的组屋中。20世纪90年代以来,居住在组屋中的常住人口占总人口比例基本上稳定在80%左右。2019年,居住在组屋中的新加坡人口高达316.3万,满足了全国132.5万户家庭的住房需求。[3]

二 城市保障性住房治理的韩国经验

(一)法制保障:制定住房法律法规

为了保障国民的居住权利,促进住房市场顺利发展,并优先向城市低收入者及无房户提供住房,韩国专门制定了《住房法》。[4] 20世纪60年代至70年代,韩国经济的快速发展促进了城市居住需求的大幅增长,《大韩住房公社法》的制定和出台为城市公共住房的开发建设提供了法律保障。20世纪70年代之后,大量城市住房的开发建设与土地交易的市场不规范行为导致了严重的房地产投机现象,为了确保城市住房保障政策的顺利实施和城市公共住房的开发建设,抑制房地产投机行为,韩国制

---

[1] 吴雅馨、蒋卓君:《"新加坡模式":"组屋"体系下的可支付宜居住房——以淡滨尼新镇为例》,《住区》2020年第4期。

[2] 金双华、于征莆:《政府住房保障政策国际经验及借鉴》,《地方财政研究》2021年第6期。

[3] 吴雅馨、蒋卓君:《"新加坡模式":"组屋"体系下的可支付宜居住房——以淡滨尼新镇为例》,《住区》2020年第4期。

[4] 田香兰:《韩国老年住房保障政策探析》,《城市》2015年第5期。

定了《租赁住房建设促进法》《抑制房地产投机及供给政策》等法律法规，在重拳抑制城市住房投机行为的同时，更加注重大量开发建设小套型的租赁住房。①

1981年，为了有效遏制土地投机、平抑房价，韩国出台《宅地开发促进法》，对用来新开发建设城市住房的土地，无论是公有性质还是私有性质，一律予以充公并实行公营开发政策。《宅地开发促进法》进一步回收土地使用权，为韩国政府在城市住房开发建设中处于主导地位提供了法律保证。《宅地开发促进法》还对公营住房的容积率等进行了具体规定，并考虑预留城市住房未来发展的备用土地，在满足城市低收入者居住需求的同时兼顾居民居住环境的建设。② 1981年，韩国对《住房法》进行修改，专门建设国民住房。所谓国民住房包括地方政府开发建设的面积在85平方米以下的住房，以及民间机构使用住房基金建设的面积在60平方米以下的住房。国民住房面向无房户出售，但购房者必须参加国民住房认购储蓄，才具备购买国民住房的资格。国民住房主要包括公共租赁住房、公共出售住房、劳动者住房等，其中公共租赁住房是指利用国民租赁住房基金开发建设和购入的公共住房，主要以优惠租金向低收入家庭出租，租赁期限为30年以上。③

1989年，韩国颁布《关于公示地价与土地等级的评价法律》，以设定标准地的方式为土地交易中如何评定地价提供了法律依据。1990年，韩国制定《宅地所有上限法》，对土地私有化进行了进一步限制，明确规定不能闲置浪费住房用地。1994年和1995年，韩国先后出台的《金融实名制》和《不动产实名制》，对利用他人信息进行不动产投机的行为进行了规范，提出了惩戒措施（见表7—2）。④

---

① 王唯博、郭洁、郝学：《韩国保障住房政策首尔公共住房案例浅析》，《中国住房设施》2015年第2期。
② 王唯博、郭洁、郝学：《韩国保障住房政策首尔公共住房案例浅析》，《中国住房设施》2015年第2期。
③ 田香兰：《韩国老年住房保障政策探析》，《城市》2015年第5期。
④ 王唯博、郭洁、郝学：《韩国保障住房政策首尔公共住房案例浅析》，《中国住房设施》2015年第2期。

表7—2　　　　　　　　韩国住房保障的相关法律法规

名称	内容或意义
《住房法》	优先向城市低收入者及无房户提供住房，保障国民居住权利，促进城市住房市场顺利发展
《大韩住房公社法》	为城市公共住房的开发建设提供了法律保障
《租赁住房建设促进法》	大量开发建设小套型的租赁住房
《抑制房地产投机及供给政策》	重拳抑制城市住房投机行为
《宅地开发促进法》	收回土地使用权，为韩国政府在住房开发建设中的主导地位提供了法律保证
《关于公示地价与土地等级的评价法律》	以设定标准地的方式为土地交易中如何评定地价提供了法律依据
《宅地所有上限法》	对土地私有化进行进一步限制，明确规定不能闲置浪费住房用地
《不动产实名制》	对利用他人信息进行不动产投机行为进行规范，提出惩戒措施

资料来源：作者根据相关资料整理。

（二）资金支持：建立国民住房基金制度

20世纪70年代之后，韩国工业化和城市化进程不断加快，大量人口向首尔、京畿道和仁川等城市聚集，城市住房供应短缺问题愈加严重。开发建设面向中低收入家庭出租的价格低廉的公共租赁住房，是韩国解决城市住房短缺难题的最好选择。韩国的公共租赁住房包括国民租赁住房和公租房，有永久租赁住房、50年期租赁住房、30年期租赁住房等类型。永久租赁住房和50年期租赁住房主要面对城市低保户、最低收入贫困户和城市开发拆迁户，30年期租赁住房主要针对家庭月收入不到城市家庭平均月收入50%—70%的低收入群体。[1]

1981年，韩国设置国民住房基金，为公共租赁住房开发建设提供长期低息贷款。国民住房基金是韩国政策性住房金融制度的核心，充足的资金来源是其能够高效运作的重要保障。国民住房基金的资金来源主要

---

[1] 谭禹：《政策性住房金融支持保障性租赁住房发展研究》，《中国房地产》2021年第21期。

包括：政府财政投入经费、国民住房债券、居民住房预约储蓄、国债管理基金预收金与利息等。其中，国民住房债券和居民住房预约储蓄在整个资金来源中占了较大比例。政府对购买国民住房债券设置了一定的强制要求，即居民在购买不动产、船舶、汽车等需要政府部门进行确权登记的物品时，需要按一定比例购买国民住房债券。城市居民住房预约储蓄制度是指城市居民要提前预订申请购买住房，并为以后能购买住房而进行储蓄的制度，这既确定了住房的购买人资格，又为住房开发建设提供了资金来源。[1]

(三) 重点措施：建立公共租赁住房制度

韩国的保障性住房政策以面向城市低收入群体的租赁住房为中心，其原因在于，韩国政府认为，城市住房租赁市场不稳定、私人产权住房租赁占比太高源于具有长期租赁属性的住房存量不足。为了稳定城市住房供给市场，避免出现城市住房严重短缺现象，1984年，韩国建立城市公共租赁住房制度。截至2017年，城市公共租赁住房已占韩国住房总量的20%，对解决韩国城市人口增加导致的城市住房短缺问题起到很大作用。[2]

在韩国公共租赁住房体系中，最受人瞩目的是城市永久性租赁住房，这是在20世纪80年代末期，韩国政府为了解决城市最低收入贫困家庭的住房问题，出资建造的非营利性住房。永久性租赁住房的建筑面积一般不超过45平方米，可以长期租赁但不能出售，其租金水平仅为城市住房市场同类住房租金的15%，能很好地解决城市最低收入贫困家庭的居住问题。韩国永久性租赁住房的经验包括以下几个方面。一是政府保障住房供给，可以永久租赁。与商品性住房市场不一样，永久性租赁住房是由政府财政出资资助建设的保障性住房，可以永久租赁但不能出售给个人或机构。这样既可以避免保障性住房沦为少数人投机牟利的工具，又可以提高城市住房资源的循环使用效率，还可以在全社会形成保障性住

---

[1] 谭禹：《政策性住房金融支持保障性租赁住房发展研究》，《中国房地产》2021年第21期。

[2] 金双华、于征莆：《政府住房保障政策国际经验及借鉴》，《地方财政研究》2021年第6期。

房只是保障居住而不是保障拥有这一观念。二是政府提供财政支持，社会资本积极参与。永久性租赁住房的开发建设得到了韩国政府的巨额财政资金支持，并调动了大量社会资本的积极参与和支持。①

（四）住房管理：建立住房等级制度

为了让不同收入层级的城市居民能够租购到合适的保障性住房，韩国将城市保障性住房分为五个等级，即公共出售住房、永久租赁住房、国民租赁住房、分纳租赁住房和长期租赁住房，不同等级的保障性住房对应不同等级的城市收入群体。例如，永久租赁住房主要面向收入处于下位等级10%的城市居民租购。该等级的城市居民在租购住房时，政府相关部门要对城市居民收入情况与所申请的保障性住房等级匹配状况进行核对。②

从保障对象来看，每个城市家庭可以根据自身的经济情况选择不同的住房保障方式。收入低于城市最低收入标准的家庭有资格申请建筑面积为45平方米以下的永久性租赁房，租金为市场租金的15%，并且对租赁时间没有限制。无房的城市低保户、残疾人、搬迁户可以申请建筑面积不超过60平方米的公共租赁房，租金为市场租金的30%，租赁时间为5—50年。平均月收入只有当地居民平均收入60%的无房者有资格申请国民租赁住房，租赁时间最长为30年。③

此外，为扩大城市公共租赁住房的使用效率，解决更多城市住房困难群体的居住问题，韩国政府鼓励承租人主动退出公共租赁住房。永久租赁住房的承租人可以根据个人经济情况，在退出租赁住房时选择相应的退出方式。当承租人购买建筑面积在40平方米以下住房时，可享受全部减免交易登记税和住房购置税的优惠。当承租人购买建筑面积在60平方米以下住房时，可以获得占总房款70%、年利率仅为8.5%的住房贷

---

① 张晓兵：《韩国永租房对我国公租房制度的启示》，《建筑经济》2015年第5期。
② 金双华、于征莆：《政府住房保障政策国际经验及借鉴》，《地方财政研究》2021年第6期。
③ 张琪：《保障房的准入与退出制度研究：一个国际比较的视角》，《社会科学战线》2015年第6期。

款，同时还可享受减半征收交易登记税和住房购置税的优惠。[①]

三 城市保障性住房治理的日本经验

（一）立法支持：完善保障性住房法规体系

为了保证城市住房建设工作的顺利开展，日本政府制定了一系列与住房相关的法律法规，形成了相对完备的住房法律制度体系，主要包括以下几类。

1. 关于住房保障的法规。第二次世界大战之后，为了保障国民的基本生活需求，日本政府制定了《生活保护法》，提出建立向城市低收入群体提供公营住房和住房扶助的住房保障制度。[②] 为了防止城市住房短缺导致社会不公平等问题，日本政府颁布了《房屋统制令》，对土地和房屋租金进行限价，以较低的房租吸引城市居民以租房方式解决居住问题。[③] 1951年，日本出台《公营住房法》，开始推进公营住房建设。公营住房由日本中央政府负责指导、地方政府直接参与建设，负责提供基本住房保障。1955年，日本出台《住房公团法》，开始建设面向城市中低收入家庭的公团住房。[④] 为了应对城市居民对公共住房需求不断增加的情况，1966年，日本对《公营住房法》进行修改，将城市公共住房的保障对象扩大到中等收入群体。[⑤] 为了将更多的残疾人、老年人等城市住房困难群体纳入住房保障范围，2007年，日本政府制定《住房安全网法》，以进一步加强城市住房安全网的保障作用。随着城市无房群体的不断增多，2017年，日本政府对《住房安全网法》进行修改，将城市低收入家庭、

[①] 张琪：《保障房的准入与退出制度研究：一个国际比较的视角》，《社会科学战线》2015年第6期。

[②] 董晓颋：《适应多元居住需求的住房规划管理体系——日本住房制度变迁的启示》，《国际城市规划》2020年第1期。

[③] 何伟、殷文凯：《住房租赁市场之国际比较》，《中国房地产》2021年第31期。

[④] 金浩然、翟宝辉、王艳飞、朱晓龙：《日本住房发展现状与政策及对我国的启示》，《建筑经济》2019年第5期。

[⑤] 董晓颋：《适应多元居住需求的住房规划管理体系——日本住房制度变迁的启示》，《国际城市规划》2020年第1期。

新市民、单身育儿家庭、遭受地震灾害影响家庭纳入城市住房保障范围内。①

2. 关于住房规划与建设的法规。1963年颁布的《新住宅市街地开发法》对日本城市住房开发建设进行规范。1966年颁布的《住房建设计划法》明确了日本中央政府和城市政府在城市保障性住房供给方面的责任，提出住房规划是保障城市居民居住需求的基础，要通过制定城市住房开发建设的综合规划并确保得到执行，以增进城市社会福利，确保城市居民生活安定。2006年，日本政府颁布《基本法》，以取代《住房建设计划法》。《基本法》是日本住房政策的最新指南，其目的是保障和改善人们的安居生活，增进社会福利。《基本法》提出了政府负责协调、地方团体和个人共同合作的住房开发建设机制。随后，日本政府颁布了《长期优良住房普及促进法》等一系列法律，要求保护国民住房权益、鼓励住房流通、创造美好居住环境等住房保障措施。②

3. 关于住房金融的法规。1950年，日本政府制定《住房金融公库法》，以提供长期低息贷款的方式鼓励企业开发建设住房和城市居民购买住房。③ 2005年，日本政府制定《独立行政法人住房金融支援机构法》，明确中央政府和地方政府、政府和民间机构在城市住房保障中的权责关系。中央政府将城市公共住房的供给和管理事项交给地方政府，但向地方政府提供必要的资金以支持城市住房保障机制正常运转。政府从直接提供住房转变为对存量住房进行再开发和规范管理，要求通过城市住房更新和住房流通来发挥民间住房的作用。④

4. 关于住房租赁的法规。为了促进城市住房保障工作的进一步发展，日本重视公共租赁市场的立法工作，制定并颁布了《借地借家法》《住房租赁公司登记规则》《不动产经纪业法》《按地域多元需求整备公共租赁

---

① 陆卓玉：《日本构建新住房安全网的背景、政策特征及启示》，《上海房地》2022年第12期。

② 董晓颋：《适应多元居住需求的住房规划管理体系——日本住房制度变迁的启示》，《国际城市规划》2020年第1期。

③ 吕一平、赵民：《国外新城建设的目标与立法推进——以美国和日本为例》，《上海城市规划》2022年第2期。

④ 董晓颋：《适应多元居住需求的住房规划管理体系——日本住房制度变迁的启示》，《国际城市规划》2020年第1期。

住房的特别措施法》等相关法律。《借地借家法》《关于促进特定优质租赁住房供应法》对城市住房的租赁人和承租人的权利与义务进行了具体规定。《住房租赁公司登记规则》《不动产经纪业法》对城市住房租赁机构的准入条件、营业管理等进行了规范和约束。①《关于促进特定优质租赁住房供应法》将住房保障对象扩大到城市中等收入群体，并规定可以租用私有土地建设住房，或者将优质私人租赁住房作为城市公共租赁住房使用。政府对公共租赁住房的建设费用和租金进行部分补助，地方公共团体负责住房购买、住房租赁和住房管理等事务。《按地域多元需求整备公共租赁住房的特别措施法》规定将公共住房的供给和管理等事项由中央政府完全转交给地方政府，中央政府通过提供资金的方式支持城市公共租赁住房工作的运转（见表7—3）。②

表7—3　　　　　日本住房保障的相关法律法规

类型	名称	内容或意义
关于住房保障的法规	《生活保护法》	向低收入群体提供公营住房和住房扶助
	《房屋统制令》	防止住房短缺导致社会不公平等
	《公营住房法》	中央政府指导、地方政府参与保障性住房建设
	《住房公团法》	建设面向中低收入家庭的公团住房
	《住房安全网法》	进一步加强住房安全网的保障作用
关于住房规划与建设的法规	《新住宅市街地开发法》	对日本城市住房开发建设进行规范
	《住房建设计划法》	明确保障性住房供给的中央政府和城市政府责任
	《长期优良住房普及促进法》	维护住房权益、鼓励住房流通、创造美好居住环境
关于住房金融的法规	《住房金融公库法》	提供长期低息贷款、鼓励开发建设和购买住房
	《独立行政法人住房金融支援机构法》	明确中央政府和地方政府、政府和民间机构在城市住房保障中的权责关系

① 毛馨卉、周璞、侯华丽、张惠：《住房租赁体系建设的国际经验与启示》，《中国国土资源经济》2022年第10期。
② 董晓颋：《适应多元居住需求的住房规划管理体系——日本住房制度变迁的启示》，《国际城市规划》2020年第1期。

续表

类型	名称	内容或意义
关于住房租赁的法规	《借地借家法》	对城市住房租赁人和承租人的权利与义务进行规定
	《住房租赁公司登记规则》《不动产经纪业法》	对城市住房租赁机构准入条件、营业管理等进行规范
	《关于促进特定优质租赁住房供应法》	将住房保障对象扩大到中等收入群体，规定可以租用私有土地建设住房
	《按地域多元需求整备公共租赁住房的特别措施法》	将公共住房供给和管理等事项由中央政府转交给地方政府，中央政府提供资金支持

资料来源：作者根据相关资料整理。

（二）统筹规划：建立住房公团

1955年，日本政府决定建立住房公团（该机构的正式名称、主要业务历经多次变化，在2004年行政改革中更名为都市再生机构）。住房公团属于独立法人、企业化运营的半官方机构，在住房公团的出资结构中，日本中央政府占四分之三、地方政府占四分之一。住房公团的职责主要有两个方面：一是在住房短缺的城市成批量地建设供普通工薪阶层居住的住房；二是从事土地整理、开发新城区等业务。住房公团开发建设的住房被称为"公团住房"，绝大部分是公共租赁住房，少部分是对外公开销售的住房，主要分布在日本东京、大阪、名古屋等几个大都市圈。[1]

为了更好地统筹城市保障性住房建设，推进城市住房保障工作，从20世纪60年代起，日本政府每隔5年制订一个住房建设计划，从第三个住房建设计划（1976—1980年）开始，从住房面积、住房设施、住房环境等多个方面对城市住房标准进行了细化。[2] 据统计，自1956年至2001年，住房公团共建设110.1万套住房，其中公共租赁住房占74.4%。在日本经济快速发展时期，公团住房满足了大量从农村地区涌入城市的普

---

[1] 周建高、刘娜：《住房政策与日本中产社会的快速形成》，《中央社会主义学院学报》2020年第4期。

[2] 庹川、徐漫辰：《基于家庭人口结构的公共租赁住房户型面积标准研究》，《城市观察》2021年第4期。

通工薪阶层的住房需求。[1]

（三）贷款融资：成立住房金融公库（支援机构）

为了应对严重的城市居住困难问题，保障城市居民的住房需求，为城市公共住房建设和改造提供金融支持。1950年，日本设立住房金融公库这一政策性住房金融机构。住房金融公库总部设在日本首都东京，在全国共有12个分支机构，是日本城市住房投资资金的主要来源。[2] 住房金融公库在日本公共住房开发建设和供给、改善城市居民居住水平中发挥了重要作用。[3] 例如，在1985年年底，住房金融公库的住房贷款余额为1046亿美元，同期全国住房贷款余额为3013亿美元，住房金融公库贷款余额约占全国住房贷款余额的35%。据估计，日本全国每年建成的个人自建住房的一半是由住房金融公库提供资金支持，住房金融公库在日本住房建设中有着十分重要的地位，为日本住房建设作出了重要贡献。[4]

住房金融公库资金主要来源于财政投融资体制贷款、财政利差补贴、公库以公立法人名义发放的特殊债券等。其中，财政投融资体制贷款是指凭借国家信用，将邮政储蓄、厚生年金、国民年金、简易人寿保险等社会资金归集形成的"第二财政"。在日本财政投融资年度资金中，邮政储蓄占50%，厚生年金、国民年金占20%，简易人寿保险占20%，政府发行债券占6%左右。财政投融资体制归集的资金主要以贷款形式投入住房开发建设、教育文化、农业林业渔业、产业技术以及对外贸易等领域，其中，住房金融公库获得的贷款远多于其他领域获得的贷款。[5]

住房金融公库的业务主要委托给分布在东京、大阪、名古屋等城市群的大银行。政府在每年的财政投融资计划中确定当年住房贷款总额和

---

[1] 周建高、刘娜：《住房政策与日本中产社会的快速形成》，《中央社会主义学院学报》2020年第4期。

[2] "住房金融制度改革研究"课题组：《美、德、日住房金融机构发展情况及对我国的启示》，《开发性金融研究》2018年第3期。

[3] 周建高、刘娜：《住房政策与日本中产社会的快速形成》，《中央社会主义学院学报》2020年第4期。

[4] "住房金融制度改革研究"课题组：《美、德、日住房金融机构发展情况及对我国的启示》，《开发性金融研究》2018年第3期。

[5] 谭禹：《政策性住房金融支持保障性租赁住房发展研究》，《中国房地产》2021年第21期。

预期的住房贷款户数，住房金融公库制订年度住房贷款计划，确定住房贷款的分配比例、借款标准和发放去向，并以低于财政投融资借款的利率发放住房贷款，其中的利息差额由中央财政以补助金形式予以解决。①

住房金融公库主要向购买或建造住房的中低收入者提供贷款，要求是年龄在40岁以上的非独身生活者。建造出租住房的地方供给公社、市区再开发者和民间开发业者，都能申请贷款。贷款金额依据城市住房所在地区、面积、结构、材料等因素确定，个人贷款最高额度不得超过住房建设所需全部资金的80%。在1993年之前，住房金融公库提供贷款的利率明显低于银行及民间住房信贷机构（包括都市银行、地区银行、信用金库和信托银行等）的贷款利率。但在1994年金融自由化后，由于民间住房贷款的利率决定方式更加多元化，住房金融公库的贷款利率优势逐渐降低。②住房金融公库自建立以来，其所提供的资金共开发建立了公共住房892万套，在日本住房总量中的占比为23%，对日本公共住房发展、改善城市居民居住质量发挥了重要作用。③

在日本经济领域"官退民进"思想和财政投融资体制改革的影响下，住房金融公库的主要职能和运作方式发生了巨大变化。2007年，日本成立了取代住房金融公库的住房金融支援机构。住房金融支援机构在东京设立总部，在日本各地设立分支机构。不同于住房金融公库主要向城市居民发放住房贷款，住房金融支援机构主要从事证券化的融资、保险业务，其资金来源也发生了明显变化，即由财政投融资体制提供主要资金转变为通过抵押支持债券或抵押贷款证券化市场获得资金，中央财政在资金支持方面只是起到补充作用。④

（四）多元主体合作：优化住房治理方式

20世纪末，随着日本经济陷入滞胀状态，加上人口老龄化和少子化

---

① 周建高、刘娜：《住房政策与日本中产社会的快速形成》，《中央社会主义学院学报》2020年第4期。
② "住房金融制度改革研究"课题组：《美、德、日住房金融机构发展情况及对我国的启示》，《开发性金融研究》2018年第3期。
③ 谭禹：《政策性住房金融支持保障性租赁住房发展研究》，《中国房地产》2021年第21期。
④ "住房金融制度改革研究"课题组：《美、德、日住房金融机构发展情况及对我国的启示》，《开发性金融研究》2018年第3期。

的社会趋势日益明显，日本城市住房空置率开始上升，老旧住房等存量住房问题亟待解决，仅仅依靠政府特别是中央政府肯定无法有效缓解城市住房面临的新问题。自 21 世纪初，日本开始采取城市住房多元合作、共同治理的新管理模式，主要体现为以下两个方面。

一是中央政府和地方政府的合作治理。在中央政府层面，日本主要通过国土交通省（2001 年前为建设省）的住房局作为住房政策协调的最高层次机构，对城市住房发展进行整体规划。在地方政府层面，日本主要通过与公共团体等机构进行合作，结合属地的具体情况，落实中央政府关于城市住房的建设和供给事项，制订本地区住房建设和供给计划。以东京为例，东京整备局是城市住房的核心协调机构，承担着城市住房基本规划立项、城市土地利用规划编制、推进城市住房开发建设等多项职能。针对东京租赁住房多、房产交易活跃等情况，专门设置了公寓科和不动产科。还增设了都营住房经营部，对都营住房及其转型进行管理。[①]

二是政府部门与民间机构的合作治理。日本政府将原有提供城市公共住房的责任部分移交给民间机构，强调政府要与民间机构、私人建设者和房屋居住人协同合作，共同行使对城市公共住房的建设和管理权力。政府主要是向城市新开发建设的住房项目提供必要的资金支持和技术指导，以及依据相关规定对城市住房开发建设主体的行为进行监督。[②] 民间机构负责城市住房建设、运营、管理、更新等具体事务。[③]

第二节 欧洲国家城市保障性住房治理经验

一 城市保障性住房治理的德国经验

（一）多元主体共治：政府、市场与社会相结合

在国家依法治理、社会市场经济和法团主义等理念的影响下，德国

---

① 董晓颋：《适应多元居住需求的住房规划管理体系——日本住房制度变迁的启示》，《国际城市规划》2020 年第 1 期。

② 吕一平、赵民：《国外新城建设的目标与立法推进——以美国和日本为例》，《上海城市规划》2022 年第 2 期。

③ 董晓颋：《适应多元居住需求的住房规划管理体系——日本住房制度变迁的启示》，《国际城市规划》2020 年第 1 期。

城市保障性住房政策呈现出明显不同于社会民主主义或自由主义模式的保守主义特征。这在城市保障性住房政策中具体表现为，德国积极支持多元主体共同参与住房治理过程，形成政府、市场与社会相结合的城市保障性住房治理模式。[①]

1. 政府在保障性住房政策制定、执行监督中处于主导地位。1950年之后，为了缓解城市住房短缺问题，德国政府大力推进城市保障性住房建设，并以低廉的租金向城市居民，尤其是因经济收入低或孩子多等原因导致居住困难的家庭分配住房，住房租金一般为市场租金的一半左右。[②] 为了维护老年人和儿童的住房权益，德国政府专门开发适合老年人的住房和设立儿童住房建设基金，由德国联邦政府和州政府负责出资向老年人家庭和单亲家庭等城市特殊群体提供住房扶持和住房保障。[③] 德国政府还根据城市经济社会发展状况、人口结构特征等因素，制定城市保障性住房发展规划，综合运用金融、税收、土地等政策手段加强对城市住房市场的管理，构建以租赁住房市场为主体的多层次住房供应体系。[④]

2. 市场主体积极参与城市保障性住房的开发建设和经营管理过程。为了吸引和鼓励私营住房开发建设企业或个人等市场主体积极参与城市保障性住房建设，德国政府制定了包括免息贷款或低息贷款在内的一系列财税优惠政策。[⑤] 例如，由政府征收土地并向企业提供期限为25年，相当于住房建设费用一半的财政贴息贷款。德国还以住房贷款产生的利息抵扣应纳税额，按一定比例抵扣应纳税额以及免征土地税费等优惠政策鼓励私人建设住房，增加城市保障性住房的供给总量。[⑥]

---

① 黄燕芬、唐将伟:《福利体制理论视阈下德国住房保障政策研究》，《价格理论与实践》2018年第3期。
② 郑云峰:《德国住房保障:制度构成、特征及启示》，《北华大学学报》(社会科学版) 2016年第2期。
③ 金双华、于征莆:《政府住房保障政策国际经验及借鉴》，《地方财政研究》2021年第6期。
④ 郑云峰:《德国住房保障:制度构成、特征及启示》，《北华大学学报》(社会科学版) 2016年第2期。
⑤ 刘戈、胡文茜:《保障性住房建设管理的国际比较与启示》，《天津城建大学学报》2020年第2期。
⑥ 郑云峰:《德国住房保障:制度构成、特征及启示》，《北华大学学报》(社会科学版) 2016年第2期。

3. 社会主体对城市保障性住房的政策制定、开发建设有着重要影响。德国住房协会、租户协会等一些社会非营利性组织在城市保障性住房领域有着一定的话语权，能够有效抑制市场力量对保障性住房的非理性干预和不正当盈利的手段。德国更倾向于选择非营利性组织在税收、贷款等优惠政策支持下解决城市住房问题。① 为了减轻政府的财政负担，德国还制定了相关政策，鼓励社会资金参与城市保障性住房的开发建设。② 社会主体投资住房的收益虽然不高，但总体上风险比较小。"所有权与使用权分离""谁投资谁所有""限定期限后可自由出租出售"等合理的产权制度设计，有利于积极发挥社会力量参与城市保障性住房开发建设积极性，保证住房的质量，促进住房的可持续运营。③

多元主体参与城市保障性住房开发建设的机制让政府、市场、社会都能够发挥各自的积极作用，使得德国成为世界上城市住房问题解决得最好的国家之一。④ 以德国最大的城市柏林的公共租赁住房为例，政府、市场与社会等多元主体构成的城市保障性住房政策供给体系既保障了柏林公共租赁住房市场的可支付性，还为柏林公共租赁住房的承租人提供了适宜的居住环境。⑤

当然，在政府、市场、社会等多元主体参与城市保障性住房开发建设和运营管理过程中，还存在以下问题需要正视和解决。一是政府对城市住房保障对象没有动态审核的相关措施，降低了城市保障性住房的公平使用效果和对整个住房市场的调节效率，没有有效惠及绝大多数真正处于住房困难状态的城市居民群体。二是在德国保障性住房去商品化过程中，政府将过多的权利赋予住房协会、租户协会等社会主体，导致社

---

① 黄燕芬、唐将伟：《福利体制理论视阈下德国住房保障政策研究》，《价格理论与实践》2018年第3期。

② 郑云峰：《德国住房保障：制度构成、特征及启示》，《北华大学学报》（社会科学版）2016年第2期。

③ 赵净：《典型国家的住房保障货币补贴制度及对我国的启示》，《经济研究参考》2016年第37期。

④ 黄燕芬、唐将伟：《福利体制理论视阈下德国住房保障政策研究》，《价格理论与实践》2018年第3期。

⑤ 张昕艺、夏菁、孙斌栋：《德国社会市场模式下"单一制"租赁住房发展的经验与启示——以柏林为例》，《国际城市规划》2020年第6期。

会主体利用自身的非营利性组织性质获取政府财政补贴和税收减免，同时在城市保障性住房开发建设和管理运营中获取利润，这引发了德国社会的不满。[1]

（二）法制支撑：制定保障性住房法律法规

德国通过立法，将居住权规定为公民权利的重要组成部分，明确联邦政府和地方政府在保障城市居民居住权益方面的职责。在德国法律体系中，与住房相关的重要法律当属《德国民法典》，该法律奠定了德国保障性住房政策的法律基础，明确了联邦政府与各州政府在城市住房建设和住房保障方面的职责。[2]

为实现这一目标，从1950年起，德国多次通过制定相关法律法规，大力推进城市保障性住房的开发建设和管理运营，以解决城市居民居住困难问题。[3] 具体来说，德国制定了城市保障性住房扶持与补助、城市保障性住房开发建设、城市公共租赁住房等多方面的住房法律法规。[4]

1. 关于城市保障性住房扶持与补助的法律法规。德国在《住房扶持法》中强调了住房保障工作的重要性，将住房保障作为提高城市社会福利、增加城市居民福祉的重要手段。[5]《住房补贴法》从法律层面上为解决城市生活困难居民租房补贴问题提供了具体依据，该法律要求政府按照家庭总收入、人口数量和房租金额等指标对符合条件的城市居民进行补贴，补贴资金由联邦政府和州政府共同承担。[6]《私人住房补助金法》则对私人在住房方面的权利和义务作出了相关法律规定。[7]《住房储蓄银

---

[1] 黄燕芬、唐将伟：《福利体制理论视阈下德国住房保障政策研究》，《价格理论与实践》2018年第3期。

[2] 刘戈、胡文茜：《保障性住房建设管理的国际比较与启示》，《天津城建大学学报》2020年第2期。

[3] 郑云峰：《德国住房保障：制度构成、特征及启示》，《北华大学学报》（社会科学版）2016年第2期。

[4] 葛新锋、张飒：《从供需两端抑制房地产投机研究——基于国际经验的视角》，《西南金融》2018年第8期。

[5] 金双华、于征莆：《政府住房保障政策国际经验及借鉴》，《地方财政研究》2021年第6期。

[6] 毛馨卉、周璞、侯华丽、张惠：《住房租赁体系建设的国际经验与启示》，《中国国土资源经济》2022年第10期。

[7] 葛新锋、张飒：《从供需两端抑制房地产投机研究——基于国际经验的视角》，《西南金融》2018年第8期。

行法》对住房储蓄银行在经营业务范围、经营原则、资金来源与资金运用等方面的具体要求和相应标准进行了界定①，明确要求住房储蓄不得用于风险交易，以提高住房储蓄的安全性。②

2. 关于城市保障性住房开发建设的法律法规。1950 年，德国政府颁布《住房建设法》，把维护城市居民的基本住房权益作为政府最重要的政策目标③，并先后两次对《住房建设法》进行修改和完善，进一步保障城市居民的住房权利④，增加城市保障性住房的供给⑤，并对城市住房面积、基础设施建设和住房租金标准等进行了相关规定和具体限制，把建设布局、面积、租金（或负担）适合城市居民需要的住房作为该法律明确的宗旨。⑥ 1960—1999 年，德国经济得到恢复和发展，城市居民收入不断增加并有了一定的住房购买能力，德国采取鼓励私人建设住房的新政策，为此颁布了《住房建设促进法》。⑦

3. 关于城市公共租赁住房的法律法规。在城市住房短缺问题得到全面缓解的情况下，1965 年，为了推动住房市场化的发展，德国政府开始向城市普通家庭发放租房补贴。城市租房补贴受益人群不断增多，促进了城市公共住房租赁市场的持续扩大。为了规范城市公共住房租赁行为，德国相继制定了一系列住房租赁的法律法规。针对住房租赁最核心的租金问题，1971 年制定的《住房解约保护法》提出了"比较租金"这一市场化的租金控制概念。1974 年制定的《租金控制法》规定，住房"比较

---

① 谭禹：《政策性住房金融支持保障性租赁住房发展研究》，《中国房地产》2021 年第 21 期。
② 郑云峰：《德国住房保障：制度构成、特征及启示》，《北华大学学报》（社会科学版）2016 年第 2 期。
③ 谭禹：《政策性住房金融支持保障性租赁住房发展研究》，《中国房地产》2021 年第 21 期。
④ 王晓燕、李美洲：《美德英新等国房地产市场发展和管理经验教训及其对我国的启示》，《西南金融》2019 年第 12 期。
⑤ 葛新锋、张飒：《从供需两端抑制房地产投机研究——基于国际经验的视角》，《西南金融》2018 年第 8 期。
⑥ 谭禹：《政策性住房金融支持保障性租赁住房发展研究》，《中国房地产》2021 年第 21 期。
⑦ 张茂林：《国外公共租赁住房政策对我国的启示——以英国、德国、荷兰为例》，《生产力研究》2021 年第 8 期。

租金"必须由法院审批(该规定导致法院被大量的租金审批事项占据了日常工作时间)。为了提高工作效率,1982年制定的《租赁住房增加供应法》正式提出"比较租金"的市场化衡量工具——"租金明镜"(房屋租金参照表),以此来体现某个地区租金整体水平,并规定住房租金三年增加额不得超过30%,以维护住房租赁双方的权益。1993年制定的《租赁修正法案》对"租金明镜"作出了更为详细的要求,"租金明镜"已经成为影响德国住房市场的租金控制工具。2001年制定的《德国联邦租赁改革法》规定,在"租金明镜"的法定程序中,用科学方法计算的"习惯性当地参考租金"替代"比较租金",以此来对住房租金增减的审核程序进行简化,并将房租的3年增加额限制降低为20%。基于"租金明镜"的租金控制方法灵活有效,符合住房市场规律,促进了德国城市住房租赁市场的稳定和发展(见表7—4)。[①]

表7—4　　　　　　　　德国住房保障的相关法律法规

类型	名称	内容或意义
关于城市保障性住房扶持与补助的法律法规	《住房扶持法》	将住房保障作为提高社会福利、增加居民福祉的重要手段
	《住房补贴法》	为解决城市生活困难居民租房补贴问题提供了法律依据
	《私人住房补助金法》	对私人在住房方面的权益和义务作出了相关法律规定
	《住房储蓄银行法》	对住房储蓄银行的业务经营范围、经营原则、资金来源与资金运用进行了界定
关于城市保障性住房开发建设的法律法规	《住房建设法》	把维护广大居民的基本住房权益作为重要的政策目标
	《住房建设法》(修订)	对住房面积、基础设施建设和住房租金标准等进行了相关规定和具体限制
	《住房建设促进法》	鼓励私人建设住房

---

① 王阳:《德国住房租赁制度及其对我国住房租赁市场培育的启示》,《国际城市规划》2019年第5期。

续表

类型	名称	内容或意义
关于城市公共租赁住房的法律法规	《住房解约保护法》	提出了"比较租金"这一市场化的租金控制概念
	《租金控制法》	规定住房"比较租金"必须由法院审批
	《租赁住房增加供应法》	提出了"租金明镜"这一"比较租金"的市场化衡量工具
	《租赁修正法案》	对"租金明镜"作出了更为详细的要求,使得"租金明镜"成为影响德国住房市场的租金控制工具
	《德国联邦租赁改革法》	用科学方法计算的"习惯性当地参考租金"替代"比较租金"

资料来源：作者根据相关资料整理。

（三）金融支持：建立住房储蓄制度

为了发挥市场作用，鼓励居民积极进行住房储蓄，德国建立了住房储蓄制度。[①] 住房储蓄制度在德国具有较长的发展历史，1924年，德国出现了第一家住房储蓄银行。1931年，德国出台专门法律将住房储蓄制度纳入国家监管范围。[②] 第二次世界大战之后，德国既面临着严重的住房短缺，又面临着严重的资金短缺。政府在重建金融系统的过程中，保留了住房储蓄制度以筹集住房建设资金。[③] 经过多年的发展，德国已经形成完善的住房储蓄制度。

住房储蓄制度主要包括以下几个方面的内容。一是先行储蓄，后认资格。储户在银行进行的储蓄应达到一定的额度，才能与银行签订合同并获得贷款资格。[④] 二是封闭运行，利率固定。住房储蓄制度是独立于德国资本市场和金融市场的封闭运转的融资系统，其存贷款利率不受通货

[①] 金双华、于征莆：《政府住房保障政策国际经验及借鉴》，《地方财政研究》2021年第6期。

[②] 郑云峰：《德国住房保障：制度构成、特征及启示》，《北华大学学报》（社会科学版）2016年第2期。

[③] 阎金明：《德国、瑞典社会住房制度的特点及启示》，《国家行政学院学报》2007年第3期。

[④] 郑云峰：《德国住房保障：制度构成、特征及启示》，《北华大学学报》（社会科学版）2016年第2期。

膨胀和资本供求关系等因素的影响，维持相对固定的利率和较低的利息。多年以来，住房储蓄利率基本保持在6%以下，住房储蓄的存贷款利率差保持在2个百分点。住房储蓄制度实行固定利率，有助于居民以固定、明确的方式偿还住房贷款，对德国居民有很大吸引力。[1] 三是鼓励储蓄，给予奖励。德国政府为了鼓励居民积极参与住房储蓄，制定了储蓄奖励和购房奖励等优惠政策。[2] 就储蓄奖励来说，为了稳定住房储蓄银行的资金来源，德国政府按照储户的储蓄额度给予相应比例的储蓄奖励，鼓励居民积极进行住房储蓄，吸引了大量的社会闲散资金流向住房储蓄银行。[3] 就购房奖励来说，德国政府在通过住房储蓄进行的建房活动中，给予储户贷款总额14%的贷款补助。[4]

住房储蓄制度为德国住房储蓄银行获得低成本资金提供了有力的制度保障[5]，也为德国住房尤其是城市保障性住房建设作出了重要贡献。据统计，1999年，德国住房投资占GDP的7.2%，其中住房储蓄占整个住房信贷的22%。此外，住房储蓄作为定向储蓄，对于抑制短期消费需求、减少市场货币流通量、缓解通货膨胀具有一定的积极作用。[6]

（四）基本形式：政府提供住房补贴

1956年，德国开始在部分地区推行住房补贴制度。1970年，德国立法在全国范围内实行住房补贴制度。[7] 住房补贴主要提供给无家可归者、特殊人群（老人、单身母亲、残疾人等）、低收入家庭以及关键工作者

---

[1] 阎金明：《德国、瑞典社会住房制度的特点及启示》，《国家行政学院学报》2007年第3期。
[2] 郑云峰：《德国住房保障：制度构成、特征及启示》，《北华大学学报》（社会科学版）2016年第2期。
[3] 谭禹：《政策性住房金融支持保障性租赁住房发展研究》，《中国房地产》2021年第21期。
[4] 阎金明：《德国、瑞典社会住房制度的特点及启示》，《国家行政学院学报》2007年第3期。
[5] 谭禹：《政策性住房金融支持保障性租赁住房发展研究》，《中国房地产》2021年第21期。
[6] 阎金明：《德国、瑞典社会住房制度的特点及启示》，《国家行政学院学报》2007年第3期。
[7] 赵净：《典型国家的住房保障货币补贴制度及对我国的启示》，《经济研究参考》2016年第37期。

（政府雇员、警察、教师等）。目前，德国大部分补贴类住房由市政与国有企业所有，三分之一的补贴类住房由福利机构、教堂和工会共有，其余少量由工会、教堂或私人独立持有。[1]

按照住房补贴制度规定，家庭收入不足以租赁合适住房的城市低收入居民有权享受政府提供的住房补贴，由政府负责支付承租人实际应缴纳的住房租金与承租人能够承受的租金之间的差额。其中，承租人实际应缴纳的住房租金要与城市家庭住房需要相结合，承租人能够承受的租金一般按照城市家庭收入的 25% 确定，住房补贴标准应综合考虑城市家庭规模与收入、住房面积与地段、租金费用等因素予以确定。住房补贴期限为 15 年，所需的资金由联邦政府和州政府各承担 50%。在 15 年之后，住房补贴随着城市居民家庭收入的增加而相应地逐年减少。[2]

住房补贴主要包括全额住房补贴和部分住房补贴。全额住房补贴已被纳入德国社会基本保险，主要针对没有收入或者收入极低，并且没有存款、汽车、房产等资产的城市家庭，由政府承担这一类家庭的全部住房租金。部分住房补贴主要针对低收入城市家庭，政府根据城市家庭净收入、人口数等因素计算应当支付住房部分租金或购房补助的数额，具体包括租房补贴和购房补贴。目前，德国政府已经极少发放购房补贴，部分住房补贴主要以租房补贴方式发放。租房补贴标准取决于城市家庭的人口数量、税后收入以及租住地区的租金等级。租金越高，租房补贴越高；收入越高，租房补贴越低。[3]

德国住房补贴政策规定，租金的每年涨幅不得超过合同金额的 10%。租赁住房的城市家庭需要及时更新收入情况，一旦住房租赁家庭收入水平超过城市中低收入阶层的最高水平，则需要返还并退出所租购的住房。[4] 当然，政府不会强制承租人立即搬出，而是通过收取差额部分的市

---

[1] 王阳、洪晓苇、李知然：《德国住房保障制度的演进、形式、特征与启示》，《国际城市规划》2021 年第 4 期。

[2] 赵净：《典型国家的住房保障货币补贴制度及对我国的启示》，《经济研究参考》2016 年第 37 期。

[3] 王阳、洪晓苇、李知然：《德国住房保障制度的演进、形式、特征与启示》，《国际城市规划》2021 年第 4 期。

[4] 金双华、于征莆：《政府住房保障政策国际经验及借鉴》，《地方财政研究》2021 年第 6 期。

场租金让承租人有一个缓冲期和过渡阶段,这有助于维护承租人的权益,增加城市居民居住的相对稳定性。① 在租房权益得到充分保障的情况下,德国城市居民更愿意租房。据统计,目前,有57%的德国居民租住住房,仅43%的德国居民拥有产权性住房,有80%以上的德国居民可以享受不同程度的租房补贴。②

（五）权益保障：重视租赁住房市场

德国住房租赁市场具有租房比例较高、住房拥有率较低的显著特点,是欧洲最大、最繁荣的住房租赁市场。③ 2018年,德国租赁住房率达到53.5%。德国租赁住房主要包括政府保障性的市政住房、社会互助保障性住房以及私营租赁住房。④ 德国自有住房率低但租房比例较高,这很大程度上是因为承租人的权益受到了政府很好的保护。例如,承租人一旦签订了住房租赁合同,就被视为无限期合约,出租人不得随意解除住房租赁合同。只有出租人以承租人没有按期缴纳房租等合理理由,并按照法定程序,才能解除与承租人的住房租赁合同。⑤

德国推行的是市场化导向的住房租金控制制度。一是"租金明镜"制度。住房机构和住房管理协会根据市场租金状况,制定发布并定期更新"租金明镜",如果住房租金超过政府指导价格的一半,出租人则被认为存在牟取暴利的可能性,最高可被判处三年有期徒刑。二是租金涨幅限制制度。德国政府要求,住房租金在规定期限内的涨幅不得超过政府限制的幅度,否则出租人将承担相应的处罚。三是优惠政策支持制度。德国政府将符合规定的部分土地主要用于城市保障性租赁住房的开发建设,同时出台相关税费减免政策,以鼓励企业利用自有土地开发建设城

---

① 王阳、洪晓苇、李知然：《德国住房保障制度的演进、形式、特征与启示》，《国际城市规划》2021年第4期。

② 葛新锋、张飒：《从供需两端抑制房地产投机研究——基于国际经验的视角》，《西南金融》2018年第8期。

③ 葛新锋、张飒：《从供需两端抑制房地产投机研究——基于国际经验的视角》，《西南金融》2018年第8期。

④ 毛馨卉、周璞、侯华丽、张惠：《住房租赁体系建设的国际经验与启示》，《中国国土资源经济》2022年第10期。

⑤ 郑云峰：《德国住房保障：制度构成、特征及启示》，《北华大学学报》（社会科学版）2016年第2期。

市保障性租赁住房。[①] 在德国政府的重视和支持下，德国城市住房租赁机制越来越成熟，并呈现出租房供给主体多元、租住比例较高、租房市场结构相对稳定等特征。[②]

（六）创新模式：成立住房合作社

在德国的租赁住房供给中，作为非营利住房机构的住房合作社发挥了重要作用。[③] 德国住房合作社是介于社会组织和企业之间的"非营利性社会企业"，是非官方主体合作建设住房的保障模式。[④] 住房合作社在德国已有百年的历史，在工业化早期，德国开始建造具有"职住平衡"等功能的城市住房，以吸引和留下工业生产所需要的大量劳动力。在经历两次世界大战之后，德国城市住房供需结构严重失调，政府用于住房保障的财政资金严重短缺，亟须找到兼顾经济现状和社会公平的住房政策，城市居民合作解决居住问题的住房合作社这一新的模式在20世纪20年代末应运而生。[⑤]

德国住房合作社的主要机构包括总务大会、理事会、监事会。总务大会是住房合作社的最高决策机构，由全体社员组成，负责批准住房合作社的年度预决算、决定住房合作社的利润或损失分摊办法、审批理事会和监事会的工作报告、修改住房合作社章程等事项。理事会由总务大会选举产生，是住房合作社的执行机构，至少有两名社员担任理事，负责处理住房合作社的日常业务工作。监事会是住房合作社的监督机构，负责监督理事会的各项管理工作，有权临时解雇理事会成员。[⑥]

住房合作社的成员主要包括公司白领、企业工人、学校学生、退休

[①] 毛馨卉、周璞、侯华丽、张惠：《住房租赁体系建设的国际经验与启示》，《中国国土资源经济》2022年第10期。

[②] 张昕艺、夏菁、孙斌栋：《德国社会市场模式下"单一制"租赁住房发展的经验与启示——以柏林为例》，《国际城市规划》2020年第6期。

[③] 谭禹：《政策性住房金融支持保障性租赁住房发展研究》，《中国房地产》2021年第21期。

[④] 刘文俭：《德国的住房合作社》，《学习时报》2020年6月19日第2版。

[⑤] 张茂林：《国外公共租赁住房政策对我国的启示——以英国、德国、荷兰为例》，《生产力研究》2021年第8期。

[⑥] 方敏、罗忆宁、仇保兴：《发展住房合作社的经验与启示——基于西方国家的模式与我国的初步实践》，《城市发展研究》2016年第4期。

工人等。① 住房合作社的资金来源主要包括政府贴息贷款、社员加入时缴纳的股金和社会捐助。在住房合作社开发建设住房之前,每位社员必须缴纳一次性会员费,住房合作社社员作为股东出资20%—30%。②

住房建设资金的不足部分由住房储蓄银行提供期限长达30—40年的低息贷款,贷款额最高可达到住房建设成本的80%—90%。③ 德国政府通过贷款支持、土地优惠、税收优惠等方面的措施,鼓励城市居民合作建房。④

住房合作社社员共同出资在政府选定的地段建设住房之后,住房的产权归住房合作社集体所有。住房合作社公布住房数量、住房面积、住房标准等信息,社员可根据自身居住需求等情况提出住房申请,住房合作社依据社员入社时间、家庭人口数量决定会员选择住房的先后顺序。⑤ 社员租赁住房之后可以享受固定的低廉租金等优惠,但只具有住房的使用权,可以继承但不得转让。如果社员申请退出现有住房,住房合作社收回住房并退返社员缴纳的股金。⑥

目前,德国拥有住房合作社2000多个,建有住房200多万套,住房合作社提供的住房占德国城市住房的10%。住房合作社能为亟须解决居住问题的城市居民提供稳定、长期的保障性住房,满足他们多元化、个性化和多层次的住房需求;能有效缓解城市政府住房保障的压力,减轻政府的财政负担,帮助政府以社会化资源解决城市居民的住房需求。⑦

---

① 谭禹:《政策性住房金融支持保障性租赁住房发展研究》,《中国房地产》2021年第21期。
② 刘文俭:《德国的住房合作社》,《学习时报》2020年6月19日第2版。
③ 方敏、罗忆宁、仇保兴:《发展住房合作社的经验与启示——基于西方国家的模式与我国的初步实践》,《城市发展研究》2016年第4期。
④ 王晓燕、李美洲:《美德英新等国房地产市场发展和管理经验教训及其对我国的启示》,《西南金融》2019年第12期。
⑤ 方敏、罗忆宁、仇保兴:《发展住房合作社的经验与启示——基于西方国家的模式与我国的初步实践》,《城市发展研究》2016年第4期。
⑥ 王阳、洪晓苇、李知然:《德国住房保障制度的演进、形式、特征与启示》,《国际城市规划》2021年第4期。
⑦ 刘文俭:《德国的住房合作社》,《学习时报》2020年6月19日第2版。

二 城市保障性住房治理的英国经验

（一）法制保障：制定住房法律法规

19世纪末，英国工业化和城市化的快速发展导致工人的住房问题日益严峻，组织起来的工人团体通过抗争和施压，于1890年促成《工人阶级住房法》的通过。英国政府因此赋权地方政府建造住房以满足包括工人在内的城市居民的居住需求。这一法案被认为奠定了英国保障性住房的法律基础。[1] 1919年，英国颁布的《住房与城镇规划法》是英国全面干预住房问题的法律规定，首次明确了中央政府和地方政府在住房供应方面的职责。[2] 允许地方政府使用中央财政资金建设住房并向城市中低收入家庭出租，以解决他们的住房困难问题。[3] 此后，伦敦市政府开始建设租金低廉的城市公共住房供市民租住。[4]

1980年的《住房法》规定，住房租户在租住满两年的情况下有权优先购买所租住的住房。租住时间越长，享受的折扣越多，折扣上限为房价的70%。[5] 1982年的《社会保险与住房补贴法》正式建立了英国的住房福利系统。[6] 1980年的《购买权法》和1984年的《住房与控制权法》大力推行公房私有化，积极鼓励住房协会、私有企业、租房者购买政府公房。1990年的《城乡规划法》要求住房开发建设企业必须配建可支付资金购房的城市公共住房，才能获得政府颁发的规划许可证。[7] 1993年的

---

[1] 邱君丽、刘玉亭：《英国社会住房的分配模式及其影响》，《国际城市规划》2021年第4期。

[2] 陈余芳、黄燕芬：《欧洲典型国家住房保障政策比较研究及启示——基于福利体制理论的视角》，《现代管理科学》2016年第11期。

[3] 吕洪业、沈桂花：《英国住房保障政策的演变及启示》，《行政管理改革》2017年第6期。

[4] 颜莉：《英国住房政策阶段性演进评析：对上海住房发展的启示》，《国际城市规划》2016年第6期。

[5] 吕洪业、沈桂花：《英国住房保障政策的演变及启示》，《行政管理改革》2017年第6期。

[6] 杨晓楠：《国外公共住房模式比较及对中国的借鉴》，《大连海事大学学报》（社会科学版）2015年第6期。

[7] 颜莉：《英国住房政策阶段性演进评析：对上海住房发展的启示》，《国际城市规划》2016年第6期。

《租赁改革、住房和城市发展法》鼓励承租人从租金抵押贷款中获取一定的收益。[1] 2002年的《无家可归者救助法案》对如何创建公平良好的住房市场秩序、建设让城市低收入群体负担得起的公共住房作出了详细规定（见表7—5）。[2]

表7—5　　　　　　　　英国住房保障的相关法律法规

名称	内容或意义
《工人阶级住房法》	赋权地方政府建造住房以满足包括工人在内的城市居民的居住需求，奠定了英国保障性住房的法律基础
《住房与城镇规划法》	明确中央政府和地方政府在住房供应方面的职责，允许地方政府使用中央财政资金建设住房并向中低收入家庭出租
《住房法》	社会住房租户在租住满两年的情况下有权优先购买所租住的住房。租住时间越长，享受的折扣越多
《社会保险与住房补贴法》	正式建立了英国的住房福利系统
《购买权法》《住房与控制权法》	大力推行公房私有化，积极鼓励住房协会、私有企业、租房者购买政府公房
《城乡规划法》	住房开发建设企业必须配建可支付的公共住房，才能获得政府颁发的规划许可证
《租赁改革、住房和城市发展法》	鼓励承租人从租金抵押贷款中获取一定的收益
《无家可归者救助法案》	对如何创建公平良好的住房市场秩序、建设让低收入群体负担得起的公共住房作出了详细规定

资料来源：作者根据相关资料整理。

（二）政策变迁：政府与市场互动

19世纪中期，英国政府在住房问题上采取的是没有任何干预、自由放任的政策，市场手段是配置住房资源的唯一方式。19世纪中后期，随着工业化与城市化速度的不断加快，大批人口涌入城市导致城市住房短

---

[1] 杨晓楠：《国外公共住房模式比较及对中国的借鉴》，《大连海事大学学报》（社会科学版）2015年第6期。
[2] 颜莉：《英国住房政策阶段性演进评析：对上海住房发展的启示》，《国际城市规划》2016年第6期。

缺问题严重。英国政府开始出台相关措施，鼓励和引导个人与团体开发建设高质量的城市住房。①

在第二次世界大战之前，英国政府便开始对城市租房市场进行补贴并新建大量公房。在第二次世界大战之后，大量住房受损促使政府推行建设社会公共住房项目的城市住房改革政策。由于政府实施的住房补贴措施充分调动了各方面建设城市公共住房的积极性，城市公共住房建设得到快速发展。到1951年，由地方政府建设的住房占全部新建住房的80%。②

20世纪60年代之后，英国政府开始减少直接参与城市公共住房的建设和供给，转为专门提供住房补贴，民间住房得到迅速发展。③

20世纪70年代，英国公共住房数量在住房总量中的占比约为33%。从20世纪80年代开始，英国政府开始大规模推行"公房私有化"政策，从金融政策上鼓励和支持公共住房的租户以优惠价格购买所租住的住房。④这次改革削减了政府在公共住房领域的财政开支，转移了政府对城市住房保障的责任，减轻了政府的行政负担和财政压力，但也导致了城市住房市场的两极分化现象，加剧了社会矛盾。⑤

20世纪80—90年代，英国私有化和市场化改革导致城市住房制度从"普惠型"快速转向"补缺型"，城市保障性住房由政府出资、建设和监管的治理格局转变为由政府进行规划和监管、市场负责供给住房、非营利部门作为补充的多元主体合作治理格局。⑥这一时期，英国实行鼓励私人购买公共住房的"购屋权"政策。在这项政策的推动下，自1980年至

---

① 颜莉：《英国住房政策阶段性演进评析：对上海住房发展的启示》，《国际城市规划》2016年第6期。
② 陈余芳、黄燕芬：《欧洲典型国家住房保障政策比较研究及启示——基于福利体制理论的视角》，《现代管理科学》2016年第11期。
③ 颜莉：《英国住房政策阶段性演进评析：对上海住房发展的启示》，《国际城市规划》2016年第6期。
④ 陈余芳、黄燕芬：《欧洲典型国家住房保障政策比较研究及启示——基于福利体制理论的视角》，《现代管理科学》2016年第11期。
⑤ 颜莉：《英国住房政策阶段性演进评析：对上海住房发展的启示》，《国际城市规划》2016年第6期。
⑥ 钟晓慧、彭铭刚：《福利混合视角下的英国住房政策改革及对中国的启示》，《广东社会科学》2019年第5期。

1998年，英国政府共出售了近190万套公共住房，约占整个社会住房总量的33%。①

21世纪初，公共住房私有化的改革虽然有着一定效果，城市住房自有率确实不断上升，达到了减轻政府财政负担和行政压力的目标，但毫无疑问也加重了城市中低收入家庭在住房方面的负担。不少城市房价快速上涨，迫使英国政府重新审视以往的住房政策，重新审视保障性住房建设在经济发展中的作用，再次推行"可负担住房"政策，试图通过多样化的住房供给方式保障城市中低收入者能住有所居。② 随后，英国政府逐步加大对保障性住房的补贴，加强面向城市中低收入群体的住房保障力度，并实施向城市低收入者提供的"可负担租"计划。③ 2003年，为了解决城市住房过度市场化带来的一系列问题，英国政府重新强调政府在城市住房市场中的主导作用，加强政府干预的力度。这一时期，城市保障性住房主要是"可支付住房"，价格一般为同类住房市场价格的70%—85%，要求在一定年限内只能向特定人群出售，但不得上市公开销售。④ 这一时期，英国保障性住房政策是对之前市场化政策的折中与调和，既强调了参与主体的多元化、保障目标的多层次性和保障途径的多样化，也明确了被保障者的责任与义务，逐步建立起了政府和市场相结合的住房保障机制。⑤

2006年，英国政府提出分享产权式的购房政策，即帮助城市无房或者居住在临时住所的家庭、公共住房承租人、首次购房者以及特殊岗位人员购买住房。自2011年至2015年，英国改变了由中央政府筹集保障性

---

① 吕洪业、沈桂花：《英国住房保障政策的演变及启示》，《行政管理改革》2017年第6期。
② 黄燕芬、唐将伟：《福利体制理论视阈下英国住房保障政策研究》，《价格理论与实践》2018年第2期。
③ 陈余芳、黄燕芬：《欧洲典型国家住房保障政策比较研究及启示——基于福利体制理论的视角》，《现代管理科学》2016年第11期。
④ 颜莉：《英国住房政策阶段性演进评析：对上海住房发展的启示》，《国际城市规划》2016年第6期。
⑤ 吕洪业、沈桂花：《英国住房保障政策的演变及启示》，《行政管理改革》2017年第6期。

住房建设资金的方式,改为由地方政府征税来为住房建设和租赁提供补贴。①

(三) 住房协会:住房管理与供给

住房协会是由英国政府与社会进行合作而建立的民间住房互助组织,负责英国公共住房的开发建设与管理运营。购房者主要是有一定购买能力但难以在住房市场承担全部购房费用的城市中低收入群体,购房者可以向住房协会提出申请,并获得包括住房购买知识教育、住房购买财务指导、住房运营管理等在内的相关服务。住房协会可以对金融等相关机构的资源进行整合,并获取政府关于城市保障性住房开发建设的优惠政策支持。②

2005 年,住房协会取代地方政府成为英国公共住房的供给者和管理者。2006 年,英国政府推出"产权分享式购房计划",规定只要承租人能筹集相当于总房价 25% 的资金,就可以参与购房计划。该住房的产权暂时由住房协会拥有,承租人需要继续支付住房租金,由此形成住房协会与购房者(承租人)按出资比例共同拥有产权的住房共有模式。③ 在筹集完全部资金之后,购房者(承租人)就能拥有该住房的所有权。④ 当然,购房者(承租人)向住房协会购买产权这个过程并非单向、不可逆的,住房协会也可从购房者(承租人)手中购回剩余的住房产权。⑤

(四) 社会住房:应对住房短缺

20 世纪初,英国城市化速度加快,城市人口急剧增加,导致住房短缺现象严重。⑥ 在这一背景下,伦敦、格拉斯哥、谢菲尔德和利物浦等城

---

① 颜莉:《英国住房政策阶段性演进评析:对上海住房发展的启示》,《国际城市规划》2016 年第 6 期。

② 徐漫辰、焦怡雪、张璐、高恒、周博颖:《共有产权住房的国际发展经验及对我国的启示》,《住宅与房地产》2019 年第 34 期。

③ 王微微、张鲁青:《面向青年群体的共有产权房制度设计——基于国外经验及中国政策选择》,《中国青年社会科学》2019 年第 5 期。

④ 张茂林:《国外公共租赁住房政策对我国的启示——以英国、德国、荷兰为例》,《生产力研究》2021 年第 8 期。

⑤ 韩喜平、赵晓涛:《破解保障性住房难题的国外经验及启示》,《社会科学家》2018 年第 8 期。

⑥ 吕洪业、沈桂花:《英国住房保障政策的演变及启示》,《行政管理改革》2017 年第 6 期。

市政府开始建设社会住房,以缓解城市居民的居住压力。到 1914 年,英格兰地方政府建设社会住房约 2 万套,整个英国建设社会住房约 2.4 万套。[①]

第二次世界大战之后,针对严重的住房短缺问题,英国政府加大财政支持力度,开始大规模建设社会住房。中央政府每个财政年度都会安排专门的社会住房建设预算,由环境、交通等相关部门按照各地区低收入群体住房需求情况和社会住房建设情况计算所需资金,按年度向地方政府拨付专款,由地方政府负责社会住房的开发建设。[②]

英国政府推动的社会住房的大规模开发建设从根本上缓解了城市居民的住房困难问题,住房拥挤程度从 1931 年的 18.6% 下降到 1971 年的 2.9%,城市住房供需矛盾得到基本解决。据统计,1945—1979 年,英国共建设社会住房 468.3 万幢,在全国住房建设总量中的占比一直超过 45%。到 1979 年,英国社会住房总量已经接近 650 万套,占全国住房总量的 33%。有 750 万户家庭享受各种租金减免,几乎涵盖英国全部租房群体。英国政府还对社会住房租金的上限进行了限定,将租金控制为房价的 1.1%,并向所有中低收入者发放租房补贴,减轻了承租人的租房压力。[③]

从 20 世纪 80 年代开始,随着英国政府削减在住房福利方面的财政支出,社会住房运营模式越来越市场化。1989 年的《地方政府和住房法》引入了"混合资助机制"。这有利于社会住房管理机构利用市场规则募集住房建设和管理资金,并依靠竞争获得英国政府的财政资金资助。例如,英国制定了年度绩效考核指标并定期督查,根据绩效考核结果对社会住房机构进行星级评定。表现突出的社会住房管理机构才能获得财政资金资助,表现欠佳的社会住房管理机构则需要按照政府要求进行整改。[④]

[①] 邱君丽、刘玉亭:《英国社会住房的分配模式及其影响》,《国际城市规划》2021 年第 4 期。
[②] 吕洪业、沈桂花:《英国住房保障政策的演变及启示》,《行政管理改革》2017 年第 6 期。
[③] 吕洪业、沈桂花:《英国住房保障政策的演变及启示》,《行政管理改革》2017 年第 6 期。
[④] 邱君丽、刘玉亭:《英国社会住房的分配模式及其影响》,《国际城市规划》2021 年第 4 期。

社会住房运营模式越来越市场化，部分质量较低、位置偏远、低收入群体聚居的社会住房难以被租用。政府管理这部分社会住房需要耗费一笔不小的财政经费。为此，政府引入住房协会等非营利性组织参与管理运营。1988年修订的《住房法》，允许住房协会购买社会住房，由其所有并管理，政府给予融资支持和税收优惠。租户也可以通过自愿投票，将居住的社会住房整体划转给住房协会管理。1981—2010年，住房协会拥有和管理的社会住房占全国住房总量的比例由2.1%增加到9.7%，而政府拥有的数量则从29.2%下降到8.4%。目前英国的1700个住房协会管理着约240万套社会住房。[①]

第三节　美洲国家城市保障性住房治理经验

一　城市保障性住房治理的美国经验

（一）法制保障：制定保障性住房法律法规

1934年的《国家住房法》，提出了降低住房贷款首付比例、延长住房贷款年限等措施，鼓励中等收入者购买住房。1937年的《住房法》，在美国历史上首次实施全国范围的大规模公共住房建设计划，明确了联邦政府、州政府在公共住房计划中的职责分工、出资额度和管理权限，规定了公共住房的开发设计、地址选择、建设成本、承租人入住资格。[②] 为解决城市低收入群体的住房问题，该法案授权政府以每年12万套的速度大规模开发建设具有保障性质的城市公共住房项目。[③] 这一城市公共住房项目共资助了住房建设工程58个，开发了居住单元2.5万个。[④]

1949年的《住房法案》计划每年开发建设公共租赁住房13.5万套，让每一个美国人都有权拥有适宜的住房和良好的居住环境。1965年的《住房和城市发展法案》允许公共住房管理部门向个人租赁符合标准的住

[①] 吕洪业、沈桂花：《英国住房保障政策的演变及启示》，《行政管理改革》2017年第6期。

[②] 李莉：《美国新政时期的公共住房政策探析》，《厦门大学学报》（哲学社会科学版）2013年第3期。

[③] 汪军：《租赁住房建设的美国经验及对我国的启示》，《现代城市研究》2020年第6期。

[④] 高恒、金浩然：《美国租赁住房发展研究》，《城乡建设》2022年第6期。

房,再将其转租给城市中低收入群体,这为以公私合营的方式解决城市居民住房困难问题提供了法律保障。《住房和城市发展法案》还提出每年扩建20万套以上公共住房的目标,但财政赤字和通货膨胀导致美国政府无限期推迟了这一公共住房计划。①

1968年的《公平住房法》提出了反对居住隔离和改造城市保障性住房的具体规划:一是加大对城市保障性住房项目的财政投入力度,提高保障性住房质量,改善其外观设计水平;二是按照"新城市主义"设计理念对保障性住房社区进行合理规划,在空间上让城市中低收入群体分散居住;三是加强对城市保障性住房社区不稳定因素的综合治理。② 1968年的《住房和城镇开发法》以消除贫困和实现社会公平为目标,计划未来十年之内建设或修复住房2600万套,其中600万套用于改善中低收入家庭住房条件。③

1970年的新《住房和城镇开发法》提出了提升居住环境和促进城市发展的三项措施。一是提供财政支持。该法案授权美国联邦政府为城市新城区的开发提供贷款担保,并规定贷款担保和单个项目贷款担保的总额上限。1968年规定的贷款担保总额上限为2.5亿美元,1970年将贷款担保总额上限提高至5亿美元。1968年规定的单个项目贷款担保总额为1200万美元,1970年将贷款担保总额上限提高至5000万美元。此外,该法案还授权联邦政府向一些新城项目直接提供财政补贴,但对单个项目的财政补贴总额不得超过其成本的80%。二是编制发展规划。该法案规定,编制新城发展规划要和所在地区的综合规划能有效契合。三是设立专门机构。该法案规定设立咨询委员会,其职责包括协助政府编制城市政策报告以统筹新城建设目标、创立社区发展公司以负责新城建设贷款担保等事务管理。④

---

① 汪军:《租赁住房建设的美国经验及对我国的启示》,《现代城市研究》2020年第6期。
② 王志成、约翰·格雷斯、鲍勃·布劳顿、约翰·史密斯:《美国提高保障房项目可持续性的策略》,《住宅与房地产》2018年第32期。
③ 吕一平、赵民:《国外新城建设的目标与立法推进——以美国和日本为例》,《上海城市规划》2022年第2期。
④ 吕一平、赵民:《国外新城建设的目标与立法推进——以美国和日本为例》,《上海城市规划》2022年第2期。

1974年的《住房法》要求联邦政府通过提供租房补贴,以有效利用私人存量住房、减少依赖开发新的住房。该法案标志着美国对城市低收入群体的住房保障方式从开发新公共住房转为提供租房补贴租用私人存量住房的模式。[①] 1974年的《住房和社区发展法》提出了新的租房补贴政策,包括支付给私人业主的供给补贴和支付给低收入家庭的需求补贴。低收入家庭只需向私人业主支付家庭收入的25%—30%作为住房租金,政府向私人业主提供补贴以补齐低收入家庭所支付的租金与市场租金之间的差额。[②] 1986年的《税制改革法案》要求联邦政府以税收补贴形式支持城市低收入家庭租赁住房。该法案还要求联邦政府加大支持住房建设的力度,截至2010年,联邦政府共资助开发建设住房201万套(见表7—6)。[③]

表7—6　　　　　　　　美国住房保障的相关法律法规

名称	内容或意义
《国家住房法》	降低住房贷款首付比例、延长住房贷款年限,鼓励中等收入者购买住房
《住房法》	实施大规模公共住房建设计划,明确了联邦政府、州政府在公共住房计划中的职责分工、出资额度和管理权限
《住房法案》	让国民有权拥有适宜的住房和良好的居住环境
《住房和城市发展法案》	允许公共住房管理部门以公私合营的方式解决城市居民住房困难问题
《公平住房法》	加大对城市保障性住房项目的财政投入力度,提高保障性住房质量,改善其外观设计水平,加强对保障性住房社区不稳定因素的综合治理
《住房和城镇开发法》	以消除贫困和实现社会公平为目标,计划未来十年之内建设或修复住房2600万套,其中600万套用于改善中低收入家庭住房条件
《住房法》	联邦政府通过提供租房补贴,以有效利用私人存量住房、减少依赖开发新的住房

---

① 李莉:《住房改革观念与美国公共住房政策史回思》,《历史教学问题》2020年第6期。
② 汪军:《租赁住房建设的美国经验及对我国的启示》,《现代城市研究》2020年第6期。
③ 高恒、金浩然:《美国租赁住房发展研究》,《城乡建设》2022年第6期。

续表

名称	内容或意义
《住房和社区发展法》	政府向私人业主提供补贴以补齐低收入家庭所支付的租金与市场租金之间的差额
《税制改革法案》	联邦政府以税收补贴形式支持城市低收入家庭租赁住房

资料来源：作者根据相关资料整理。

（二）住房治理：成立联邦住房管理局

1934 年，美国成立联邦住房管理局，主要职责包括：一是支持开发建设价格低廉的城市住房项目，支持城市低收入群体购买住房，提高初次购房者的还贷能力；[①] 二是向城市中低收入群体提供抵押贷款保险业务，[②] 以此为城市中低收入群体购买可负担的住房提供帮助。[③] 与普通个人住房抵押贷款发放条件相比，联邦住房管理局担保的个人住房抵押贷款有着更多优惠。例如，20 世纪 30 年代，美国普通个人住房抵押贷款的期限为 3—5 年，贷款比例为 50%—60%，但联邦住房管理局担保的个人住房抵押贷款为 20 年期的固定利率贷款，贷款比例最高为 80%。[④]

为了解决城市低收入群体的居住问题，美国联邦住房管理局为地方政府提供 60 年期的固定利率低息贷款，推进城市公共住房的大规模开发建设。截至 1941 年，联邦住房管理局在全国共新建公共住房 12 万套。[⑤] 联邦住房管理局的设立改善了第二次世界大战后美国城市居民的住房条件，拥有住房的美国家庭从 1940 年的 44% 增加到 1960 年的 62%。[⑥]

到 20 世纪 70 年代中后期，由联邦住房管理局担保的个人住房抵押贷

---

① Lam A、曹力鸥：《美国政府在住房抵押市场中的角色：促进流动性和风险担保》，戈岳译，《国外城市规划》2004 年第 6 期。
② 逯新红：《借鉴美国经验建立中国政策性住房金融体系的建议》，《国际金融》2016 年第 8 期。
③ 吕程：《美国"市场优先"的住房租赁政策实践与启示》，《经济问题》2019 年第 2 期。
④ 吴志宇：《个人住房抵押贷款政策性担保制度构建探讨》，《现代财经》（天津财经大学学报）2010 年第 9 期。
⑤ 吕程：《美国"市场优先"的住房租赁政策实践与启示》，《经济问题》2019 年第 2 期。
⑥ 国务院发展研究中心和世界银行联合课题组：《中国：推进高效、包容、可持续的城镇化》，《管理世界》2014 年第 4 期。

款比例可达85%—95%。到了20世纪80年代，由联邦住房管理局担保的个人住房抵押贷款比例得到进一步提高，最高可达到97%，贷款期限最长可达30年。① 此外，联邦住房管理局还为符合条件的城市居民申请住房抵押贷款提供全额担保。如果借款人拖欠还款，联邦住房管理局即向贷款机构提供因借款人违约而造成所有损失的信用债券，债券本息由联邦政府负责支付。②

从最初促进住房建设和提供抵押贷款，到加大对低收入家庭住房融资的支持力度，联邦住房管理局发挥了自身的政治和社会价值，通过金融等工具提高了人们购买住房的能力。③ 2009年，对于有改善住房状况需求的城市居民，联邦住房管理局推出"购买住房贷款"项目。按照该项目的设计，老年人在交付住房首付资金之后不需要缴纳以后的还款资金，这一举措减轻了老年人还款的经济压力。④

（三）治理主体：政府和市场的协同

美国联邦政府在住房问题上秉承市场自由的原则。到第一次世界大战爆发后，城市住房短缺问题导致工厂缺乏必要的劳动力，这迫使联邦政府开始开发建设公共租赁住房。在1929—1933年经济危机时期，美国住房市场新建住房数量从1929年的100万套"断崖式"下降到1930年的9万套。⑤ 总的来说，在20世纪30年代之前，美国在城市住房问题上基本采取市场调节、私人自由放任政策，政府并没有承担起保障城市住房困难群体居住权益的责任。在经济危机的沉重打击下，美国住房市场无法满足居民住房需求。政府开始大规模推进公共住房的开发建设，并把兴建公共住房作为增加社会就业、应对经济危机的重要措施之一。美国政府所兴建的公共住房主要面向城市低收入群体，该类型住房的重要特

---

① 吴志宇：《个人住房抵押贷款政策性担保制度构建探讨》，《现代财经》（天津财经大学学报）2010年第9期。

② 吴志宇：《个人住房抵押贷款政策性担保制度构建探讨》，《现代财经》（天津财经大学学报）2010年第9期。

③ Lam A、曹力鸥：《美国政府在住房抵押市场中的角色：促进流动性和风险担保》，戈岳译，《国外城市规划》2004年第6期。

④ 陈杰、李影：《反向按揭贷款：美国经验及对我国的启示》，《中国房地产》2015年第3期。

⑤ 汪军：《租赁住房建设的美国经验及对我国的启示》，《现代城市研究》2020年第6期。

点就是租金低廉。[1]

在20世纪30—60年代，美国政府积极开发向城市低收入群体提供的保障性住房，并承担开发建设资金。[2]但受到利益集团的游说和出于自身利益的考量，一些城市政府对开发建设城市保障性住房并没有予以足够重视。一些房地产开发商甚至打着建设保障性住房的名义开发高档商品性住房，这一做法由于能够促进城市经济发展而得到一些城市政府的默认甚至纵容。纽约市政府为了促进经济增长而制定了支持房地产市场的政策，但实际上与保障性住房政策存在冲突和矛盾。例如，纽约市政府在1955年启动的税收激励政策，是为了鼓励房地产开发商改造旧的住房，以改善承租人的居住质量。但在这一过程当中，房地产开发商却获得了税收补贴和税收减免的双重优惠，承租人并没有获得应该获得的政府政策优惠。[3]

自20世纪60年代开始，为了减轻保障性住房开发建设的财政压力，美国政府制定了融资担保、房租补贴等政策，鼓励民间资本参与城市保障性住房的开发建设。[4]从20世纪60—70年代，美国政府对住房支持的重点转为向私人机构提供开发建设出租住房的补贴，住房建成后租给城市低收入家庭。在20世纪70年代之后，该补贴直接提供给城市低收入群体。[5]自20世纪70年代以后，由于美国各个城市的住房短缺问题基本得到缓解，政府对公共住房开发建设的支持力度明显减弱，公共住房在政府住房总体政策中的重要地位慢慢淡化。美国政府住房保障政策逐步演变为以提供租房补贴为主、以兴建公共住房为辅的模式。[6]纽约市甚至将原有公共住房改建为高档商品性住房，或在用于公共住房的地块上兴建

---

[1] 张诗雨：《美国、新加坡公共住房政策与制度》，《发展》2015年第12期。
[2] 王晓燕、李美洲：《美德英新等国房地产市场发展和管理经验教训及其对我国的启示》，《西南金融》2019年第12期。
[3] 李文硕：《20世纪七八十年代纽约市保障性住房政策的转变及其影响》，《世界历史》2021年第5期。
[4] 曹丽娟：《国内外保障性住房融资模式比较、分析及启示》，《当代经济》2018年第7期。
[5] 王晓燕、李美洲：《美德英新等国房地产市场发展和管理经验教训及其对我国的启示》，《西南金融》2019年第12期。
[6] 张诗雨：《美国、新加坡公共住房政策与制度》，《发展》2015年第12期。

新的商品性住房，由此导致纽约市的房地产市场快速发展。但物极必反，城市保障性住房供给持续不足导致 20 世纪 80 年代的繁荣美国却出现了民众无家可归的反常现象。①

1986 年，美国政府制订"开发者减税计划"，即建设向城市低收入群体提供住房的开发商可以享受政府提供的税收优惠待遇。该计划运用税收杠杆鼓励政府与市场合作开发建设面向城市低收入群体的住房，促成了整个美国 90% 的可负担住房的开发建设。1988 年，美国政府将发放给低收入租户的货币补贴改为在整个美国都广泛分布的租房券，有计划地对低收入家庭集中地区的住房进行调控。"开发者减税计划"和租房券政策可以看作美国政府坚持以市场配置为主、以政府调控为辅的政策典范。2017 年，美国政府在"开发者减税计划"方面的支出为 101 亿美元，在租房券方面的支出为 201 亿美元，在公共住房直接补贴方面的支出为 64 亿美元。②

二 城市保障性住房治理的加拿大经验

（一）重视立法：颁布保障性住房法律法规

1935 年，加拿大政府颁布关于住房的第一个法案——《自治领住房法案》。该法案对贷款机构和低收入家庭分别发放占房价 20% 和 60% 的贷款，以鼓励贷款机构向低收入家庭提供住房资金。按照《自治领住房法案》的规定，贷款利率降低到 5%，贷款偿还期限延长至 20 年。但《自治领住房法案》的实施效果并不理想，许多信贷机构认为它管理成本高且风险大而不愿加入，加入的机构则拒绝给年收入为 1500 加元以下的家庭提供贷款。③

1938 年的《国家住房法》是加拿大政府处理住房问题的总纲领，明确指出要加快建设新住房，推进现有住房的维修更新，改善城市居民的

---

① 李文硕：《20 世纪七八十年代纽约市保障性住房政策的转变及其影响》，《世界历史》2021 年第 5 期。

② 汪军：《租赁住房建设的美国经验及对我国的启示》，《现代城市研究》2020 年第 6 期。

③ 李巍：《加拿大联邦政府社会住房政策的历史演变》，《世界历史》2014 年第 4 期。

住房和生活条件。① 为了消除贷款机构的后顾之忧，加拿大政府将贷款比例提高到房价的 25%，并对信贷机构发放的每笔贷款损失给予 25% 的赔偿，将价格在 2500 加元及以下的住房抵押率提高到 90%。《国家住房法》推动了加拿大住房的开发建设，改善了城市居民的居住条件。1938—1944 年，加拿大一共发放了 8850 万加元的贷款，其中大部分用于改善中低收入家庭的居住条件，共开发建设住房 21414 套，占同期全国新建住房总量的 7%。②

1954 年颁布的新《国家住房法》对住房贷款模式进行了重要修改，要求加拿大政府只能为信贷机构发放贷款提供担保，而不能直接提供任何贷款，贷款利率不能高于政府 20 年期债券利率的 2.25%。③ 1973 年新修订的《国家住房法》明确规定，只有非营利性组织才能从加拿大抵押和住房公司（1945 年成立的加拿大政府代理机构）获得贷款。加拿大抵押和住房公司通过资本补贴、利率优惠等方式推动非营利性组织积极参与城市住房开发建设与管理。1991 年，加拿大抵押和住房公司建立住房公私伙伴中心，进一步促进相关组织和机构在非营利性、可支付住房项目上开展公私合作。④

1978 年，加拿大颁布的新的住房修正案（简称《1978 年修正案》）规定：将资助和管理公共住房的职责由加拿大联邦政府转交给各个省政府，仅在几个贫穷的省份保留公共住房的开发建设，政府只为金融机构发放的长期贷款提供担保。《1978 年修正案》对加拿大住房政策产生了重大影响，结束了城市公共住房的大规模开发建设。⑤

（二）制度保障：建立住房合作社

20 世纪 30 年代，加拿大出现了以合作形式开发建设住房的行为和现

---

① 詹浩勇、陈再齐：《加拿大社会保障住房的发展及其启示》，《商业研究》2012 年第 4 期。
② 李巍：《加拿大联邦政府社会住房政策的历史演变》，《世界历史》2014 年第 4 期。
③ 李巍：《加拿大联邦政府社会住房政策的历史演变》，《世界历史》2014 年第 4 期。
④ 詹浩勇、陈再齐：《加拿大社会保障住房的发展及其启示》，《商业研究》2012 年第 4 期。
⑤ 李巍：《加拿大联邦政府社会住房政策的历史演变》，《世界历史》2014 年第 4 期。

象，这是加拿大住房合作的最早雏形。① 1968 年，加拿大合作住房基金会成立，随后，关于住房的合作协会和合作组织得到迅速发展。② 1973 年，加拿大开展合作住房开发建设计划，大力推行非营利性的住房合作社制度。③

住房合作社要由五人以上的成员组成，成员要有公德心并愿意无偿为解决住房问题作出贡献。住房合作社董事会在不盈利的原则下负责住房各个方面的管理工作，所开发建设住房的 25% 面向低收入群体出租。董事会对出租情况予以保密以维护低收入群体的隐私和尊严。④

住房合作社申请人应先被接纳成为会员，才具有租住住房的权利。⑤住房合作社在民主参与方面实行"一人一票"原则，所有成员拥有与合作社股份相同的"面值"和一份表决权，可以通过"面值"的形式持有相应的住房产权。住房合作社成员无权获得住房所有权，但只要履行相应的义务，其居住身份会受到加拿大法律保护。⑥

住房合作社的资金一般来源于利息为 11% 的银行贷款，所开发建设的住房只能租给住房合作社成员和低收入群体，不能对外公开出售。承租人只需支付本金之外的 2% 的利息，剩余的 9% 的利息则由住房公司给予贴息补助。⑦ 加拿大政府为住房合作社提供多种类型的财政支持和低息贷款，有 30%—50% 的住房合作社成员可获得一定的租金补贴。⑧

---

① 徐漫辰、焦怡雪、张璐、高恒、周博颖：《共有产权住房的国际发展经验及对我国的启示》，《住宅与房地产》2019 年第 34 期。
② 徐漫辰、焦怡雪、张璐、高恒、周博颖：《共有产权住房的国际发展经验及对我国的启示》，《住宅与房地产》2019 年第 34 期。
③ 窦瑞琪：《加拿大与日本共居社区的模式比较与经验借鉴——基于体制构建、空间组织、运营管理之特征》，《城市规划》2018 年第 11 期。
④ 詹浩勇、陈再齐：《加拿大社会保障住房的发展及其启示》，《商业研究》2012 年第 4 期。
⑤ 徐漫辰、焦怡雪、张璐、高恒、周博颖：《共有产权住房的国际发展经验及对我国的启示》，《住宅与房地产》2019 年第 34 期。
⑥ 朱亚鹏、孙小梅：《合作建房的国际经验及其对中国的启示》，《广东社会科学》2019 年第 1 期。
⑦ 詹浩勇、陈再齐：《加拿大社会保障住房的发展及其启示》，《商业研究》2012 年第 4 期。
⑧ 徐漫辰、焦怡雪、张璐、高恒、周博颖：《共有产权住房的国际发展经验及对我国的启示》，《住宅与房地产》2019 年第 34 期。

加拿大住房合作社的模式并非一成不变,而是随着住房需求特征在不同时期的变化而呈现动态变迁趋势。政府的合理引导和适度包容是加拿大住房合作社得以实现可持续性发展的决定性因素。①

(三) 社会住房:政府与社会的合作

社会住房是加拿大城市保障性住房的重要类型,公共住房是社会住房的主要形式。在20世纪40年代至50年代初,城市居民购买住房需要按照20%—25%的比例支付首付款,只有30%的城市家庭才能买得起住房。虽然加拿大政府不断扩大在城市住房领域的财政支出,但仍然无法满足城市居民对社会住房的需求。1949年,加拿大修改《国家住房法》,要求联邦政府和各省政府共同出资开发建设城市廉租房,并分别承担75%与25%的住房开发建设资金,分享75%与25%的住房开发建设利润。这是加拿大首次为城市贫困家庭开发建设公共住房,但也有一些省政府不愿提供配套资金在城市开展这项惠民举措。②

1964年,为了在更多的省推进社会住房建设,加拿大将省政府对社会住房的补贴提高到50%。在住房开发建设资金方面,政府将提供25%的拨款改为承担10%的贷款,这一改变使得社会住房计划容易被各个省政府接受。为了更好推进社会住房建设,加拿大政府对贷款利率和还款期限作出了新的规定。一是从1966年开始,贷款利率上限不再限定为6%,而是与加拿大政府发行的长期债券利率保持一致,并在1969年允许贷款利率随市场利率的变化而调整。二是从1969年开始,在保持社会住房贷款40年的最长还贷期限不变的同时,将最短还贷期限从25年减至5年。上述规定提高了社会住房贷款的还款率和清偿能力,吸引了更多金融机构积极支持和参与社会住房开发建设的融资活动。社会住房贷款在全国住房贷款中的比例,从1963—1966年的30%增长到1970—1973年的57%。③

由于社会住房存在的城市低收入群体集中居住状况被认为导致了诸

---

① 刘红萍、李剑峰、[加拿大]安东尼·J.沃德:《发达国家合作性住房研究进展与启示》,《国际城市规划》2020年第5期。

② 李巍:《加拿大联邦政府社会住房政策的历史演变》,《世界历史》2014年第4期。

③ 李巍:《加拿大联邦政府社会住房政策的历史演变》,《世界历史》2014年第4期。

多社会问题,从 1973 年开始,加拿大政府对社会住房计划进行了一定的调整,即由政府出资为低收入者兴建非营利性住房,同时以稍低于住房市场的价格向中等收入群体出租或出售,实现不同收入群体、不同社会阶层的混合居住。混合居住型的社会住房在 20 世纪 70 年代早期和 80 年代中期得到较快发展,在很大程度上促进了加拿大的社会融合。①

20 世纪 80 年代,加拿大政府在社会住房问题上陷入两难处境。城市住房困难的压力使之不能贸然停止已有的社会住房政策,但继续实施下去又面临着较大财政压力。1984—1991 年,加拿大政府在社会住房上减少支出 5.6 亿加元。到 20 世纪 90 年代初,加拿大政府需要每年支出近 20 亿加元以维持已有社会住房的正常运转。截至 1993 年,加拿大政府的财政赤字已高达 475 亿加元,占当年国民生产总值的 4.6%。② 迫于严重的财政压力,加拿大政府决定自 1993 年起不再开发建设新的社会住房。③

第四节 借鉴与启示

一 正确处理城市住房保障中政府与市场的关系

由于各个国家的经济发展水平、社会治理状况和文化习俗等存在一定差异,不可能存在适合所有国家的城市住房保障模式。制定城市住房保障政策要根据各个国家的具体国情正确处理政府与市场关系。美国是市场经济比较发达的国家,从 20 世纪 80 年代以后,为了更好筹集城市保障性住房开发建设资金,美国实施了由以政府为主导到以市场为主导的城市住房保障政策。住房开发建设的资金主要来源于资本市场的融资借贷。目前来看,美国是运用市场手段解决城市保障性住房问题最好的国家之一。除美国以外,大多数国家的城市住房保障政策的制定和执行都是由政府主导,市场只是起到辅助作用。德国政府在公共事务中一直发

---

① 詹浩勇、陈再齐:《加拿大社会保障住房的发展及其启示》,《商业研究》2012 年第 4 期。
② 李巍:《加拿大联邦政府社会住房政策的历史演变》,《世界历史》2014 年第 4 期。
③ 杨晓楠:《国外公共住房模式比较及对中国的借鉴》,《大连海事大学学报》(社会科学版)2015 年第 6 期。

挥着重要作用，在城市住房保障政策制定和执行方面实行的是以政府为主导、政府与市场相结合的方式，同时支持社会资本参与城市保障性住房建设。[1] 无论德国开发建设什么类型的城市住房，都强调政府在城市保障性住房建设中的主导作用和应承担的重要职责，要求政府必须处理好城市住房保障中公平与效率的关系。[2] 德国还重视运用财政、税收和金融等市场手段，引导社会力量积极参与城市保障性住房的开发建设和经营管理，政府履行监管职责但不参与到城市保障性住房具体业务之中。

二 建立健全城市住房保障相关法律法规

健全、完善的法律法规是做好城市住房保障工作的重要保证，为了给城市保障性住房开发建设和运营管理构建良好的法律法规基础，为城市住房保障政策的制定、执行和督查提供法律依据，很多国家十分重视城市住房保障立法工作。1901年，荷兰成为世界上第一个制定并颁布《住房法》的国家。在此之后，荷兰根据经济社会的发展状况对《住房法》进行持续修改和完善，并制定和颁布了一系列相关的补充性法规，奠定了城市保障性住房开发建设的法律基础。[3] 美国相继制定并颁布了《国家住房法》《联邦住房法》和《住房和城市发展法》，解决了美国在不同时期所面临的城市住房问题。迄今为止，美国已形成完备的住房法律体系，保证了包括保障性住房在内的城市住房市场的稳定。从《住房公积金法》到《住房发展法》，新加坡陆续建立了关于城市保障性住房的完备的法律法规体系。例如，《住房公积金法》规定，由中央住房公积金局负责住房公积金的征缴、支付和管理等，由建屋发展局负责发放住房贷款。周密严谨的法律解决了新加坡住房开发建设的资金来源，有效维护了社会稳定。此外，德国和日本分别制定了《住房储蓄银行法》《住房金融公库法》，为各自国家的城市保障性住房开发建设提供了融资保障和

---

[1] 金双华、于征莒：《政府住房保障政策国际经验及借鉴》，《地方财政研究》2021年第6期。
[2] 郑云峰：《德国住房保障：制度构成、特征及启示》，《北华大学学报》（社会科学版）2016年第2期。
[3] 焦怡雪：《政府监管、非营利机构运营的荷兰社会住房发展模式》，《国际城市规划》2018第6期。

政策支持。[1]

三 设立城市住房保障管理机构

设立城市住房保障管理机构有利于对城市住房开发建设进行统一规划，对城市住房经营管理进行统一规定，有利于发挥住房保障政策的最大效用。为了更好地推进城市住房保障工作，解决城市住房困难群体的居住问题，一些国家设立了专门的住房保障管理机构。新加坡坚持"居者有其屋"的原则，通过设立建屋发展局来承担组屋的开发建设和运营管理工作，成功解决了新加坡80%人口的公共住房问题，为居民提供了负担得起的住房。韩国通过设立国家层面的住房公社以及城市的住房公社，推进城市住房保障工作。例如，首尔市住房公社专门负责首尔市区住房的开发与建设。日本通过住房公团（2004年更名为都市再生机构）对城市保障性住房工作进行统一管理，既负责制订城市住房整改计划、减少城市住房库存、推进城市住房翻新等事项，又负责处理政府和开发商之间的关系。法国通过设立公共住房管理局对各项住房工作进行统一规划和管理。荷兰的住房协会承担着住房管理和监督主体的角色。美国通过设立联邦住房管理局，负责城市住房的开发建设，为城市低收入群体购买住房提供支持，提高城市住房租购人的还贷能力。[2] 荷兰政府授权住房协会负责城市住房的开发建设与运营管理，住房协会有着完善的管理与运营机制，积累了丰富的住房管理专业经验，具有很高的工作效率。[3] 为了向城市保障性住房开发建设提供资金支持，一些国家设立了相应的政策性住房金融机构。韩国的国民住房基金、日本的住房金融公库、德国的住房储蓄银行等政策性住房金融机构在各自国家的城市住房保障工作中发挥了积极作用，缓解了住房开发建设资金短缺和居民租购住房

---

[1] 谭禹：《政策性住房金融支持保障性租赁住房发展研究》，《中国房地产》2021年第21期。

[2] 金双华、于征莆：《政府住房保障政策国际经验及借鉴》，《地方财政研究》2021年第6期。

[3] 焦怡雪：《政府监管、非营利机构运营的荷兰社会住房发展模式》，《国际城市规划》2018第6期。

资金不足等问题。①

四 完善城市住房多层次保障体系

城市居民的家庭结构、收入情况等存在较大区别，由此决定了城市居民对保障性住房的需求也存在较大差异。此外，城市居民对保障性住房需求会随着自身收入情况的变化而可能出现阶段性的变化。为了应对上述情况，一些国家的城市住房保障管理机构科学设置了保障性住房供给结构，构建并完善了多层次城市住房保障体系，实现了各种类型保障性住房的有效衔接和协调发展。在德国城市住房多元化供给结构中，政府主导的住房公司所开发建设的社会住房占8.1%，住房合作社的社会住房占9.7%，私人和私营住房公司提供的住房占近70%。在政府统一监管下，德国各种类型的住房在市场环境中进行竞争，在一定的条件下可以相互转化。② 英国政府构建了层次分明、覆盖全面的阶梯式住房保障体系，根据住房产权形式的不同，住房保障手段主要分为三种类型。一是完整产权的住房，即符合相关条件的城市居民可以购买完整产权的住房。二是部分产权的住房，即无法获得完整产权住房的城市居民可以通过共享产权的方式获得住房的居住权。三是保障性租赁住房，即为无法满足上述两个方面条件但符合政府租金补贴标准的城市低收入群体提供的住房。

五 鼓励社会组织参与城市住房保障工作

社会组织（非营利性组织）有着中立性、客观性、非营利性等特征，在国家公共事务管理过程中发挥着重要作用。城市住房保障工作涉及多个领域资源的调配，需要多方面力量的支持，仅仅依靠政府和市场力量难以有效完成城市住房保障工作。为了更好地推进城市住房保障工作，一些国家积极鼓励和推进社会组织（非营利性组织）参与城市住房保障

---

① 谭禹：《政策性住房金融支持保障性租赁住房发展研究》，《中国房地产》2021年第21期。

② 赵净：《典型国家的住房保障货币补贴制度及对我国的启示》，《经济研究参考》2016年第37期。

工作。例如,德国住房协会在城市保障性住房开发建设和运营管理发展过程中发挥着重要作用,确保德国城市保障性住房供给和需求的平衡。德国租户协会在城市住房租赁市场中有着较强话语权和很高的议价能力,为维护城市租赁住房承租人利益和促进城市租赁住房市场良性发展奠定了良好社会基础。①

---

① 黄燕芬、唐将伟:《福利体制理论视阈下德国住房保障政策研究》,《价格理论与实践》2018年第3期。

第 八 章

研究结论、政策建议与研究展望

第一节 研究结论

2021年3月,第十三届全国人民代表大会第四次会议表决通过的《中华人民共和国国民经济和社会发展第十四个五年规划和二〇三五年远景目标纲要》提出,"完善住房市场体系和住房保障体系"①,"有效增加保障性住房供给,完善住房保障基础性制度和支持政策"②。2022年10月,党的二十大报告再次强调要"坚持房子是用来住的、不是用来炒的定位,加快建立多主体供给、多渠道保障、租购并举的住房制度"③。为了进一步完善城市住房保障方式,构建多主体供给、多渠道保障、租购并举的城市住房制度,推动实现以人为核心的新型城镇化,实现全体城市居民住有所居的美好生活目标,本著作以协同治理理论为研究的基础,构建了"主体—维度"协同的理论框架,通过具体的城市保障性住房政策案例,从"政府—市场"主体协同和"过程—利益"维度协同两个层面对城市保障性住房政策过程进行深入分析,得出如下结论。

一 协同治理是公共政策过程的理性选择

为了对城市保障性住房治理这一政策过程进行更为准确、具体地剖

---

① 《中华人民共和国国民经济和社会发展第十四个五年规划和二〇三五年远景目标纲要》,人民出版社2021年版,第84页。
② 《中华人民共和国国民经济和社会发展第十四个五年规划和二〇三五年远景目标纲要》,人民出版社2021年版,第85页。
③ 习近平:《高举中国特色社会主义伟大旗帜 为全面建设社会主义现代化国家而团结奋斗——在中国共产党第二十次全国代表大会上的报告》,人民出版社2022年版,第48页。

析，本著作将城市保障性住房相关主体划分为中央政府、城市政府、城市保障性住房开发建设企业、商业银行、城市住房保障对象，并组成中央政府与城市政府、中央政府与商业银行、中央政府与城市住房保障对象、中央政府与城市保障性住房开发建设企业、城市政府与城市住房保障对象、城市政府与城市保障性住房开发建设企业、城市政府与商业银行、城市保障性住房开发建设企业与商业银行、城市保障性住房开发建设企业与城市住房保障对象、商业银行与城市住房保障对象共十组协同关系。研究发现：协同治理作为具有交叉学科性质的新兴理论，是公共政策过程的理性选择。运用协同理论重新审视现有治理理论和治理实践，有助于在公共政策过程中构建适宜的理论范式、建立有效的治理结构，有助于凝聚公共政策过程中各个治理主体的力量，聚集各方面的治理智慧，有助于实现公共政策目标，并更好地维护社会的共同利益和国家的长远利益。

二 法律法规是公共政策过程的有效保障

为了对我国城市保障性住房治理这一公共政策过程提供经验借鉴和启示，本著作对亚洲、欧洲和美洲的几个典型国家的城市保障性住房治理过程进行了梳理和分析。客观地看，保障性住房工作做得好的国家，基本上都重视在保障性住房领域开展立法工作。甚至有国家在20世纪初就制定了住房领域的专门法律，并随着住房情况的变化和住房新问题的出现对住房法律进行修订和完善。迄今为止，不少国家业已制定了几部甚至十几部与住房相关的法律法规。研究发现，完善的法律法规是公共政策过程的重要保障。就城市保障性住房治理这一公共政策过程来说，法律法规能有效解决城市住房保障工作中无法可依导致的城市住房保障资金使用效率低下、城市保障性住房政策执行效果不佳、城市保障性住房治理效能不足、城市居民居住权益受损等问题。

三 政府与市场是公共政策过程的关键主体

在公共政策过程中，政府依然是重要的主体，但已经不是唯一的主体。就城市住房领域来说，自中华人民共和国成立之后，城市居民的居住形态、居住格局、居住模式经历从单一到多元、从公产到私产的变迁过程，这一变迁过程深度嵌入我国从计划经济向市场经济转型的宏观背景之中。① 在本著作中，城市保障性住房治理这一公共政策过程涉及政府与市场两大主体，其中政府主体包括中央政府（国家、社会与人民的公共利益代表者）、城市政府（城市居民与城市政府的自身利益代表者），市场主体包括城市保障性住房开发建设企业、商业银行、城市住房保障对象。政府在公共政策过程中无疑发挥着极为重要的主导作用，"政府必须能够鉴别其干预何时能够提高社会边际报酬率，而且必须拥有能够有效干预的工具"②。但政府也有自身的不足，例如，"地方政府也存在着难以避免的信息劣势"③，这需要市场主体发挥作用予以克服。

四 社会组织是公共政策过程的积极因素

在既有的公共政策理论中，政府在公共政策过程中起着主导性、支配性、决定性作用。近些年来，市场在公共政策过程中配置资源的作用逐渐被认可、接受并受到重视。但社会组织（非营利性组织）在公共政策过程中的作用一直没有受到应有的重视，甚至被排斥在公共政策过程之外。在城市保障性住房治理这一公共政策过程中，仅仅依靠政府和市场的作用是无法实现公共政策目标、维护社会公共利益的。在公共政策过程中，社会组织（非营利性组织）"可以传递信息，在一定程度上解决信息不对称问题"④。此外，社会组织（非营利性组织）因其公益性、中立性和非营利性等特点，有助于客观、公正、无私地处理公共事务。2023年3月，中共中央、国务院印发《党和国家机构改革方案》，提出组建中央社会工作部，"指导混合所有制企业、非公有制企业和新经济组

---

① 陈鹏：《住房产权与社区政体——B市业主维权与自治的实证研究》，社会科学文献出版社2015年版，第36页。
② ［美］亚当·普沃斯基：《国家与市场 政治经济学入门》，郦菁、张燕等译，上海世纪出版集团2015年版，"中文版序言"第3页。
③ 吕方、梅琳：《"复杂政策"与国家治理——基于国家连片开发扶贫项目的讨论》，《社会学研究》2017年第3期。
④ 王春光：《中国社会发展中的社会文化主体性——以40年农村发展和减贫为例》，《中国社会科学》2019年第11期。

织、新社会组织、新就业群体党建工作"[①]。由此可见,社会组织(非营利性组织)在公共事务中的作用已经被认可并受到重视。

第二节 政策建议

一 促进政策主体协作：优化城市住房保障合作机制

城市保障性住房困难问题无法仅仅依靠单一主体解决,政府、市场和社会组织(非营利性组织)等主体在推进城市住房保障工作中掌握着不同的资源,有着各自的优势,发挥着各自的作用。要加强政府、市场和社会组织(非营利性组织)等政策主体之间的协作,实现各个主体既不缺位又不越位、既相对独立又彼此协作的合作机制。

(一) 提高政府治理责任意识

与商品性住房不同,城市保障性住房在资金支持、土地出让、准入腾退、运营管理和评估监管等方面无法实行市场自由竞争。住房是重要民生问题,政府在解决居民住房困难问题方面肩负着不可推卸的责任。城市政府应树立责任意识,发挥在城市住房保障工作中的主导作用,承担城市保障性住房规划制定者、政策执行者、资金支持者、业务管理者、质量监督者等角色,实现并维护城市居民尤其是低收入群体的住房权。

(二) 完善市场资源配置机制

坚持政府在城市住房保障工作中的主导地位并不是排除市场应有的地位,特别是在市场经济的背景下,应充分发挥市场在土地、金融等资源配置中的决定性作用。对于经济适用房、保障性租赁住房等不同类型住房所需的土地,由市场依据住房保障对象特征、目标任务自主决定土地的供地方式,并根据城市存量用地和增量用地状况、住房需求和住房供给变化等因素,统筹规划和动态调整年度土地供应指标。鼓励金融机构通过发放信贷、创新金融产品等市场化手段为城市保障性住房开发建设提供金融服务。鼓励私营企业在坚持"房住不炒"原则的前提下投资参与城市保障性住房建设。积极试点并推广"公私合营"(PPP)等保障

[①] 《中共中央 国务院印发〈党和国家机构改革方案〉》,《人民日报》2023年3月17日第1版。

性住房融资、开发建设和运营管理模式。

（三）激发社会组织参与动力

社会组织（非营利性组织）是在政府、市场之外的第三方力量，由于我国长期存在"大政府、小社会"模式，社会组织（非营利性组织）起步晚，发展相对滞后，在城市住房保障等公共事务中发挥的作用相对有限。城市保障性住房开发建设具有利润率低、成本回收期长等特征，很难吸引市场中信贷资本的投入。社会组织（非营利性组织）具有非营利性、公益性等特征，只要没有人为设置的障碍并得到一定程度的支持，往往在不考虑经济收益的情况下会积极参与城市住房保障工作，更好地为解决城市居民尤其是低收入群体住房问题提供服务。在国家治理现代化背景下，为了增强推进城市住房保障工作的合力，应鼓励社会组织（非营利性组织）积极参与城市住房保障的宣传介绍、资格审核、日常管理等工作。

二 转变政策规划思维：更新城市住房保障治理理念

理念是推进政策转型的基本前提和重要基础[①]，住房治理理念是建立在对住房属性、住房状况、住房价值等因素进行正确判断的基础之上的。加强城市保障性住房的规划设计，应该改变城市保障性住房治理的传统思维模式，树立需求侧理念、包容性理念、信息化理念、生活圈理念等新的治理理念。

（一）需求侧理念

长期以来，城市住房保障工作大多是以供给侧理念决定住房的开发建设和管理运营，对城市住房困难群体的住房需求的结构特点、住房需求的程度差异、住房需求的解决方式等需求侧的了解和评估不够，难以构建合适的保障性住房供给体系，无法满足城市居民日益多样化的住房需求。因此，要在治理理念上实现从政策制定主体供给侧理念向政策服务对象需求侧理念的根本转变，改变只以身份、职业、收入等单一指标决定城市保障住房需求特征的决策模式，在供给结构、供给方式等方面

---

① 赵方杜、杨彩云：《需求治理：城镇住房政策发展的理念转型》，《学术论坛》2017 年第 5 期。

进一步提升城市保障性住房供给侧和需求侧之间的耦合度和适配性，提高城市住房困难群体的满意度和幸福感。

（二）包容性理念

城市是所有城市居民的城市，以户籍所在地、个人身份、工作性质、收入状况等因素对城市居民进行各种类别的划分，这有悖于以人民为中心的发展理念。城市保障性住房政策制定主体和执行主体应以包容性理念关注生活、工作在城市的每一位居民的居住状况，合理划定城市住房保障人群顺序，优先解决青年人、新市民、无业人员、失业人员、残疾人、孤寡老人等特殊人群的住房困难问题。

（三）信息化理念

随着城市保障性住房主体的多元化、保障对象具体情况的复杂化、住房保障工作业务的精细化，传统的住房保障管理模式已经越来越难以适应"互联网+"时代发展的需要。城市保障性住房治理主体应树立信息化理念，推进大数据、人工智能、物联网等新一代信息技术在城市住房保障工作中的应用和创新，实现城市保障性住房的申请、审核、公示、租购、轮候、腾退、维护、督查等政务服务和日常管理工作"一网办"。

（四）生活圈理念

随着城市化的发展和城市规模的扩展，城市居民居住地和工作单位之间的距离越来越远，职住平衡的难度越来越大，影响了城市居民的工作效率和生活质量。在城市保障性住房新的规划、建设过程中，应以生活圈理念取代以往的职住分离的理念，减少城市居民的通勤成本，增强城市居民对保障性住房社区的归属感，实现公共服务在城市不同地域、不同群体之间的均等化。①

三 奠定政策制定依据：健全城市住房保障法律法规

宪法和法律是政府制定政策的权威依据，随着全面依法治国的深入推进和广大城市居民对美好生活的热烈向往，对城市住房保障工作进行立法既是时代发展的需要，也是城市居民的热切期望。从国家层面推进

---

① 王晶：《基于生活圈理念的保障性住房规划设计研究》，《现代城市研究》2022年第12期。

城市保障性住房立法进程，通过法律确认城市居民的住房权，让政府有充足的法律依据制定保障性住房政策，并运用法律授予的强制性措施推进城市保障性住房的开发建设和运营管理等工作，解决城市住房保障工作中存在的资金缺乏、土地供给不足、供需失衡、管理失范等问题。

住房问题处理得比较好的国家在住房领域基本上都出台了一系列法律法规，但迄今为止，我国还没有一部全国性的住房保障方面的法律。虽然一些地方政府出台了法规，但由于层级较低，在城市住房保障工作中的作用有限。由于我国城市住房保障法律缺失、立法滞后，导致城市住房工作常常陷入无法可依的困境。

住房尤其是保障性住房关系国计民生，既是重要的经济问题，又是事关稳定的社会问题。要加快推进住房保障立法，建成系列法律法规，对城市保障性住房的资金来源、土地出让、开发建设、运营管理、保障对象、保障标准、准入腾退、政府职责、资源配置、居民权利、监管机制、法律责任等进行严格规定，为制定具体的保障性住房政策提供权威法理支撑、奠定有力法制依据。

四 提升政策执行效能：设立城市住房保障管理机构

在城市保障性住房发展历程中，西方发达国家普遍设立了专门的管理机构，负责城市保障性住房政策执行、资金筹集、业务管理等工作。城市保障性住房专门管理部门的设立，有助于对涉及住房保障的各项工作进行统一筹划、统一安排、统一处理。各个国家的城市保障性住房专门管理机构虽然在组织形式、运行规则等方面各不相同、各有特色，但都在各自国家的城市保障性住房的开发建设和运营管理中发挥了重要作用，有效解决了城市住房困难问题，缓解了社会矛盾，促进了社会融合。

我国城市保障性住房管理体制中并没有类似医疗保障局这样对城市保障性住房进行管理的政府机构，"多头管理"的现象比较明显。例如，保障性住房规划是由住房和城乡建设部门负责，保障性住房用地是由自然资源部门负责，保障性住房服务对象资格则由民政部门负责。"多头管理"带来的往往是无人负责甚至无人管理，影响了行政效率和政策效能。

为了解决城市住房保障工作中各部门之间的协调困难、沟通不畅、效率不高等问题，有必要设立独立的城市住房保障管理机构，将分散在政府不同部门的管理职责和治理权力集中起来,对城市保障性住房的规划设计、土地出让、资金筹集、开发建设、资格审核、准入腾退、维修维护等事务进行统一管理,进一步提高城市政府对中央政府颁布的保障性住房政策的执行效能。

五 加强政策过程督查:提升城市住房保障监评效果

对公共政策规划、公共政策制定、公共政策执行等政策过程进行监督和审查,是提高公共政策规划科学性、强化公共政策制定严谨性、加强公共政策执行精准性的重要保证,有利于纠正公共政策过程中的主观决策和敷衍执行等现象,实现公共政策目标,维护公共利益。

(一)对城市保障性住房政策过程进行系统督查

加强对保障性住房政策规划的督查,政策主体要弄清楚城市住房困难群体对住房地点、住房结构、住房价格等方面的多元化、多层次需求特点,防止出现不进行调查研究、"办公室里规划"等主观臆断现象。加强对保障性住房政策制定的督查,政策主体要处理好中央与地方、政府与市场、住房保障与经济发展等多重关系,把城市保障性住房政策制定建立在对经济、社会、民生等进行全面、准确研判基础之上,防止出现"拍脑袋决策"等片面武断现象。加强对保障性住房政策执行的督查,防止出现"上有政策、下有对策"、执行走样、政策空传、模糊执行、执行波动、变通执行、片面执行等执行偏差现象。

(二)对城市保障性住房政策过程进行动态督查

通过专项督查、每月督查、季度督查、半年督查、明察暗访、"回马枪"式督查等多样化督查方式对城市保障性住房政策过程进行动态督查,防止被督查对象以资料类的住房保障工作文件、样板式的保障性住房空间、脸谱化的住房保障工作服务对象、教条化的住房保障工作经验等应付督查。

(三)对城市保障性住房政策过程进行重点督查

城市保障性住房虽然具有公益性、利润低等特点,但也涉及多个部门、多个领域的利益,城市保障性住房领域的腐败事例时有发生。对城市保障性住房涉及的土地出让、银行信贷、开发建设、准入腾退等利益集中的环节进行重点监督和审查,有利于保证城市保障性住房政策规划的科学性，纠正城市保障性住房政策执行偏差，维护城市住房困难群体的居住权益。

第三节　研究创新与研究展望

一　研究创新

（一）研究领域的创新

城市治理是国家治理的重要组成部分，城市保障住房问题是城市治理中重要的民生问题，关系到城市社会公平和稳定。目前学术界对城市保障性住房治理这一公共政策过程进行研究的成果较少，本著作以城市保障性住房治理这一公共政策过程为研究对象，在研究领域方面有所创新。

（二）理论问题的创新

政府与市场是与城市保障性住房关系最为紧密的两大主体，将城市保障性住房纳入国家治理现代化视域之内，推进城市保障性住房问题得到妥善解决，由此提出了本著作的理论问题：在城市保障性住房政策过程中，政府与市场各个主体之间的相互关系和作用机制是什么？这一核心问题包括以下几个需要解决的问题：一是选择什么理论作为研究的理论基础；二是构建什么样的理论框架对上述理论问题进行深入分析。

（三）理论框架的创新

本著作基于协同治理理论，构建了"主体—维度"协同的理论框架，通过"政府—市场"主体协同和"过程—利益"维度协同两个层面对城市保障性住房治理这一政策过程进行分析，为认识和分析类似公共政策问题提供了新的理论思路，在理论框架方面有所创新。

二　研究展望

（一）在理论研究方面

本著作构建的"主体—维度"协同的理论框架尚不够完善。在下一步研究中，作者将更深入研究治理理论的丰富内涵，调整和拓展"主体—维度"协同的理论框架，推动该理论框架与当前治理前沿理论之间的学术对话；将进一步熟悉和掌握治理实践的生动过程，加强理论框架与当下治理实践之间的沟通衔接，使"主体—维度"协同这一理论框架在治理研究中有着一定的解释力和适用性。

(二) 在调查研究方面

本文主要是基于政策文本对城市保障性住房治理进行分析，实地调查研究相对不足。在下一步研究中，作者将带着研究问题对治理实践和公共政策过程进行沉浸式调研、融入式调研，确保理论与实践不脱节、知识和经验不脱轨，确保问题和结论相吻合、研究和对策相统一。

参考文献

一　著作类文献

《马克思恩格斯全集》第一卷，人民出版社 1956 年版。
《马克思恩格斯全集》第四卷，人民出版社 1958 年版。
《马克思恩格斯全集》第三十二卷，人民出版社 1998 年版。
《马克思恩格斯文集》第四卷，人民出版社 2009 年版。
《马克思恩格斯文集》第五卷，人民出版社 2009 年版。
《马克思恩格斯文集》第八卷，人民出版社 2009 年版。
《马克思恩格斯论殖民主义》，人民出版社 1962 年版。
马克思：《资本论》第一卷，人民出版社 2004 年版。
《列宁全集》第五卷，人民出版社 1986 年版。
《列宁全集》第九卷，人民出版社 1987 年版。
《列宁全集》第三十四卷，人民出版社 1985 年版。
《毛泽东文集》第二卷，人民出版社 1993 年版。
《毛泽东文集》第三卷，人民出版社 1996 年版。
《毛泽东文集》第四卷，人民出版社 1996 年版。
《毛泽东文集》第六卷，人民出版社 1999 年版。
《毛泽东文集》第八卷，人民出版社 1999 年版。
《邓小平文选》第二卷，人民出版社 1994 年版。
《邓小平文选》第三卷，人民出版社 1993 年版。
《邓小平军事文集》第三卷，军事科学出版社、中央文献出版社 2004 年版。
《江泽民文选》第一卷，人民出版社 2006 年版。

《江泽民文选》第二卷,人民出版社 2006 年版。
《江泽民文选》第三卷,人民出版社 2006 年版。
《胡锦涛文选》第二卷,人民出版社 2016 年版。
《胡锦涛文选》第三卷,人民出版社 2016 年版。
胡锦涛:《论构建社会主义和谐社会》,中央文献出版社 2013 年版。
《习近平谈治国理政》第一卷,外文出版社 2018 年版。
《习近平谈治国理政》第二卷,外文出版社 2017 年版。
《习近平谈治国理政》第四卷,外文出版社 2022 年版。
习近平:《决胜全面建成小康社会 夺取新时代中国特色社会主义伟大胜利——在中国共产党第十九次全国代表大会上的报告》,人民出版社 2017 年版。
习近平:《高举中国特色社会主义伟大旗帜 为全面建设社会主义现代化国家而团结奋斗——在中国共产党第二十次全国代表大会上的报告》,人民出版社 2022 年版。
《朱德选集》,人民出版社 1983 年版。
《陈云文选》第三卷,人民出版社 1995 年版。
《陈云文集》第三卷,人民出版社 2005 年版。
《李先念文选》,人民出版社 1989 年版。
李克强:《政府工作报告——2022 年 3 月 5 日在第十三届全国人民代表大会第五次会议上》,人民出版社 2022 年版。
《关于一九五四年国家决算和一九五五年国家预算的报告》,人民出版社 1955 年版。
《中共中央关于制定国民经济和社会发展第十三个五年规划的建议》,人民出版社 2015 年版。
《中国共产党第二十次全国代表大会文件汇编》,人民出版社 2022 年版。
《中国共产党第十九次全国代表大会文件汇编》,人民出版社 2017 年版。
《中华人民共和国成立十周年纪念文集》,人民出版社 1959 年版。
《中华人民共和国第五届全国人民代表大会第三次会议文件》,人民出版社 1980 年版。
《中华人民共和国第五届全国人民代表大会第五次会议文件》,人民出版社 1983 年版。

《中华人民共和国国民经济和社会发展第六个五年计划（1981—1985）》，人民出版社1983年版。

《中华人民共和国国民经济和社会发展第十四个五年规划和二〇三五年远景目标纲要》，人民出版社2021年版。

《中华人民共和国宪法》，人民出版社2018年版。

《李先念传》编写组：《建国以来李先念文稿》第三册，中央文献出版社2011年版。

国家发展和改革委员会：《〈中华人民共和国国民经济和社会发展第十四个五年规划和二〇三五年远景目标纲要〉辅导读本》，人民出版社2021年版。

国务院经济体制改革办公室：《中国经济体制改革年鉴》，中国经济体制改革年鉴编辑部2000年版。

国务院研究室编写组：《十二届全国人大五次会议〈政府工作报告〉辅导读本》，人民出版社2017年版。

国务院研究室编写组：《十三届全国人大五次会议〈政府工作报告〉辅导读本》，人民出版社、中国言实出版社2022年版。

国务院研究室编写组：《十一届全国人大五次会议〈政府工作报告〉辅导读本》，人民出版社、中国言实出版社2012年版。

中共中央党史和文献研究院：《习近平关于网络强国论述摘编》，中央文献出版社2021年版。

中共中央文献研究室编：《三中全会以来重要文献选编》（下），人民出版社1982年版。

中共中央文献研究室编：《十八大以来重要文献选编》（上），中央文献出版社2014年版。

中共中央文献研究室编：《十二大以来重要文献选编》（中），人民出版社1986年版。

中共中央文献研究室编：《十九大以来重要文献选编》（上），中央文献出版社2021年版。

中共中央文献研究室编：《十七大以来重要文献选编》（上），中央文献出版社2009年版。

中共中央文献研究室第二编研部编：《周恩来题词集解》，中央文献出版社 2012 年版。

中共中央文献研究室、国家林业局编：《刘少奇论林业》，中央文献出版社 2005 年版。

中共中央整党工作指导委员会编：《毛泽东同志论党的作风和党的组织》，人民出版社 1984 年版。

《从怎么看到怎么办——理论热点面对面·2011》，学习出版社、人民出版社 2011 年版。

《孔子家语》，杨思贤注译，中州古籍出版社 2016 年版。

《论语》，杨柏峻、杨逢彬注译，岳麓书社 2000 年版。

《中国城市发展报告》编委会：《中国城市发展报告》，中国城市出版社 2010 年版。

《中国古代国家起源与形成研究》，人民出版社 2009 年版。

《中国学术通史》先秦卷，人民出版社 2004 年版。

《中国哲学发展史（先秦）》，人民出版社 1983 年版。

陈安国：《城镇住房保障科学发展研究》，中国言实出版社 2013 年版。

陈鹏：《住房产权与社区政体——B 市业主维权与自治的实证研究》，社会科学文献出版社 2015 年版。

陈义存、周季生：《社会科学工作者自然科学手册》，山东人民出版社 1988 年版。

董小君：《金融危机博弈中的政治经济学》，人民出版社 2019 年版。

杜芳：《我国公民住房权的司法保障研究》，世界图书出版公司 2013 年版。

段汉明：《城市学基础》，陕西科学技术出版社 2000 年版。

樊明等：《房地产买卖行为与房地产政策》，社会科学文献出版社 2012 年版。

顾湘：《公共租赁住房运行机制研究》，重庆大学出版社 2016 年版。

何建华：《政治—经济关系论》，浙江人民出版社 2003 年版。

黄怡：《城市社会分层与居住隔离》，同济大学出版社 2006 年版。

蒋爱群：《法制经济学：经济转型和法制改革》，中央编译出版社 2012 年版。

李军鹏：《公共服务体系国际比较与建设》，国家行政学院出版社 2015 年版。

李勇军、周惠萍：《公共政策》，浙江大学出版社 2013 年版。

刘金玉、黄理稳：《科学技术发展简史》，华南理工大学出版社 2006 年版。

陆昱：《国家治理的政治与经济关系逻辑》，中国社会科学出版社 2019 年版。

马光红：《城市住房：制度、政策与比较》，上海大学出版社 2017 年版。

毛寿龙：《西方公共行政学名著提要》，江西人民出版社 2006 年版。

日知：《古代城邦史研究》，人民出版社 1989 年版。

上海市住房和城乡建设管理委员会、新加坡宜居城市中心：《住有所居：上海和新加坡的实践与探索》，上海人民出版社 2020 年版。

石婧：《"微政务"公共服务模式研究》，武汉大学出版社 2015 年版。

苏星：《苏星经济文选》，中国时代经济出版社 2011 年版。

汤林弟、林玲、李梓枫：《中国城市住房保障政府绩效评估报告（2012）》，广东高等教育出版社 2014 年版。

王诗宗：《治理理论及其中国适用性》，浙江大学出版社 2009 年版。

王士禛：《池北偶谈》，文益人校点，齐鲁书社 2007 年版。

王伟光：《利益论》，中国社会科学出版社 2010 年版。

吴忠民：《公正新论》，中国社会科学出版社 2000 年版。

向春玲：《推进国家治理体系现代化》，中共中央党校出版社 2015 年版。

肖爱玲：《西汉长安：丝绸之路起点》，三秦出版社 2015 年版。

荀况：《荀子》，杨倞注，耿芸校，上海古籍出版社 2014 年版。

阎占定：《新型农民合作经济组织参与乡村治理研究》，世界图书出版公司 2013 年版。

杨燕绥：《社会保障法》，人民出版社 2012 年版。

姚玲珍：《德国社会保障制度》，上海人民出版社 2011 年版。

于振华：《大规模复杂系统认知分析与构建》，国防工业出版社 2019 年版。

张丹丹、贾忠革：《房地产法律法规》，中国轻工业出版社 2016 年版。

张康之：《公共管理导论》，经济科学出版社 2003 年版。

张铭、陆道平：《西方行政管理思想史》，南开大学出版社 2008 年版。

张群：《居有其屋：中国住房权历史研究》，社会科学文献出版社 2009 年版。

张茵、蓝江平：《住宅建筑设计》，华中科技大学出版社2013年版。

郑功成：《中国社会保障30年》，人民出版社2008年版。

朱光磊：《当代中国政府过程》，天津人民出版社2008年版。

朱汉国等：《当代中国社会史》第五卷，四川人民出版社2019年版。

住房和城乡建设部住房保障司、住房和城乡建设部住房公积金监管司：《国外住房金融研究汇编》，中国城市出版社2009年版。

[奥] 路德维希·冯·米塞斯：《人的行为》，夏道平译，上海社会科学院出版社2015年版。

[德] 马克斯·韦伯：《世界宗教的经济伦理：儒教与道教》，王容芬译，中央编译出版社2012年版。

[韩] 河连燮：《制度分析：理论与争议》，李秀峰、柴宝勇译，中国人民大学出版社2014年版。

[美] B. 盖伊·彼得斯：《政治科学中的制度理论新制度主义》，王向民、段红伟译，上海人民出版社2016年版。

[美] 保罗·A. 萨巴蒂尔：《政策过程理论》，彭宗超、钟开斌等译，生活·读书·新知三联书店2004年版。

[美] 彼得·埃文斯、迪特里希·鲁施迈耶、西达·斯考克波：《找回国家》，方力维、莫宜端、黄琪轩等译，生活·读书·新知三联书店2009年版。

[美] 布坎南：《自由市场和国家》，吴良健、桑伍、曾获译，北京经济学院出版社1988年版。

[美] 查尔斯·林德布洛姆：《政治与市场：世界的政治—经济制度》，王逸舟译，上海三联书店、上海人民出版社1995年版。

[美] 道格拉斯·C. 诺思：《制度、制度变迁与经济绩效》，杭行译，韦森译审，格致出版社、上海人民出版社2016年版。

[美] 哈罗德·D. 拉斯韦尔、亚伯拉罕·卡普兰：《权力与社会：一项政治研究的框架》，王菲易译，上海人民出版社2012年版。

[美] 加布里埃尔·A. 阿尔蒙德、小G. 宾厄姆·鲍威尔：《比较政治学：体系、过程和政策》，曹沛霖、郑世平、公婷、陈峰译，东方出版社2007年版。

[美] 杰里米·布莱克：《大都会：手绘地图中的城市记忆与梦想》，曹申

堃译，山西人民出版社 2016 年版。

［美］罗伯特·K. 殷：《案例研究设计与方法》，周海涛、史少杰译，重庆大学出版社 2017 年版。

［美］罗森布鲁姆、奥利里：《公共管理与法律》，张梦中等译，中山大学出版社 2007 年版。

［美］曼瑟尔·奥尔森：《集体行动的逻辑》，陈郁、郭宇峰、李宗新译，格致出版社、上海人民出版社 2014 年版。

［美］普拉诺：《政治学分析辞典》，中国社会科学出版社 1986 年版。

［美］乔治·M. 格斯、保罗·G. 法纳姆：《公共政策分析案例》，王军霞、贾洪波译，中国人民大学出版社 2017 年版。

［美］塞缪尔·亨廷顿：《变革社会中的政治秩序》，李盛平、杨玉生等译，华夏出版社 1988 年版。

［美］维托·坦茨：《政府与市场：变革中的政府职能》，王宇等译，商务印书馆 2014 年版。

［美］亚当·普沃斯基：《国家与市场 政治经济学入门》，郦菁、张燕等译，上海世纪出版集团 2015 年版。

［美］约翰·齐斯曼：《政府、市场与增长：金融体系与产业变迁的政治》，刘娟凤、刘骥译，吉林出版集团有限责任公司 2009 年版。

［美］詹姆斯·M. 布坎南：《自由、市场与国家——80 年代的政治经济学》，平新乔等译，上海三联书店、上海人民出版社 1989 年版。

［日］青木昌彦、奥野正宽：《经济体制的比较制度分析》，中国发展出版社 1999 年版。

［新西兰］穆雷·霍恩：《公共管理的政治经济学：公共部门的制度选择》，汤大华、颜君烈等译，中国青年出版社 2004 年版。

［匈牙利］卡尔·波兰尼：《巨变：当代政治与经济的起源》，黄树民译，社会科学文献出版社 2013 年版。

［英］安德鲁·海伍德：《政治学核心概念》，吴勇译，天津人民出版社 2008 年版。

［英］安东尼·吉登斯：《现代性的后果》，田禾译，译林出版社 2011 年版。

［英］柯兹纳：《竞争与企业家精神》，刘业进译，浙江大学出版社 2003 年版。

Karl Polanyi, *The Great Transformation: The Political and Economic Origins of Our Time*, Boston: Beacon Press, 2001, p. 25.

二 期刊类文献

"住房金融制度改革研究"课题组:《美、德、日住房金融机构发展情况及对我国的启示》,《开发性金融研究》2018年第3期。

LamA、曹力鸥:《美国政府在住房抵押市场中的角色:促进流动性和风险担保》,戈岳译,《国外城市规划》2004年第6期。

蔡冰菲:《保障性住房建设中地方政府与中央政府的博弈分析》,《社会科学家》2009年第12期。

蔡禾:《从统治到治理:中国城市化过程中的大城市社会管理》,《公共行政评论》2012年第6期。

蔡真、池浩珲:《新加坡中央公积金制度何以成功——兼论中国住房公积金制度的困境》,《金融评论》2021年第2期。

曹刚:《立法正统性及其合理性问题——关于合法性理论的另一种视角》,《中国人民大学学报》2002年第4期。

曹丽娟:《国内外保障性住房融资模式比较、分析及启示》,《当代经济》2018年第7期。

曾岳婷:《新加坡社会保障体系建设带给我国的启示》,《特区经济》2022年第10期。

昌硕:《"脱贫不脱政策"的片面执行何以发生?——基于河南省4个脱贫摘帽村的分析》,《北京行政学院学报》2021年第4期。

常雪、苏群、周春芳:《房价、住房支付能力与刑事犯罪——基于中国省级面板数据的实证分析》,《上海财经大学学报》2018年第1期。

陈辉、陈讯:《精准扶贫实践中的政策执行偏差及其调适》,《中共福建省委党校学报》2018年第9期。

陈家建、张琼文:《政策执行波动与基层治理问题》,《社会学研究》2015年第3期。

陈杰、李影:《反向按揭贷款:美国经验及对我国的启示》,《中国房地产》2015年第3期。

陈杰:《新中国70年城镇住房制度的变迁与展望》,《国家治理》2019年第 14 期。

陈庆云、鄞益奋：《论公共管理研究中的利益分析》，《中国行政管理》2005 年第 5 期。

陈余芳、黄燕芬：《欧洲典型国家住房保障政策比较研究及启示——基于福利体制理论的视角》，《现代管理科学》2016 年第 11 期。

谌鸿燕：《代际累积与子代住房资源获得的不平等基于广州的个案分析》，《社会》2017 年第 4 期。

成立、魏凌：《武汉市住房租赁新政的背景、创新与影响》，《中国房地产》2018 年第 7 期。

程大涛：《住房用地二元体制下地方政府建设保障房动力机制研究》，《浙江学刊》2013 年第 4 期。

崔晶：《基层治理中政策的搁置与模糊执行分析——一个非正式制度的视角》，《中国行政管理》2020 年第 1 期。

董建辉：《西方政治人类学研究概观》，《国外社会科学》2000 年第 2 期。

董晓颋：《适应多元居住需求的住房规划管理体系——日本住房制度变迁的启示》，《国际城市规划》2020 年第 1 期。

窦瑞琪：《加拿大与日本共居社区的模式比较与经验借鉴——基于体制构建、空间组织、运营管理之特征》，《城市规划》2018 年第 11 期。

范雅娜：《双向嵌入谱系：政府购买社会工作服务的一个分析框架》，《华东理工大学学报》（社会科学版）2021 年第 4 期。

方建国：《房地产市场治理长效机制建设探析》，《宏观经济管理》2019 年第 3 期。

方敏、罗忆宁、仇保兴：《发展住房合作社的经验与启示——基于西方国家的模式与我国的初步实践》，《城市发展研究》2016 年第 4 期。

方长春、刘欣：《地理空间与住房不平等 基于 CFPS2016 的经验分析》，《社会》2020 年第 4 期。

高帆：《新型政府—市场关系与中国共同富裕目标的实现机制》，《西北大学学报》（哲学社会科学版）2021 年第 6 期。

高恒、金浩然：《美国租赁住房发展研究》，《城乡建设》2022 年第 6 期。

葛新锋、张飒：《从供需两端抑制房地产投机研究——基于国际经验的视角》，《西南金融》2018 年第 8 期。

顾昕、杨艺：《让互动/协作治理运作起来：荷兰的住房协会与社会住房的提供》，《广东社会科学》2019年第1期。

管兵：《农村集体产权的脱嵌治理与双重嵌入——以珠三角地区40年的经验为例》，《社会学研究》2019年第6期。

郭儒鹏、王建华、罗兴奇：《从"嵌入"到"互嵌"：民族地区贫困治理研究的视角转换——基于贵州省T县调研》，《贵州社会科学》2019年第11期。

郭睿、余进泉：《保障性住房政策执行中的中央政府与地方政府关系研究》，《佛山科学技术学院学报》（社会科学版）2017年第3期。

郭威、杨弘业：《完善新时代下保障性住房体系：意义、问题与政策措施》，《中国经贸导刊》2019年第2期。

国务院发展研究中心和世界银行联合课题组：《中国：推进高效、包容、可持续的城镇化》，《管理世界》2014年第4期。

韩喜平、赵晓涛：《破解保障性住房难题的国外经验及启示》，《社会科学家》2018年第8期。

何伟、殷文凯：《住房租赁市场之国际比较》，《中国房地产》2021年第31期。

何欣、路晓蒙：《公积金制度加剧了中国住房不平等吗？》，《社会保障研究》2019年第2期。

何艳玲、王铮：《统合治理：党建引领社会治理及其对网络治理的再定义》，《管理世界》2022年第5期。

何元斌、王雪青：《保障性住房建设中中央政府与地方政府的博弈行为分析》，《经济问题探索》2016年第11期。

贺小林、赵德余、卫笑啸：《地方国企参与乡村振兴合作治理机制解析——以上海市F区"百村"模式为例》，《复旦学报》（社会科学版）2022年第3期。

洪亮平、王旭：《美国保障性住房政策变迁及其启示》，《城市发展研究》2013年第6期。

洪银兴：《市场化导向的政府和市场关系改革40年》，《政治经济学评论》2018年第6期。

侯利阳：《市场与政府关系的法学解构》，《中国法学》2019年第1期。

胡吉亚、胡海峰：《对保障性住房建设融资问题的思考》，《理论探索》2020年第2期。

黄徐强：《从统治城市到治理城市：城市政治学研究综述》，《华中科技大学学报》（社会科学版）2015年第1期。

黄燕芬、唐将伟：《福利体制理论视阈下德国住房保障政策研究》，《价格理论与实践》2018年第3期。

贾帅帅、徐滇庆：《多维视角下的公共租赁住房建设与保障》，《财政研究》2017年第3期。

蒋和胜、王波：《"十二五"以来我国保障性住房资金来源渠道分析》，《宏观经济研究》2016年第4期。

焦怡雪：《政府监管、非营利机构运营的荷兰社会住房发展模式》，《国际城市规划》2018第6期。

金浩然、翟宝辉、王艳飞、朱晓龙：《日本住房发展现状与政策及对我国的启示》，《建筑经济》2019年第5期。

金双华、于征莆：《政府住房保障政策国际经验及借鉴》，《地方财政研究》2021年第6期。

李春玲、范一鸣：《中国城镇住房不平等及其分化机制》，《北京工业大学学报》（社会科学版）2020年第4期。

李德智、朱丽菲、杜静：《多中心治理视野下国内外保障性住房供应机制研究进展》，《现代城市研究》2015年第6期。

李骏：《城市住房阶层的幸福感与公平感差异》，《华中科技大学学报》（社会科学版）2017年第1期。

李莉：《19世纪后半期美国城市住房治理研究》，《求是学刊》2021年第2期。

李莉：《美国新政时期的公共住房政策探析》，《厦门大学学报》（哲学社会科学版）2013年第3期。

李莉：《住房改革观念与美国公共住房政策史回思》，《历史教学问题》2020年第6期。

李路路、马睿泽：《住房分层与中国城市居民的公平感——基于CGSS2003、CGSS2013数据的分析》，《中央民族大学学报》（哲学社会科学版）2020年第6期。

李楠、王继晨：《以有效市场与有为政府扎实推动共同富裕》，《湘潭大学学报》（哲学社会科学版）2022 年第 4 期。

李巍：《加拿大联邦政府社会住房政策的历史演变》，《世界历史》2014 年第 4 期。

李文硕：《20 世纪七八十年代纽约市保障性住房政策的转变及其影响》，《世界历史》2021 年第 5 期。

李亚：《一种面向利益分析的政策研究方法》，《中国行政管理》2011 年第 4 期。

李亚雄、安连朋：《脱嵌与嵌入：农村留守老人养老从家庭养老到互助养老的嬗变——以陕西省凤翔县 Z 村为个案》，《理论月刊》2021 年第 9 期。

李英健：《国外公共住房政策演变及其启示——以英国、美国、新加坡为例》，《城市住宅》2021 年第 4 期。

李勇辉、林森、刘孟鑫：《土地财政、地方政府行为激励与保障性住房供给》，《湘潭大学学报》（哲学社会科学版）2020 年第 4 期。

李卓、郑永君：《有为政府与有效市场：产业振兴中政府与市场的角色定位——基于 A 县产业扶贫实践的考察》，《云南社会科学》2022 年第 1 期。

连宏萍、何琳：《保障性住房政策网络的结构性问题与优化路径》，《新视野》2020 年第 4 期。

连宏萍、杨谨顿、李金展：《社会文化视角下新加坡住房政策的成功历程与新探索——兼谈对我国住房政策的启示》，《中国行政管理》2019 年第 9 期。

梁城城：《我国城镇住房保障体系发展脉络与政策建议》，《中国国情国力》2022 年第 8 期。

刘戈、胡文茜：《保障性住房建设管理的国际比较与启示》，《天津城建大学学报》2020 年第 2 期。

刘红萍、李剑峰、［加拿大］安东尼·J. 沃德：《发达国家合作性住房研究进展与启示》，《国际城市规划》2020 年第 5 期。

刘军岭：《房价、住房产权条件与城镇居民社会信任》，《现代财经》（天津财经大学学报）2017 年第 2 期。

刘鹏、刘志鹏：《街头官僚政策变通执行的类型及其解释——基于对 H 县食品安全监管执法的案例研究》，《中国行政管理》2014 年第 5 期。

刘儒、王换:《中国经济体制改革历史演进的内生性逻辑与基本经验——以政府与市场的关系为主线》,《西安交通大学学报》(社会科学版) 2018 年第 6 期。

刘儒、王媛:《市场与政府的互补关系》,《甘肃社会科学》2018 年第 5 期。

刘雪明、魏景容:《地方政府执行保障性住房政策研究述评》,《社会保障研究》2012 年第 6 期。

刘雪明:《地方政府执行保障性住房政策的绩效评价研究——以广州市为例》,《天津师范大学学报》(社会科学版)2017 年第 2 期。

刘志鹏:《公共政策运行中的信息不对称及其治理》,《城市问题》2011 年第 2 期。

卢春天、成功:《转型中国城乡住房不平等——基于 2010 人口普查汇总和 CGSS2010 数据》,《华东理工大学学报》(社会科学版)2015 年第 2 期。

卢飞、陆汉文:《统合治理:县域脱贫攻坚的机制创新——基于贵州 T 县的经验研究》,《南京农业大学学报》(社会科学版)2022 年第 2 期。

卢海阳、郑逸芳、黄靖洋:《公共政策满意度与中央政府信任——基于中国 16 个城市的实证分析》,《中国行政管理》2016 年第 8 期。

卢珂、李国敏:《论基于底线公平的我国城市基本住房制度之构建》,《理论导刊》2012 年第 8 期。

陆卓玉:《日本构建新住房安全网的背景、政策特征及启示》,《上海房地》2022 年第 12 期。

逯新红:《借鉴美国经验建立中国政策性住房金融体系的建议》,《国际金融》2016 年第 8 期。

罗梁波、颜昌武:《从单一性到复合化:中国公共管理研究的现实与未来》,《政治学研究》2018 年第 5 期。

罗锐:《社会治理视域下住房"租购同权"政策理念探析》,《湖北大学学报》(哲学社会科学版)2019 年第 4 期。

吕程:《美国"市场优先"的住房租赁政策实践与启示》,《经济问题》2019 年第 2 期。

吕方、梅琳:《"复杂政策"与国家治理——基于国家连片开发扶贫项目的讨论》,《社会学研究》2017 年第 3 期。

吕洪业、沈桂花：《英国住房保障政策的演变及启示》，《行政管理改革》2017年第6期。

吕一平、赵民：《国外新城建设的目标与立法推进——以美国和日本为例》，《上海城市规划》2022年第2期。

吕志奎、侯晓菁：《超越政策动员："合作治理"何以有效回应竞争性制度逻辑——基于X县流域治理的案例研究》，《江苏行政学院学报》2021年第3期。

马璐瑶、刘志林：《"运动式治理"背景下保障性住房政策遵从的区域差异研究——基于"十二五"期间城市面板数据的分析》，《公共管理与政策评论》2021年第1期。

马永强、麻宝斌：《住房压力和社会公平感对政府信任的影响研究》，《哈尔滨工业大学学报》（社会科学版）2019年第1期。

马正立：《行动者、组织与环境：管理理论演进图谱》，《重庆社会科学》2021年第4期。

毛丰付、胡承晨：《发展型住房政策：中国住房治理实践的理论探讨》，《商学研究》2020年第5期。

毛馨卉、周璞、侯华丽、张惠：《住房租赁体系建设的国际经验与启示》，《中国国土资源经济》2022年第10期。

孟天广、杨明：《转型期中国县级政府的客观治理绩效与政治信任——从"经济增长合法性"到"公共产品合法性"》，《经济社会体制比较》2012年第4期。

闵学勤：《互嵌共生：新场景下社区与物业的合作治理机制探究》，《同济大学学报》（社会科学版）2021年第1期。

聂波、陈兴丽：《利益分析法视域下城中村土地房屋征收研究》，《天津行政学院学报》2016年第3期。

潘静、杨扬：《城市家庭住房不平等：户籍、禀赋还是城市特征？——基于广义有序模型与Oaxaca-Blinder分解》，《贵州财经大学学报》2020年第6期。

裴广一：《论有效市场与有为政府：理论演进、历史经验和实践内涵》，《甘肃社会科学》2021年第6期。

裴凌罡：《从民生视角看新中国城市住房供给制度变迁》，《中国经济史研究》2017 年第 5 期。

齐锡晶、刘乃畅、陈浩然：《开发企业参建模式下保障性租赁住房的综合效益评价研究》，《建筑经济》2022 年第 S1 期。

秦远海：《国有房地产开发企业进行保障性住房开发建设的思考》，《房地产世界》2021 年第 2 期。

邱君丽、刘玉亭：《英国社会住房的分配模式及其影响》，《国际城市规划》2021 年第 4 期。

尚宇梅：《经济适用房建设中地方政府与中央政府的博弈分析》，《商业研究》2007 年第 10 期。

沈坤荣、施宇：《中国的"有效市场 + 有为政府"与经济增长质量》，《宏观质量研究》2021 年第 5 期。

施勇、刘广祎：《住房政策性金融运行机制的国际比较及启示》，《金融纵横》2019 年第 11 期。

石涛：《政府和市场关系类型、历史演变及启示》，《上海经济研究》2018 年第 12 期。

时家贤、袁玥：《改革开放 40 年政府与市场关系的变迁：历程、成就和经验》，《马克思主义与现实》2019 年第 1 期。

史晨、蔡仲：《从统治到治理——智能社会新型技治主义的问题与出路》，《自然辩证法研究》2022 年第 2 期。

宋博通、赖如意：《发达国家和地区公共住房准入线制定方法比较及深圳的现实选择》，《特区经济》2019 年第 7 期。

宋磊、谢予昭：《中国式政府——市场关系的演进过程与理论意义：产业政策的视角》，《中共中央党校（国家行政学院）学报》2019 年第 1 期。

孙涵琦：《人口老龄化视野下新加坡组屋建设对我国的启示》，《住宅与房地产》2022 年第 24 期。

谭锐：《中国保障性住房体系的演进、特点与方向》，《深圳大学学报》（人文社会科学版）2017 年第 2 期。

谭禹：《委托—代理视角的保障性住房政策地方执行阻滞分析》，《城市发展研究》2014 年第 12 期。

谭禹：《政策性住房金融支持保障性租赁住房发展研究》，《中国房地产》2021 年第 21 期。

田香兰：《韩国老年住房保障政策探析》，《城市》2015年第5期。

庹川、徐漫辰：《基于家庭人口结构的公共租赁住房户型面积标准研究》，《城市观察》2021年第4期。

汪建强：《合作治理与中国住房体系多元化改革》，《社科纵横》2014年第12期。

汪军：《租赁住房建设的美国经验及对我国的启示》，《现代城市研究》2020年第6期。

汪文忠：《治理住房分配不平等中的政府角色》，《上海房地》2018年第3期。

王春光：《中国社会发展中的社会文化主体性——以40年农村发展和减贫为例》，《中国社会科学》2019年第11期。

王枫云：《公共管理学的研究方法体系：内涵与构成》，《行政论坛》2009年第1期。

王凤彬、张雪：《用纵向案例研究讲好中国故事：过程研究范式、过程理论化与中西对话前景》，《管理世界》2022年第6期。

王建英：《保障性住房政策的制定对房地产行业的影响分析——以河南省为例》，《特区经济》2011年第2期。

王晶：《基于生活圈理念的保障性住房规划设计研究》，《现代城市研究》2022年第12期。

王琨：《保障性住房建设运营中的企业参与问题研究》，《城市发展研究》2013年第3期。

王丽艳、季奕、王振坡：《我国城市住房保障体系建设与创新发展研究》，《建筑经济》2019年第4期。

王洛忠、李帆、常慧慧：《我国保障性住房政策过程中政府协同行为研究》，《中国行政管理》2014年第2期。

王鹏：《上海市中低收入家庭的住房承受能力与城市居住问题》，《住宅科技》2006年第3期。

王微微、张鲁青：《面向青年群体的共有产权房制度设计——基于国外经验及中国政策选择》，《中国青年社会科学》2019年第5期。

王唯博、郭洁、郝学：《韩国保障住房政策首尔公共住房案例浅析》，《中国住房设施》2015年第2期。

王晓燕、李美洲：《美德英新等国房地产市场发展和管理经验教训及其对我国的启示》，《西南金融》2019年第12期。

王雪峰、廖泽芳：《市场机制、政府干预与碳市场减排效应研究》，《干旱区资源与环境》2022年第8期。

王阳、洪晓苇、李知然：《德国住房保障制度的演进、形式、特征与启示》，《国际城市规划》2021年第4期。

王阳：《德国住房租赁制度及其对我国住房租赁市场培育的启示》，《国际城市规划》2019年第5期。

王越平：《论地方政府行为变迁的制度约束——以保障性住房为政策行为考察域》，《求索》2012年第4期。

王振坡、施淑芳、王丽艳：《政府与市场关系视角下住房问题治理对策研究》，《中国房地产》2014年第16期。

王志成、约翰·格雷斯、鲍勃·布劳顿、约翰·史密斯：《美国提高保障房项目可持续性的策略》，《住宅与房地产》2018年第32期。

王志刚：《治理我国房地产泡沫的政策建议》，《经济研究参考》2017年第71期。

魏丽艳：《新时代租购并举住房保障制度的实施路径》，《中国行政管理》2022年第5期。

魏万青：《制度变迁与中国城市居民住房不平等的演化特征》，《江汉论坛》2014年第5期。

魏宗财、陈婷婷、李郇、钱前：《新加坡公共住房政策可以移植到中国吗？——以广州为例》，《城市规划》2015年第10期。

温美荣：《论公共政策失范问题的发生机理与治理之道》，《中国行政管理》2014年第12期。

温雅婷、余江、洪志生、陈凤：《数字化转型背景下公共服务创新路径研究——基于多中心—协同治理视角》，《科学学与科学技术管理》2021年第3期。

吴宾、徐萌、张春军：《整体性治理视角下住房保障管理跨部门协同机制研究》，《山东农业大学学报》（社会科学版）2017年第4期。

吴丹：《从"统治"到"治理"：城市规划管理的深度转型》，《云南民族大学学报》（哲学社会科学版）2017年第4期。

吴开泽：《住房市场化与住房不平等——基于 CHIP 和 CFPS 数据的研究》，《社会学研究》2019 年第 6 期。

吴翔华、赵亿：《住房基尼系数与我国住房不平等研究进展》，《现代城市研究》2018 年第 8 期。

吴雅馨、蒋卓君：《"新加坡模式"："组屋"体系下的可支付宜居住房——以淡滨尼新镇为例》，《住区》2020 年第 4 期。

吴志宇：《个人住房抵押贷款政策性担保制度构建探讨》，《现代财经》（天津财经大学学报）2010 年第 9 期。

武向阳：《保障性住房建设运营中的企业参与问题分析》，《中国集体经济》2015 年第 27 期。

武中哲：《从单位到社区：住房保障进程中的治理结构转型》，《山东社会科学》2021 年第 6 期。

肖绪文、黄宁：《中国建造的主要成就》，《建筑》2022 年第 15 期。

谢宝富：《新加坡组屋政策的成功之道与题外之意——兼谈对中国保障房政策的启示》，《中国行政管理》2015 年第 5 期。

谢莉琴、胡红濮：《异地就医直接结算政策执行的利益相关者分析》，《社会保障研究》2021 年第 3 期。

谢启秦：《房地产政策利益相关者的行动逻辑及其政策产出》，《公共管理与政策评论》2021 年第 3 期。

谢新洲、石林：《基于互联网技术的网络内容治理发展逻辑探究》，《北京大学学报》（哲学社会科学版）2020 年第 4 期。

谢义维、江峰：《发达国家住房保障制度体系比较研究》，《江西社会科学》2014 年第 9 期。

徐漫辰、焦怡雪、张璐、高恒、周博颖：《共有产权住房的国际发展经验及对我国的启示》，《住宅与房地产》2019 年第 34 期。

徐雪晴：《1956—1957 年北京解决城市职工住房问题研究》，《当代中国史研究》2020 年第 3 期。

严荣：《保障性住房建设：地方政府的行为逻辑》，《现代经济探讨》2014 年第 10 期。

阎金明：《德国、瑞典社会住房制度的特点及启示》，《国家行政学院学报》2007 年第 3 期。

颜莉：《英国住房政策阶段性演进评析：对上海住房发展的启示》，《国际城市规划》2016年第6期。

杨爱平、余雁鸿：《选择性应付：社区居委会行动逻辑的组织分析——以G市L社区为例》，《社会学研究》2012年第4期。

杨宏山：《整合治理：中国地方治理的一种理论模型》，《新视野》2015年第3期。

杨露、周建国、周雅颂：《科层动员、利益聚合与基层合作治理——以贵州易地扶贫搬迁政策过程为例》，《宁夏社会科学》2022年第5期。

杨清华、苏芙蓉、周梦婷：《"三管齐下"创新做实住房保障工作》，《中国房地产》2018年第19期。

杨晓楠：《国外公共住房模式比较及对中国的借鉴》，《大连海事大学学报》（社会科学版）2015年第6期。

杨宇、陈丽君：《理性制度为何无法取得理性结果？——产业扶贫政策执行偏差研究的三种视角及其启示》，《西北农林科技大学学报》（社会科学版）2021年第1期。

易成栋、任建宇、高璐：《房价、住房不平等与居民幸福感——基于中国综合社会调查2005、2015年数据的实证研究》，《中央财经大学学报》2020年第6期。

游娟、黄春晓：《新时期保障性住房演化的进程与对策研究——以南京市为例》，《现代城市研究》2020年第4期。

俞海山、周亚越：《公共政策何以失败？——一个基于政策主体角度的解释模型》，《浙江社会科学》2022年第3期。

俞可平：《中国城市治理创新的若干重要问题——基于特大型城市的思考》，《武汉大学学报》（哲学社会科学版）2021年第3期。

俞可平：《中国的治理改革（1978—2018）》，《武汉大学学报》（哲学社会科学版）2018年第3期。

原鹏飞、王磊：《我国城镇居民住房财富分配不平等及贡献率分解研究》，《统计研究》2013年第12期。

詹浩勇、陈再齐：《加拿大社会保障住房的发展及其启示》，《商业研究》2012年第4期。

詹鹏、冯履冰、温馨：《城镇居民住房分布对收入不平等的影响》，《社会科学战线》2022 年第 7 期。

张传勇：《住房差异是否影响了家庭收入不平等？机制、假说与检验》，《南开经济研究》2018 年第 1 期。

张继平、王恒、赵玲：《我国涉海工程环评审批政策执行偏差：象征性执行研究》，《中国行政管理》2018 年第 3 期。

张劲松：《在政府与市场关系上坚持走中国道路》，《北京联合大学学报》（人文社会科学版）2022 年第 2 期。

张静：《案例分析的目标：从故事到知识》，《中国社会科学》2018 年第 8 期。

张静：《社会转型研究的分析框架问题》，《北京大学学报》（哲学社会科学版）2019 年第 3 期。

张康之：《通过合作和信任把握历史的脉动》，《齐鲁学刊》2005 年第 2 期。

张磊、伏绍宏：《移民再嵌入与后扶贫时代搬迁社区治理》，《农村经济》2021 年第 9 期。

张茂林：《国外公共租赁住房政策对我国的启示——以英国、德国、荷兰为例》，《生产力研究》2021 年第 8 期。

张琪：《保障房的准入与退出制度研究：一个国际比较的视角》，《社会科学战线》2015 年第 6 期。

张胜冰、宋文婷：《论文化产业发展中的有为政府和有效市场》，《山东大学学报》（哲学社会科学版）2022 年第 2 期。

张诗雨：《美国、新加坡公共住房政策与制度》，《发展》2015 年第 12 期。

张晓兵：《韩国永租房对我国公租房制度的启示》，《建筑经济》2015 年第 5 期。

张晓晶、李成、李育：《扭曲、赶超与可持续增长——对政府与市场关系的重新审视》，《经济研究》2018 年第 1 期。

张昕：《复合治理视角下的行政体制改革：理论与实践》，《甘肃行政学院学报》2020 年第 3 期。

张昕：《新加坡公共住宅政策对我国保障性住房建设的启示》，《价格理论与实践》2011 年第 7 期。

张昕艺、夏菁、孙斌栋：《德国社会市场模式下"单一制"租赁住房发展的经验与启示——以柏林为例》，《国际城市规划》2020年第6期。

张旭文、李永安：《交易成本视角下我国保障性住房政策实施偏差及矫正》，《江西社会科学》2020年第9期。

张伊娜、周双海：《住房不平等的阶层测度：基于上海六普数据的分析》，《社会科学》2014年第4期。

赵方杜、杨彩云：《需求治理：城镇住房政策发展的理念转型》，《学术论坛》2017年第5期。

赵奉军、高波：《新时代住房问题内涵与长效机制建设》，《江苏行政学院学报》2018年第3期。

赵浩华：《利益分析视角下社区治理主体间的冲突及其化解》，《行政论坛》2021年第4期。

赵净：《典型国家的住房保障货币补贴制度及对我国的启示》，《经济研究参考》2016年第37期。

赵聚军、张哲浩：《干部挂职：基于政策目标变迁的"嵌入"问题三维呈现与发生机理》，《中国行政管理》2022年第8期。

赵万民、王智、王华：《我国保障性住房政策的演进趋势、动因及协调机制》，《规划师》2020年第11期。

赵伟、耿勇：《住房不平等加剧了城镇家庭收入差异对消费差异的冲击吗？》，《经济经纬》2020年第5期。

赵新峰、袁宗威：《京津冀区域大气污染协同治理的困境及路径选择》，《城市发展研究》2019年第5期。

郑云峰：《德国住房保障：制度构成、特征及启示》，《北华大学学报》（社会科学版）2016年第2期。

钟晓慧、彭铭刚：《福利混合视角下的英国住房政策改革及对中国的启示》，《广东社会科学》2019年第5期。

周爱民：《利益相关者视域下城市基层社会治理研究》，《城市发展研究》2021年第9期。

周建高、刘娜：《住房政策与日本中产社会的快速形成》，《中央社会主义学院学报》2020年第4期。

周阳、陈华森：《复合治理："双循环"新发展格局下地方营商环境优化路径——以"川渝陕黔云桂"为例》,《经济体制改革》2022 年第 3 期。

周云、刘建平、王鑫强、许秀芬:《政策执行偏差情境下公众不公正感对集群行为的影响机制研究》,《心理科学》2020 年第 5 期。

周振超、黄洪凯:《条块关系从合作共治到协作互嵌:基层政府负担的生成及破解》,《公共管理与政策评论》2022 年第 1 期。

朱梦冰、李实:《中国城乡居民住房不平等分析》,《经济与管理研究》2018 年第 9 期。

朱亚鹏、孙小梅:《合作建房的国际经验及其对中国的启示》,《广东社会科学》2019 年第 1 期。

朱亚鹏:《实现住房权利:中国的实践与挑战》,《公共行政评论》2010 年第 3 期。

三 政府公报类文献

《财政部 发展改革委 住房城乡建设部关于保障性安居工程资金使用管理有关问题的通知》,《海南省人民政府公报》2011 年第 3 期。

《财政部 建设部 国土资源部关于切实落实城镇廉租住房保障资金的通知》,《中华人民共和国财政部文告》2006 年第 7 期。

《财政部 住房城乡建设部关于下达 2019 年中央财政城镇保障性安居工程专项资金预算的通知》,《中华人民共和国财政部文告》2019 年第 4 期。

《财政部 住房城乡建设部关于印发〈城镇保障性安居工程财政资金绩效评价暂行办法〉的通知》,《中华人民共和国国务院公报》2015 年第 17 期。

《财政部 住房城乡建设部关于印发〈中央财政城镇保障性安居工程专项资金管理办法〉的通知》,《中华人民共和国国务院公报》2017 年第 24 期。

《财政部关于印发〈利用住房公积金发放保障性住房建设贷款财务管理办法〉的通知》,《海南省人民政府公报》2010 年第 18 期。

《财政部关于印发〈廉租住房保障资金管理办法〉的通知》,《黑龙江政报》2007 年第 22 期。

《财政部关于印发〈中央补助廉租住房保障专项资金管理办法〉的通知》,《中华人民共和国国务院公报》2012 年第 29 期。

《财政部关于印发〈中央廉租住房保障专项补助资金实施办法〉的通知》，《中华人民共和国财政部文告》2007年第12期。

《成都市人民政府关于印发〈成都市城市最低收入与低收入家庭住房保障实施细则〉的通知》，《成都政报》2006年第7期。

《城镇廉租住房管理办法》，《中华人民共和国国务院公报》1999年第20期。

《楚雄州人民政府关于印发楚雄州解决城市低收入家庭住房保障工作实施方案的通知》，《楚雄政报》2008年第3期。

《关于颁布〈个人住房贷款管理办法〉的通知》，《中华人民共和国国务院公报》1998年第13期。

《国家对经济适用房销售有新规定》，《云南政报》2000年第5期。

《国家开发银行内蒙古分行全力支持自治区保障性住房建设》，《内蒙古自治区人民政府公报》2011年第17期。

《国务院办公厅 中央军委办公厅关于印发军队转业干部住房保障办法的通知》，《广西政报》2000年第34期。

《国务院办公厅关于促进房地产市场健康发展的若干意见》，《广西壮族自治区人民政府公报》2009年第6期。

《国务院办公厅关于加快发展保障性租赁住房的意见》，《中华人民共和国国务院公报》2021年第20期。

《国务院办公厅关于加快培育和发展住房租赁市场的若干意见》，《中华人民共和国国务院公报》2016年第18期。

《国务院办公厅关于印发国务院2008年立法工作计划的通知》，《浙江省人民政府公报》2008年第13期。

《国务院办公厅关于印发国务院2009年立法工作计划的通知》，《辽宁省人民政府公报》2009年第3期。

《国务院办公厅关于印发国务院2010年立法工作计划的通知》，《河南省人民政府公报》2010年第3期。

《国务院办公厅关于印发国务院2011年立法工作计划的通知》，《江西省人民政府公报》2011年第4期。

《国务院办公厅关于印发国务院2012年立法工作计划的通知》，《辽宁省人民政府公报》2012年第6期。

《国务院办公厅关于印发国务院 2013 年立法工作计划的通知》，《辽宁省人民政府公报》2013 年第 13 期。

《国务院办公厅关于印发国务院 2014 年立法工作计划的通知》，《吉林政报》2014 年第 8 期。

《国务院办公厅关于印发国务院 2015 年立法工作计划的通知》，《中华人民共和国国务院公报》2015 年第 26 期。

《国务院办公厅关于印发国务院 2016 年立法工作计划的通知》，《中华人民共和国国务院公报》2016 年第 12 期。

《国务院办公厅关于印发国务院 2017 年立法工作计划的通知》，《中华人民共和国国务院公报》2017 年第 10 期。

《国务院办公厅关于印发国务院 2018 年立法工作计划的通知》，《中华人民共和国国务院公报》2018 年第 9 期。

《国务院办公厅关于印发国务院 2019 年立法工作计划的通知》，《中华人民共和国国务院公报》2019 年第 15 期。

《国务院办公厅关于转发国务院住房制度改革领导小组鼓励职工购买公有旧住房意见的通知》，《中华人民共和国国务院公报》1988 年第 6 期。

《国务院办公厅转发国务院住房制度改革领导小组关于加强住房公积金管理意见的通知》，《中华人民共和国国务院公报》1996 年第 25 期。

《国务院办公厅转发国务院住房制度改革领导小组关于全面推进城镇住房制度改革意见的通知》，《中华人民共和国国务院公报》1991 年第 46 期。

《国务院关于解决城市低收入家庭住房困难的若干意见》，《中华人民共和国国务院公报》2007 年第 26 期。

《国务院关于进一步深化城镇住房制度改革加快住房建设的通知》，《中华人民共和国国务院公报》1998 年第 17 期。

《国务院关于深化城镇住房制度改革的决定》，《广西政报》1994 年第 9 期。

《国务院关于印发在全国城镇分期分批推行住房制度改革实施方案的通知》，《中华人民共和国国务院公报》1988 年第 6 期。

《济南市人民政府办公厅关于印发济南市政府投资保障性住房建设资金管理暂行办法的通知》，《济南政报》2010 年第 23 期。

《民政部、总政治部关于妥善解决未随军的军队干部家属住房困难问题的请示（摘要）》，《中华人民共和国国务院公报》1985年第22期。

《全国人民代表大会常务委员会关于修改〈中华人民共和国土地管理法〉的决定》，《中华人民共和国国务院公报》1988年第27期。

《山西省人民政府关于加快保障性住房建设促进房地产市场平稳健康发展的通知》，《山西政报》2010年第13期。

《上海市普陀区人民政府关于同意由上海中环优创企业管理有限公司作为普陀区桃浦科技智慧城W06-1401单元117-01地块保障性租赁住房项目建设主体的批复》，《上海市普陀区人民政府公报》2022年第3期。

《省人民政府办公厅转发省城镇保障性安居工程建设工作联席会议关于加快发展公共租赁住房的实施意见的通知》，《贵州省人民政府公报》2011年第14期。

《市政府关于加快发展保障性租赁住房的实施意见》，《宿迁市人民政府公报》2022年第7期。

《市政府关于印发〈南京市城镇最低收入家庭廉租住房保障实施细则〉的通知》，《南京市人民政府公报》2005年第9期。

《台州市人民政府关于印发台州市区廉租住房保障管理办法（试行）的通知》，《台州政报》2008年第4期。

《天津市人民政府办公厅关于印发天津市加快发展保障性租赁住房实施方案的通知》，《天津市人民政府公报》2022年第10期。

《西宁市人民政府关于印发西宁市城镇最低生活保障家庭廉租住房实施细则的通知》，《西宁政报》2007年第12期。

《郑州市人民政府关于进一步扩大廉租住房保障覆盖面的通知》，《郑州市人民政府公报》2010年第6期。

《重庆市人民政府办公厅关于将城市廉租住房保障范围扩大到城市低收入住房困难家庭的通知》，《重庆市人民政府公报》2009年第20期。

《重庆市人民政府关于印发重庆市城镇廉租住房保障办法（试行）的通知》，《重庆市人民政府公报》2002年第24期。

《住房城乡建设部 发展改革委 财政部 国土资源部 人民银行 税务总局 银监会关于鼓励民间资本参与保障性安居工程建设有关问题的通知》，《中华人民共和国国务院公报》2012年第29期。

《住房城乡建设部　发展改革委　财政部关于印发 2009—2011 年廉租住房保障规划的通知》，《中华人民共和国国务院公报》2009 年第 25 期。

《广州构建住房保障体系　努力调控房价过快上涨》，《广州政报》2007 年第 23 期。

《廉租住房保障办法》，《中华人民共和国国务院公报》2008 年第 17 期。

四　报纸类文献

《邓小平同志关于建筑业和住宅问题的谈话》，《人民日报》1984 年 5 月 15 日第 1 版。

李克强：《政府工作报告——2023 年 3 月 5 日在第十四届全国人民代表大会第一次会议上》，《人民日报》2023 年 3 月 15 日第 5 版。

《中共中央国务院印发〈党和国家机构改革方案〉》，《人民日报》2023 年 3 月 17 日第 1 版。

周子芹：《合理调整公共机关住房　华东开始住房检查》，《人民日报》1950 年 4 月 15 日第 3 版。

《加快住宅建设　改善人民居住条件上海实行住宅建设"六统一"》，《人民日报》1978 年 9 月 16 日第 2 版。

冯春江：《多种途径解决住房困难》，《人民日报》1980 年 2 月 12 日第 3 版。

《沙市改革住房分配制度　公建住房补贴出售》，《人民日报》1983 年 3 月 11 日第 1 版。

葛大星：《改革现行住房分配制度和房产经营办法　郑州等四城市住宅补贴出售受欢迎》，《人民日报》1984 年 2 月 25 日第 1 版。

孙维：《改革住房制度的重要一步：住宅商品化》，《人民日报》1986 年 12 月 24 日第 5 版。

高新庆：《烟台试行住房制度改革方案》，《人民日报》1987 年 8 月 3 日第 1 版。

李四清：《广州靠房改解决特困户住房》，《人民日报》1992 年 8 月 19 日第 2 版。

成建：《四川空置商品房转成微利房》，《人民日报》1997 年 2 月 4 日第 1 版。

赖仁琼：《北京首批经济适用住房今起认购》，《人民日报》1998 年 10 月 29 日第 2 版。

于燕文：《为"双困"户构筑住房保障网——北京实施廉租房制度侧记》，《人民日报》2001 年 12 月 31 日第 2 版。

吴坤胜：《多方筹资强化服务 包头解决中低收入家庭住房困难》，《人民日报》2002 年 8 月 12 日第 4 版。

宋光茂：《济南破解低收入群众住房难》，《人民日报》2007 年 10 月 12 日第 1 版。

刘成友：《烟台创新住房保障模式》，《人民日报》2009 年 12 月 3 日第 9 版。

朱磊：《安徽省大力推动保障性住房建设》，《人民日报》2011 年 1 月 20 日第 8 版。

王炜：《吉林通化 工矿棚改破三难》，《人民日报》2011 年 2 月 10 日第 8 版。

岑婷婷、闫峰：《农业银行信贷支持保障房建设出新政》，《中国城乡金融报》2015 年 12 月 28 日第 A1 版。

刘志强：《多措并举发展住房租赁市场 让租房省钱更省心》，《人民日报》2017 年 1 月 16 日第 9 版。

张忠山：《中国建设银行支持发展政策性租赁住房签约仪式在京举行》，《中国建设报》2020 年 5 月 11 日第 1 版。

刘文俭：《德国的住房合作社》，《学习时报》2020 年 6 月 19 日第 2 版。

亢舒：《摆脱土地财政过度依赖需实招硬招》，《经济日报》2021 年 6 月 9 日第 7 版。

刘炜炜、朱小婵、杨若晨：《推住房租赁新型金融服务助力百姓安居》，《惠州日报》2021 年 6 月 30 日第 C2 版。

李建伟：《社会事业全面发展 民生福祉不断增强》，《中国经济时报》2021 年 9 月 27 日第 T4 版。

《我市国企开建保障性租赁住房 该项目可为新市民和青年人提供 1000 余套住房》，《天津日报》2022 年 1 月 4 日第 5 版。

《住房和城乡建设行业 2021 年成就》，《中国建设报》2022 年 1 月 25 日第 4 版。

李黎明：《筹建 10 万套（间）保障性租赁住房》，《贵阳日报》2022 年 1 月 26 日第 T42 版。

张漫游：《缓解短期融资压力　房贷集中度管理再优化》，《中国经营报》2022年2月14日第B4版。

张漫游：《坚持房住不炒　金融合力支持保障性租赁住房》，《中国经营报》2022年3月7日第B5版。

徐蔚冰：《2022年保障性住房建设将进一步提速》，《中国经济时报》2022年3月16日第2版。

陆宇航：《银行业持续优化住房金融服务》，《金融时报》2022年3月18日第4版。

庄灵辉、卢志坤：《满足新市民青年人住房需求　保障性租赁住房建设再提速》，《中国经营报》2022年6月20日第B12版。

金双华、赵薇：《新加坡中央公积金制度：个人责任与政府保障》，《中国社会科学报》2022年6月22日第3版。

夏晖：《北京银行深化住房金融供给侧改革创新》，《首都建设报》2022年8月22日第2版。

丁怡婷：《人居环境改善　同圆安居梦想》，《人民日报》2022年9月15日第4版。

张达：《住建部：持续完善住房保障体系》，《证券时报》2022年9月15日第A2版。

陈雪波、卢志坤：《住房建设这十年：保障性安居工程的奋进时代》，《中国经营报》2022年10月10日第B9版。

许予朋：《新市民住房金融服务亮点满满》，《中国银行保险报》2022年10月13日第5版。

梁璠：《我市保障性租赁住房建设将获得2100亿元以上金融支持》，《西安日报》2022年11月16日第4版。

庞革平：《广西加大保障性住房建设力度》，《人民日报》2022年12月6日第13版。

《宝安落笔"住有宜居"助推高质量发展》，《深圳商报》2023年1月31日第A3版。

陈婷、赵毅：《探路"租购并举"房企深度布局住房租赁市场》，《中国经营报》2023年2月6日第B11版。

五　电子文献

《〈城镇住房保障条例（征求意见稿）〉公开征求意见》，http：//www. gov. cn/xinwen/2014－03/28/content_2648811. htm.

《2018 年棚户区改造工作拟激励城市名单公示》，https：//www. mohurd. gov. cn/gongkai/fdzdgknr/tzgg/201903/20190313_239750. html.

《财政部　住房城乡建设部关于下达 2020 年中央财政城镇保障性安居工程补助资金用于城镇老旧小区改造的通知》，http：//www. mof. gov. cn/gp/xxgkml/zhs/202008/t20200817_3568633. htm.

《财政部　住房城乡建设部关于下达 2020 年中央财政城镇保障性安居工程补助资金用于发展住房租赁市场的通知》，http：//www. mof. gov. cn/gp/xxgkml/zhs/202008/t20200817_3568634. htm.

《财政部关于贯彻落实国务院关于解决城市低收入家庭住房困难若干意见的通知》，http：//zhs. mof. gov. cn/zhengcefabu/200805/t20080523_34073. htm.

《关于保障性租赁住房有关贷款不纳入房地产贷款集中度管理的通知》，http：//www. gov. cn/zhengce/zhengceku/2022－02/10/content_5672858. htm.

《关于积极参与保障性住房开发建设有关事项的通知》，http：//www. sasac. gov. cn/n2588035/n2588320/n2588335/c20180434/content. html.

《关于加强保障性住房质量常见问题防治的通知》，https：//www. mohurd. gov. cn/ztbd/bzxzlzfgz/zybmwj/202202/20220222_764573. html.

《关于加强商品住宅建设管理的通知》，https：//zjw. sh. gov. cn/wjhb/20180912/0011－28472. html.

《关于利用住房公积金贷款支持保障性住房建设意见》，http：//www. gov. cn/jrzg/2009－10/16/content_1441826. htm.

《关于印发〈青岛市城镇最低收入居民家庭住房保障管理办法〉的通知》，http：//www. qingdao. gov. cn/zwgk/zdgk/fgwj/zcwj/szfgw/2001/202010/t20201019_491132. shtml.

《关于印发〈中央财政城镇保障性安居工程专项资金管理办法〉的通知》，http：//zhs. mof. gov. cn/zhengcefabu/201404/t20140404_1064142. htm.

《关于印发〈中央财政城镇保障性安居工程专项资金管理办法〉的通知》，http：//zhs. mof. gov. cn/zxzyzf/zybzczbxajgczxzj/201910/t20191012_3400746. htm.

《国务院关于城镇保障性住房建设和管理工作情况的报告——2011年10月25日在第十一届全国人民代表大会常务委员会第二十三次会议上》，http：//www. npc. gov. cn/npc/c12491/201110/b66027353f00496a900f9628ff14f2b7. shtml.

《国务院关于继续积极稳妥地进行城镇住房制度改革的通知》，https：//www. mohurd. gov. cn/gongkai/fdzdgknr/zgzygwywj/200107/20010725_155398. html.

《邯郸市保障性住房管理中心关于主城区办理公租房、廉租房等有关问题的声明》，http：//fgj. hd. gov. cn/html/tongzhigonggao/3107. html.

《杭州市住房保障和房产管理局原党组成员、副局长许云龙严重违纪违法被开除党籍和公职》，https：//www. hzlz. gov. cn/detail/2020/02/19/43114. html.

《葫芦岛市人民政府办公室关于印发葫芦岛市加快建立多主体供给多渠道保障租购并举住房制度工作方案的通知》，http：//www. jianchang. gov. cn/xxgk_3511/zfxxgk/fdzdgknr/ggzy/tdfcgk/201906/t20190612_832791. html.

《建设部、全国总工会关于印发解决城镇居住特别困难户住房问题的若干意见的通知》，https：//www. mohurd. gov. cn/gongkai/zhengce/zhengcefilelib/200110/20011029_157603. html.

《建设部关于制止贱价出售公有住房的紧急通知》，https：//www. mohurd. gov. cn/gongkai/zhengce/zhengcefilelib/200110/20011023_157590. html.

《凉州区纪委监委通报6起群众身边腐败和作风典型问题》，http：//wwsjjjc. gov. cn/html/lzqxxgk/jdpg/4445. html.

《青岛市人民政府办公厅关于加快发展保障性租赁住房的实施意见》，https：//www. mohurd. gov. cn/jigou/sjjg/jgzfbzs/bzsgzxx/202207/20220722_767295. html.

《山东棚户区改造项目融资规模突破1000亿元》，http：//www. gov. cn/xinwen/2017-02/25/content_5170965. htm.

《审计署：1363 人次因保障性安居工程问题受处分》，http：//www. gov. cn/xinwen/2017 – 12/23/content_5249791. htm.

《市纪委监委通报 4 起形式主义官僚主义典型问题》，http：//www. jmsjjw. gov. cn/huanan/showinfo – 16 – 650 – 0. html.

《市人民政府办公厅关于加快发展保障性租赁住房的实施意见》，https：//www. mohurd. gov. cn/jigou/sjjg/jgzfbzs/bzsgzxx/202205/20220520_766239. html.

《新乡市闲置商业用房、公寓等非住宅改建租赁住房加快发展保障性租赁住房（长租房）实施意见》，http：//www. xinxiang. gov. cn/sitesources/xxs-rmzf/page_pc/zwgk/zfwj/szfwj/articlead0e3ac2b89d48409c3e39affe2afa3e. html.

《长沙市人民政府关于印发〈长沙市城市最低收入家庭住房保障管理办法〉的通知》，http：//www. changsha. gov. cn/szf/zfgb/2004/0416/200710/t20071017_9345. html.

《制定条件不成熟　四川拟终止审议城镇住房保障条例》，https：//www. sc. gov. cn/10462/10464/10797/2016/5/30/10382504. shtml.

《中国人民银行　中国银行保险监督管理委员会关于保障性租赁住房有关贷款不纳入房地产贷款集中度管理的通知》，http：//www. cbirc. gov. cn/cn/view/pages/govermentDetail. html？docId = 1036936&itemId = 861&generaltype = 1.

《中国人民银行　中国银行业监督管理委员会关于认真做好公共租赁住房等保障性安居工程金融服务工作的通知》，http：//www. pbc. gov. cn/tiaofasi/144941/3581332/3586885/index. html.

《中国银保监会　中国人民银行关于加强新市民金融服务工作的通知》，http：//www. cbirc. gov. cn/cn/view/pages/ItemDetail. html？docId = 1041453&itemId = 925&generaltype = 0.

《中国银保监会　住房和城乡建设部关于银行保险机构支持保障性租赁住房发展的指导意见》，https：//www. mohurd. gov. cn/ztbd/bzxzlzfgz/zybmwj/202202/20220225_764651. html.

《住房城乡建设部　国家开发银行关于进一步加强统筹协调用好棚户区改造贷款资金的通知》，http：//zjt. shanxi. gov. cn/fwzl/zfbz/zcfg/bwjwj/201607/t20160707_1878281. shtml.

《住房城乡建设部办公厅关于贯彻实施〈住房保障档案管理办法〉的意见》，https：//www. mohurd. gov. cn/gongkai/fdzdgknr/tzgg/201301/20130131_212731. html.

《住房城乡建设部关于加快培育和发展住房租赁市场的指导意见》，http：//www. gov. cn/xinwen/2015 – 01/14/content_2804042. htm.

《住房城乡建设部关于进一步做好房地产市场调控工作有关问题的通知》，http：//www. gov. cn/zhengce/zhengceku/2018 – 12/31/content_5433378. htm.

《住房城乡建设部关于做好2013年城镇保障性安居工程工作的通知》，https：//www. mohurd. gov. cn/gongkai/fdzdgknr/tzgg/201304/20130409_213368. html.

《住房和城乡建设部办公厅关于加强保障性住房质量常见问题防治的通知》，https：//www. mohurd. gov. cn/ztbd/bzxzlzfgz/zybmwj/202202/20220222_764573. html.

《住房和城乡建设部办公厅关于印发保障性住房等基层政务公开标准目录的通知》，https：//www. mohurd. gov. cn/gongkai/fdzdgknr/tzgg/201912/20191230_243325. html.

《关于印发〈中央财政城镇保障性安居工程补助资金管理办法〉的通知》，http：//zhs. mof. gov. cn/zhengcefabu/202203/t20220311_3794670. htm.

索 引

B

保障性住房　1-4，14，15，20，24-26，36-42，48，61-63，71-76，78-101，106-111，113，115-127，130，131，133-151，153-166，172，175，176，181-212，216，219-224，227-231，234，236，238-243，245-247，250，251，254-269

C

财产　21，38，53，216

产权　4，13，21，22，25，26，69，87，95，101，114，115，120，121，126，152，173，175，219，229，238，243，253，258

城市　1-4，7，9，13-15，19，20，22-26，31，37-42，47，58-63，67-76，78-93，95-110，112-127，130-151，153-207，209-213，216-269

城市化进程　4，22，119，170，218

D

低收入家庭　3，85，88，97，98，105-108，117，118，120-122，149，155，157，160-163，177-180，182，198，210，217，218，221，223，234，239，240，242，246-252

F

房地产　2，8，14，24-26，70，71，74，83，87，90-92，94-96，105，106，116，117，123，126，133，136，140-142，145，146，149，150，152，157，158，176，177，179，181，182，184-187，189，194，196，197，201，204，205，216-218，250，251

房住不炒　123，148，153，207，263

G

公共服务　23，29，64，67，75，116，155，162，192，198，199，265

公共租赁住房　25，26，85，93－95，109，110，112，121，185－188，203，204，217－220，223，224，229－231，245，249

公积金　68，70，106，109，110，118，210－214

共同富裕　16，67，96，137

共有产权住房　4，13，26，95，114，120，121，126

规划　1，7，9，24，38，45－47，51，55，57，61，85－87，89，91，105，108，109，112，117，135，144，149，152，157，162，169－171，179，184，187，193，198，209，210，212，213，222－224，227，228，239－241，246，257，260，263－267

国家　1－3，6，14－16，18，20，22，23，25－30，32，34，35，44－49，54－56，59，60，62－64，66，71，73，74，79，80，82－85，87，93，96，98，101，102，104－106，113，114，117－119，124，125，130－132，137，139，140，147，150－153，165，167，168，172－175，183，184，188，189，191，193，194，200，202，204，207，209，210，225，227，229，233，245，247，255－258，261，262，264－266，268

国务院　3，4，7，13，25，27，55，57，84－88，102－108，110，111，117－119，121，122，127－130，143，144，149，150，152，154，155，162，172，174，184，189，192，194－197，262

过程　1，15，25，27，31－33，36－38，41，42，50，54，58，59，61，62，64－66，71，72，77，79－82，85，87，110，127，131－135，137，164－166，170，175，178，181，184，189，191，193，206，228，250，260－262，267－269

J

机制　1，3，13－15，18－20，31，33，38，47，49，53，55，61，63，65，67，69，71－76，83，86，88－90，94，95，111，115，117，121，131，135，181，189，194，196，198，216，222，229，237，242，244，257，263，266，268

家庭　3，21，22，24，62，68－70，72，76，84，85，88，97－

100，103，105－110，117，118，120－122，149，153，155，157，160－163，177－183，185，195，198，199，210，213－216，218－221，223，228，230，231，234，235，238－240，242，244，246－252，254，258

价值　16，17，20，21，24，28，31，34，36，38，41，42，49，54，58，62，69，71，73，76－78，135，136，140，143，164，211，249，264

阶层　3，26，28，29，33，51，68，70，76，84，91，154，214，215，224，235，255

结构　3，14，18，21，24，36，39－41，57，58，61，65，67，69，71，74－76，78，80，83，89，103，116，123，132，134，151，165，180，182，184，198，200，204，213，226，228，237，258，261，264，267

金融　13，24，71，74，83，85，87，94，96，107，115，116，121，138，147，148，151，152，155，159，160，188，194，195，202，207，212，217，218，222，223，225，226，228，233，241，243，249，252，254，256，257，263

进城务工人员　4，123

经济适用房　3，25，26，38，85，92，95，104－106，116，117，120，147，157，177，178，181，182，263

居民　1－4，13，14，23－26，38，39，42，59－62，68－70，72，75，76，78，79，82－85，93，97－99，101－103，105，106，113，115－117，119－123，127，132，133，140－143，151，153－157，160－163，166－178，180－185，188，189，191，192，195，196，198，201，204，205，207，209－217，219－222，225，226，228－240，244，246－249，251，252，254，257，258，260－266

居住　1－4，7，20－26，39，42，61，68，70，72，75，79，83，85，86，91，97－101，104－106，108，110，112－115，117－123，127，133，135，136，138－140，142，144－146，148，149，151，153－155，157，160，161，167－169，172，174，176－181，183，184，186，188，191－193，196，198－201，205，206，209，214，216－230，236－240，242，244－250，252－255，257，261，265，268

K

开发建设企业 41,42,61,62,
78-81,84,86,90,91,93,
119,133,136,145-149,151,
156-159,165,184,190,191,
196,197,199,201,203-206,
228,239,240,261,262

L

利率 207,212,213,220,226,
233,234,248,251,252,254

利润 3,14,26,31,61,62,
79,83,86,90-93,96,97,
116,123,133,136,146-153,
156-158,177,178,180,184,
187,194,196,197,201-203,
205-207,230,237,254,
264,267

利息 147,212,219,226,228,
234,253

利益 14-18,27-29,31-33,
35-38,41,42,57,58,62,
64,65,71-73,78-82,84,
88-90,93,106,111,115,
118,119,126,127,145,161,
166,180,188-197,199,201,
203-206,210,250,259-262,
267,268

廉租住房 3,25,85,88,93,
97,98,106-110,118,120,
155,157,160-163,178,179,
181,182,213,214

M

美好生活 1,14,16,26,39,
59,60,62,70,136,140,
143,147,149-153,157,162,
195,260,265

民生 1,4,14,39,61,83,85,
89,101,108,114,123,125,
138,140-142,150,151,158,
162,170,175,180,183,186,
190,198,199,202,255,263,
266-268

P

棚户区 25,26,85,93-95,
109,110,112,113,120-122,
144,155,169,178,180-185,
188,192

Q

权力 15-17,19,27-29,32,
35,41,59,65,71,102,143,
191,210,227,267

权利 20-24,38,39,68,76,
153,155,174,195,216,218,
223,224,229-231,253,266

权益 21,23,35,79,112,133,
135,136,142,153,156,181,
192,196,198,205,222,223,

228，230－232，236，249，261，268

全国人民代表大会　1，104，168，187，260

全国总工会　104，117，118，121，154

全面建成小康社会　1，14

全面建设社会主义现代化国家　1

全面深化改革　48，54，55，67

R

人均住房面积　105，120，166，176，179，182

人口　1，13，23，24，34，39，45，48，59－61，69，75，86，104，110，114，117，147，166－171，174，183，186，206，209，216，218，219，226，228，230，235，238，240，243，257

人民　1，2，5－13，16，22，25，27，28，39，47，50，51，53，54，62，66，75，79，82－84，86，94，96，97，101，104－109，114－117，119－121，126，137，139，140，142，144，145，147，148，150－154，157－163，166，167，169－172，174，181，184，187－189，192－196，198－201，207，260－262，265

弱势群体　32，97，107，142，196

S

商品性住房　2，3，24－26，38，39，61，63，89，92，95，97，98，106，110，118，123，133，134，136，138，140，141，145－147，150，151，153－157，181，183－187，189，197，205－207，219，250，251，263

社会　1－4，14－22，25，26，28－36，38－42，44，46－49，51，53－68，70，72－76，78－80，82－85，88－93，97，101－103，107，111，116，117，119，123，126，131－140，142，143，146，147，149－151，153，154，156－159，162，166，168，172，174，175，178，186，189，191－193，196，199，201，204，205，207，209－211，213，215，220－225，227－230，232，234－247，249，254－256，258－264，266

省　4，5，7，13，94，105，111，114，145

市场　1－4，8，9，12，14－21，25－31，33，35－39，48，54，55，57－67，69－71，73－76，78－84，86－88，90－92，94，95，97，98，105，108，111－119，121－123，131－137，140，

141，143，145，146，149，150，154，155，160，165－168，170，174－176，178，181－190，194－196，203－206，210，212，216，218－220，222，226－229，231－237，240－244，247－251，254－256，258－264，267，268

收入 3，23－26，38，59，61－63，68－70，74，75，79，83，85，88，89，95，98，133，138－142，153，156，214－218，220，221，224，228，231，235，258，264，265

税收 6，8，14，60，63，83，85，107，115，228－230，238，245，247，248，250，251，256

T

体制 18，48，49，53－56，65，71，72，83，105，111，130，141，165，175，189，225，226

土地 2，7，21，24，59，60，67，69，74，76，79，85－89，98，104－106，108，114－117，121，133，138，141，156，157，169，176，179－182，184，187，193，200，210，211，213，216－218，221，223，224，227，228，236，238，263，266，267

W

为人民服务 115，192，196

维度 15，37，38，42，74，77，80－82，164，165，188，189，191，194，260，268，269

无房户 97，105，154，177，180，216－218

五年规划 1，55，57，260

X

辖区 4，45，138，142－144，160，206

小康社会 1，14

协同 14，15，36－38，40－42，49－58，67，72，74，75，77－84，135－137，142，145，147－149，151，153，156，158－160，164－166，184，185，189－193，195－197，199，201，203，204，206，227，249，260，261，268，269

新市民 1，4，39，97，114，123，124，143，148，186，188，193，195，199，200，204，206，221，265

新型城镇化 1，140，195，260

信贷 94，97，108，109，133，148，159，194，201－203，207，212，226，234，251，252，263，264，267

信息　1，7，18，35，40，41，55，58，60，72，74，78，81，89，113，161，165，181，187，208，217，218，238，262，264，265

行政　4，19，27－29，32－34，42，44，45，51，62－65，74，78，79，83，86，88，89，101，104，106，114，130，135，138，141，143，144，159，161，178，191，200，224，241，242，266

幸福感　59，70，96，147，154，265

需求　2，4，20－22，29，32，39，42，58，62，68，70，72，73，75，79，83，85－87，91，92，99，101，102，106，113，123，133，140，144，147，152－154，167，168，170，174，183，185，186，189，193，195－197，199，202－205，207，211，212，216，217，221－225，234，238－240，244，247，249，254，258，259，263－265，267

Y

以人民为中心　62，79，115，120，139，140，142，145，148，153，157，159，162，188，192，198，207，265

以人为本　38，115，140

因城施策　4，60，72，142，144，193

银行　6，23，41，42，61，62，74，78－81，84，87，93－97，103，104，106－110，115，119，133，134，136，141，147－149，151－153，158－160，165，181，183－185，188－191，193－195，201－204，206－208，233，234，238，248，253，257，261，262，267

Z

责任　2，4，14，17，18，20，28，29，62，67，72，78，83，88，89，91，92，99，101，104，107，114，117，135，136，142，143，146，147，150，151，153，160－162，184，191，193，196，207，222，223，227，241，242，249，263，266

正义　14，16，17，21，28，38，42，47，67，78，85，133，151，189，191

政策　1，3－15，19，27，28，33－42，53，60－65，67，69－76，80，81，83，85－98，101－108，110，114－123，126，127，130－145，148，149，151，153－155，157，159－162，164，165，170，172，176，177，179，182－184，187，189－195，197，198，201－204，210，212，214，

219，222，228 - 231，234，236，237，240 - 243，246，249 - 251，255 - 257，260 - 269

政府　1 - 20，23，25 - 30，33 - 42，44，45，48，52 - 68，70 - 76，78 - 94，96 - 98，101，102，105，106，108 - 112，114 - 125，127，129 - 145，147，149 - 151，153 - 163，165 - 170，172，174 - 203，206，209 - 225，227 - 231，233 - 258，260 - 268

执行　27，33，38，46，48，51，62，67，72，85 - 88，90，91，106，118，119，126，127，132 - 139，142，143，151，153，161，162，164，165，191，193，194，222，228，237，255，256，261，265 - 268

职能　18 - 20，27 - 30，59，65，71，72，74，136，189，191，210，226，227

职住平衡　86，114，123，237，265

制度　1，3，4，9，13，19，20，25 - 27，29，31 - 33，35，36，41，48，49，55 - 57，65 - 71，73，74，83，85，88，101 - 105，110 - 118，121，122，132，141，151，153 - 155，165，167，170，173 - 176，178，181，184，186，188，194，211 - 213，216，218 - 221，225，233 - 235，241，253，260

治理　14 - 20，27 - 30，32，36 - 42，44 - 49，54 - 63，72 - 76，78 - 84，131，134 - 137，142，143，147，150，151，154，157，164 - 166，170，175，178，181，184，185，188 - 191，209，216，221，226 - 228，238，241，245 - 249，251，255，260 - 265，267 - 269

中华人民共和国　1，2，27，55，57，75，101，104，116，117，119，121，166，167，169，172，174，260，261

主体　3，4，13 - 20，27，29，31，33，35，37，38，41，42，46，54，57，58，61，62，65，67，71 - 84，86，87，94，95，112，114，115，119，131，133，135 - 137，143，145，146，149，151 - 153，159 - 161，165，166，176，181，184，188 - 191，193，197，200，201，203 - 205，215，226 - 230，237，241，242，249，257，260 - 265，267 - 269

主要矛盾　72，74，121，122，150，151，162

住房保障　1，3，4，6，8，9，13，14，26，41，42，48，63，69，70，72 - 76，78，80，81，84，85，87 - 89，93，95，97 - 99，

索　引

101，102，105，109－111，
114－130，133，135，136，142，
145－149，151，153－158，
160－163，167，177，181－183，
185，186，188，190－192，
194－201，203－207，211，213，
214，216，218，221－224，228，
230，232，233，238，240，242，
247，250，255－258，260－267

住房保障对象　1，41，42，73，
75，78，80，81，84，87，93，
97－99，110，119，133，136，
142，145－148，153－157，160，
161，165，186，190，191，
194－199，201，203－207，223，
224，229，261－263

住房补贴　98，102，103，161，
173，196，232，234，235，
240，241

住房改革　25，68，102－105，
175，241

住房和城乡建设部　7，9，13，
110，118，144，147，150，152，
156，186，195，197

住房制度　1，3，9，13，25，74，
85，102，103，105，106，111，
113－115，117，118，121，122，
153－155，167，170，174－176，

186，188，241，260

住有所居　1，3，26，39，42，
108，117，123，127，140，144，
147，151，160，186，191，192，
195，242，260

转型　16，63，69，71，73，116，
131，227，262，264

资金　26，60，70，74，76，79，
85，87，88，90－97，105，107－
110，112－115，122，124，127，
133，134，136，138，140－143，
145，148，149，151，152，158，
165，171，172，174，176，182，
183，187，192，194－197，199，
201－203，206，207，210－213，
215，218－220，222－227，229－
235，237－240，242－244，249－
251，253－257，261，263，
266，267

组织　15，16，18－20，27，29－
32，35，41，50，52，53，57－
59，64，74，75，77，78，84，
86，104，131，132，134，167，
178，179，185，201，229，230，
237，239，243，245，252，253，
258，262－264，266

最广大人民根本利益　115，195

后 记

国家治理是由若干具体领域治理组成的宏大历史行动，是全体中华儿女为实现中华民族伟大复兴而把握的历史主动。如果把以中国式现代化全面推进中华民族伟大复兴这一国家治理过程比喻为一部史诗级巨剧，那我们既是"剧中人"，也是"剧作者"。

作为"剧中人"，国家治理和具体领域治理与我们每个人的衣食住行密切相关，与我们每个人的生老病医息息相关。政府制定和颁布的各项公共政策是为了增进人民福祉、实现公共利益。可以说，我们都是国家治理和具体领域治理的获益者，是公共政策过程的受益人。

作为"剧作者"，在国家治理和具体领域治理中，在政策制定、政策执行、政策评估和政策改进等公共政策过程中，无论我们从事什么职业、做什么具体工作，都可以在自己的工作岗位，力所能及地为国家治理和具体领域治理的实践进展"添砖加瓦"，为国家治理和具体领域治理的理论发展"添枝加叶"。

《协同治理视域下城市保障性住房政策研究》以国家治理中的城市保障性住房治理为具体研究领域，以协同治理理论为研究的基础，通过构建"主体—维度"协同的理论框架和具体的政策案例分析，对城市保障性住房治理这一政策过程进行剖析，尝试为认识和分析类似公共政策问题提供新的理论思路。

在本著作撰写过程中，我克服多重困难、查阅大量文献、进行反复思索，对整体框架结构进行多次优化、对理论分析框架进行多次修正、对前后行文逻辑进行多次调整、对格式样式规范进行多次修改，终于完成本著作初稿的创作任务。

后　记

感谢中共广西区委党校（广西行政学院）对本著作出版的政策支持和经费资助，感谢科研处的业务支持和工作服务。

感谢匿名评审专家提出的修改意见，感谢校（院）学术委员会和意识形态审读工作小组的审议工作。

《协同治理视域下城市保障性住房政策研究》一书的出版，还要感谢中国社会科学出版社的支持和孔继萍同志的编辑工作。

由于我个人专业学养不足，理论水平有限，书中难免有错漏之处，恳请各位专家学者批评指正。

陆　昱

2023 年 8 月于广西南宁